中央美术学院油画系第一工作室 编

中央美術學院

油画系第一工作室

1959 — 2013   文献集

春华秋實

春華秋實

中央美术学院油画系第一工作室文献集

1959—2013 ■ 中央美术学院油画系第一工作室编 ■ 人民美术出版社

目录
CONTENT

附录

序言
PREFACE

中央美术学院
油画系第一工作室文献集

序言

　　《春华秋实——中央美术学院油画系第一工作室文献集》这本书比较完整地记录了中央美术学院实行工作室制教学以来，油画系第一工作室由开始建立一直发展到现在的整个历程。其中，特别体现了早期创建工作室的教员吴作人先生和艾中信先生的艺术和教学成就，并清晰地阐述了他们在创建工作室之始的初衷，详实地记录了他们在创建工作室过程中的艰辛。同时，这本书也搜集了第一工作室历届学生的名单、简历以及他们的毕业作品，工作室历任教师的简历、代表作品以及理论文章等丰富的内容。这些资料的梳理和研究，应当说对于总结工作室制教学的成果，探索中央美术学院几十年的油画教学经历，是十分有意义的。

　　这本书是由当前负责工作室教学的主任胡建成编著的，他和工作室的师生共同研究，并付出了很大的艰辛搜集很多资料，是很不容易的。祝贺这本文献集的出版和发行取得成功！

2013 年 10 月

永做第一

在中央美术学院近一个世纪的历史进程中，有许多值得铭记的"第一"。油画系第一工作室就是其中之一。

油画系第一工作室是中央美术学院最早成立的工作室之一，也是中国高等美术教育最早以工作室形态进行油画教学的单位。今天中央美术学院有100多个工作室，工作室制也在许多高等美术院校普遍推行。回顾中央美术学院油画系第一工作室发展的历程，研究它成长的经验，对我们高等美术教育工作者会有许多有益的启示。

第一，工作室要有艺术教育家来主持。翻开中央美术学院油画系第一工作室的历史，就能看到主持教学的是一些有名望、有影响的艺术大师和艺术教育家：吴作人、艾中信、靳尚谊……他们在艺术专业上有很高的成就，在艺术风格上独树一帜，具有较高的艺术修养和丰富的教学经验。他们的人品、学品和执教风格深深影响着学院教学，对学子们而言有着难以言喻的魅力，足以影响一生。工作室的主持者享有中央美术学院的崇高荣誉，肩负着神圣的使命。

第二，工作室要有独特的教育教学方式。研究中央美术学院油画系第一工作室的教育教学，就会感到工作室的重要特征是师生间有更为密切的联系、更亲近的情感和更经常的交流。老师把学生看作"入室弟子"，会在道德品格、艺术思想、审美素质、专业技能、治学态度和文化修养等各方面给予直接的指导。导师因材施教、全方位熏陶、高境界引领、大视野拓展，学生耳濡目染、触类旁通、志在超越。工作室是中央美术学院的基本教育教学方式，肩负重要责任。

第三，工作室要有自己的文化传统和鲜明特色。总结中央美术学院油画系第一工作室的特色，就会感到他们在引导学生关注国家民族的命运，鼓励他们广泛接触和观察社会生活，尤其强调造型基础训练，重视对艺术基本造型规律的全面掌握。每个工作室的设置要有不同于其他学科和工作室所要研究的问题和对象，有不同于其他学科和工作室的观念、方法、语言和媒介。工作室特色将随着时间和教员的更迭而不断发展，这也是工作室生命力之所在。

第四，工作室要有大视野、宽胸怀、高境界。工作室要有一种开放的胸怀和精神，这种开放是面向政治、经济、哲学、文学等不同领域的开放，是面向古今中外不同艺术的开放，发现问题，引发思考，启迪灵感，产生思想。教师之间、师生之间应在大方向下求同存异，在教学的指导思想、教学的内容及教学方法方面，重视对当代文化观念、审美要求、审美思想的关注与研究。师生在宽容、开放、自信的氛围中共同建设工作室教学和艺术创作的更高境界。

走向百年的中央美术学院要建设一批一流的工作室，这些工作室要有一批有影响的大师级艺术教育家来主持和指导，要有一系列培养德艺双馨的、高端艺术人才的教学方式，这样才能为国家不断培养出优秀的艺术家和设计师。在中央美术学院当前发展的新时期，如果要主动而非被动地与时俱进，就必须对工作室的沿革、成果进行科学的总结，并在此基础上进一步丰富和发展原有的教学体系，继往开来。

翻开这本文献集，在看到不同时期艺术精品之余，我们还感觉到一种责任、使命，还意识到重建和超越。我相信，第一工作室人一定会续写第一工作室的辉煌历史，中央美术学院人一定会续写工作室教学的新篇章！

高洪

2013 年 9 月

年表
CHRONOLOGICAL TABLE

吴作人年表
CHRONOLOGY OF WU ZUOREN

· 1908 年戊申出生
11 月 3 日（农历十月初十）出生于江苏省苏州市，祖籍安徽省泾县茂林村。

· 1914 年甲寅 6 岁
入苏州江苏省立第一师范学校附属小学读一年级，至 1916 年辍学。

· 1921 年辛酉 13 岁
考入苏州工业专科学校附属中学学习。

· 1926 年丙寅 18 岁
考入苏州工业专科学校建筑科本科，后因病休学，在上海家中养病。

· 1927 年丁卯 19 岁
入上海艺术大学美术系学习，初露才华，为徐悲鸿先生赏识。

· 1928 年戊辰 20 岁
入上海南国艺术学院艺术系师从徐悲鸿先生，加入南国社，参加田汉先生领导的戏剧革新运动。
秋，就读于南京国立中央大学艺术系徐悲鸿工作室。

· 1929 年己巳 21 岁
在《南国周刊》发表第一幅作品《和平神下的战舰》，被推举为南国画会美术部长。
初冬，因为参加进步的南国革新运动被国立中央大学开除。

1928 年，徐悲鸿为吴作人所画的素描头像。

1929 年，南京国立中央大学留影。

1929 年，部分南国社成员在南京国立中央大学校园内合影。左起：谢寿康、俞珊、田汉、吴作人、蒋兆和、吕霞光、徐悲鸿、刘艺斯。

· 1930 年庚午 22 岁

在上海举办"吴作人、吕霞光、刘艺斯三人画展"。
5 月初到达巴黎，9 月考入巴黎国立高等美术学校西蒙教授油画工作室，10 月转入比利时布鲁塞尔皇家美术学院巴思天教授画室高班，11 月获庚款助学金。

· 1931 年辛未 23 岁

在比利时皇家美术学院暑期全院油画大会考中以《男人体》得第一名，获金质奖章和桂冠生荣誉。

· 1932 年壬申 24 岁

同比利时籍女子李娜结婚，同时在卢梭教授雕塑晚班学习雕塑。
创作《纤夫》《争论》《坐思》等油画。

· 1933 年癸酉 25 岁

在雕塑晚班会考中获构图第一名，金质奖章。

· 1934 年甲戌 26 岁

半工半读，参加巴思天教授承包的大型壁画绘制工程。

· 1935 年乙亥 27 岁

应徐悲鸿先生函约回国。8 月，偕妻子李娜回到上海，看望母亲及家人；9 月，赴南京中央大学艺术系任讲师。

· 1936 年丙子 28 岁

在国立中央大学图书馆举行"刘开渠、吕斯百、吴作人三人联展"，展示旅欧作品，引起艺坛震惊，田汉先生发表长篇评论。
由徐悲鸿先生介绍加入中国美术会。

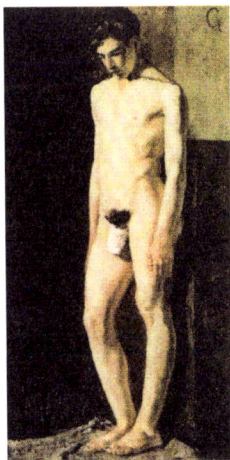

《男人体》 吴作人 布面油画
150cm×80cm 1931 年

1933 年，徐悲鸿夫妇访问比利时期间合影。前排左起：沈宜甲、徐悲鸿、李娜（吴作人夫人）。后排左起：蒋碧薇（徐悲鸿夫人）、吴作人、赵梅伯。

1934 年，与巴思天教授合影。

1933 年，吴作人在个人画室与其作品《纤夫》合影。

· 1937 年丁丑 29 岁

任中国美术会理事。

《玄武湖上的风云》《出窑》等作品参加第二次全国美展。

"八一三"上海事变后，随国立中央大学西迁重庆，继续任教。

· 1938 年戊寅 30 岁

台儿庄战役大捷后，组织国立中央大学战地写生团，与陈晓南、孙宗慰、沙季同、林家旅一起赴潢川、商丘等前方阵地写生，搜集素材；在武汉进行抗日宣传活动。

· 1939 年己卯 31 岁

在重庆举行"战地写生展"，被推举为"全国美术界抗敌协会"理事。

妻子李娜在产后病故，一男孩也夭折。

· 1940 年庚辰 32 岁

多幅作品参加支持中国抗战的赴美"中国画展"和在莫斯科举办的"中国画展"。

· 1941 年辛巳 33 岁

元旦，在成都与唐一禾、吕霞光、黄显之、吕斯百、秦宣夫、李瑞年、王临乙举行八人联展。

· 1942 年壬午 34 岁

受教育部之聘为终身教授、教育部美术教育委员会委员，任中国美术学院研究员。

《不可毁灭的生命》《空袭下的母亲》等作品参加第

1935 年，时任国立中央大学美术系主任的徐悲鸿先生请吴作人回国任教的邀请函。

1937 年，国立中央艺术大学迁至重庆，图为与同仁聚会合影。前排左起：王合内（王临乙夫人）、李娜（吴作人夫人）、马光璇（吕斯百夫人）。后排左起：吕斯百、王临乙、刘艺斯、吴作人。

三次全国美展。

- **1943 年癸未 35 岁**

  初夏至 1944 年初，赴青海、甘肃写生，赴敦煌考察莫高窟，临摹古代壁画。

  作大幅油画《玉门油矿》，参加全国工业展览会。

- **1944 年甲申 36 岁**

  在成都组织"中国现代美术会"，并举行首次展览。

  6 月至 1945 年 2 月，赴青康藏地区旅行写生，深入少数民族生活，作速写、水彩和油画。

- **1945 年乙酉 37 岁**

  5 月，在成都举行"吴作人旅边画展"。

  12 月，在重庆举办"吴作人画作回顾展"。

- **1946 年丙戌 38 岁**

  由重庆到上海，与张光宇、丁聪等组成"上海美术作家协会"，并举行第一次联展。

  5 月，在上海举办"吴作人边疆旅行画展"。

  应徐悲鸿之聘，8 月到北平接管北平艺专，任教务主任兼油画系教授。

  组织成立了"北平美术作家协会"，任理事长。

- **1947 年丁亥 39 岁**

  应英国文化委员会之邀，5 月赴英国、7 月赴瑞士、9 月赴法国讲学和举行个人画展。

- **1948 年戊子 40 岁**

  与女画家萧淑芳结婚。

  组织"一二·七艺术学会"。

1938 年，吴作人率国立中央大学艺术系"战地写生团"赴前线写生时船过三峡所摄。

1938 年，与南京国立中央大学艺术系的部分师生在嘉陵江船上。后排左起：孙宗慰、吴作人、曾宪七、文金扬。中排左起：周作相、刘德刚、康寿山。前排左一：程本新。前排左三：田茹。

《敦煌壁画之供养人》吴作人 纸本水彩
27.5cm×39cm 1943 年

1943 年，吴作人西行期间在赴敦煌途中与英国科学家李约瑟博士合影

· **1949 年己丑 41 岁**

创作油画《解放南京号外》。

参加第一次全国文学艺术界代表大会，任全国美术工作者协会常务理事。

· **1950 年庚寅 42 岁**

中央美术学院成立，任教务长兼油画系教授。

赴工厂、农村等地深入生活、写生。

· **1951 年辛卯 43 岁**

参加中国文化代表团访问印度、缅甸。

加入中国民主同盟，当选为中央委员。

· **1952 年壬辰 44 岁**

出访布拉格、莫斯科。

任文化部炳灵寺石窟艺术勘察团副团长，对石窟艺术进行整理、临摹和研究考察。

任人民英雄纪念碑美术组副组长，进行设计工作。

· **1953 年癸巳 45 岁**

担任甘肃麦积山石窟艺术勘察团团长，对石窟艺术进行勘察、临摹、石模翻版及研究工作。

当选为中国美术家协会副主席、中国文联主席团委员和北京市美术家协会主席。

开始利用课余时间在水磨胡同 49 号居所举办"十张纸斋"晚画会，至 1957 年结束。

· **1954 年甲午 46 岁**

是年起当选为第一届全国人民代表大会代表。

担任徐悲鸿纪念馆第一任馆长；赴安徽佛子岭水库等

1944 年，"中国现代美术会"在华西大学举办首届中国现代美术展览，图为在展场门口吴作人与美术会同仁合影。左起：吴作人、庞薰琹、雷圭元、秦威、丁聪、沈福文。

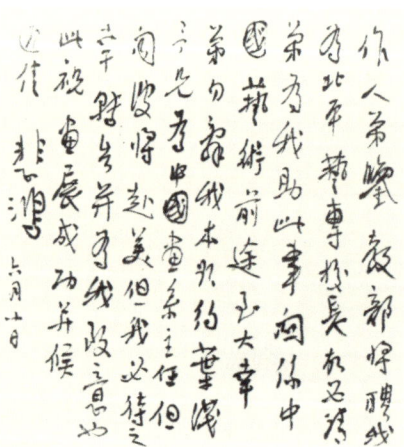

1946 年，徐悲鸿邀请吴作人赴国立北平艺专任教务主任邀请函。

1946 年，在齐白石寓所门口与徐悲鸿、齐白石、李桦的合影。

地写生，创作油画《齐白石像》《佛子岭水库》等。

· 1955 年乙未 47 岁
任中央美术学院副院长。
赴内蒙、河南黄河三门峡水利工地考察、写生，作大量油画速写，决定创作《黄河三门峡》三部曲。
赴瑞典出席国际艺术教育会议，顺路访问芬兰。

· 1956 年丙申 48 岁
赴旅顺、大连写生。
与艾中信、萧淑芳、葛维墨等合作绘制北京天文馆大厅天顶壁画（毁于 1966 年）。
创作《黄河三门峡·中流砥柱》。此为《黄河三门峡》三部曲之第一部。

· 1957 年丁酉 49 岁
赴青岛写生。
上海人民美术出版社出版《吴作人速写集》。

· 1958 年戊戌 50 岁
任中央美术学院院长。
赴河北束鹿县、涿县等地写生、画壁画等。
赴瑞典出席世界裁军会议。
撰写专著《怎样画静物》，由人民美术出版社出版。

· 1959 年己亥 51 岁
中央美术学院实行画室制教学，建立了吴作人工作室（第一工作室）。
创作油画《沙漠变绿州》《李大钊与孙中山》等。
天津美术出版社出版《吴作人水墨画选》。

1947 年，吴作人在巴黎举办"吴作人个人画展"。

1948 年，吴作人、萧淑芳新婚留影。

《解放南京号外》吴作人 布面油画
89cm×116cm 1949 年

1950 年，吴作人在中央美术学院成立大会上发言。

赴黄河三门峡水利工程施工现场写生。年末赴内蒙写生。

人民美术出版社出版《吴作人画集》。

· 1960 年庚子 52 岁

为人民大会堂宁夏厅作画赴宁夏写生。

是年秋至 1963 年，与邓拓诗画配在《北京晚报》上陆续发表。

创作油画《人定胜天》，又称《三门峡大坝》。此为《黄河三门峡》三部曲之第二部。

· 1961 年辛丑 53 岁

随中国美术家协会组织的"东北旅行写生团"赴东北写生。

· 1962 年壬寅 54 岁

赴苏州、无锡等地写生。

· 1963 年癸卯 55 岁

前往长春休养，并赴辑安(今吉林集安)考察古墓壁画。邮电部发行吴作人先生创作的第一套《熊猫》纪念邮票三枚。

· 1966 年丙午 58 岁

"文革"开始至 1972 年，被迫放下画笔，遭受"抄家""殴打""批斗"以及强迫下放劳动改造。

· 1971 年辛亥 63 岁

12 月，从河北磁县解放军农场调回北京，在国务院机关事物管理局领导下为国宾馆作画。

1951 年，中国文化代表团访问印度、缅甸时合影。左三起：季羡林、周小燕、郑振铎、刘白羽。右一：冯友兰。右三：吴作人。

1953 年至 1957 年，在吴作人水磨胡同 49 号客厅曾举行"十张纸斋晚画会"，图为客厅一角。

《东长安街牌楼》（局部） 吴作人 布面油画 60cm×80cm 1954 年

· 1972 年壬子 64 岁

为国宾馆作画。

10 月，接待著名美籍物理学家、诺贝尔奖获得者李政道博士来访。

邮电部发行吴作人先生创作的第二套《熊猫》特种邮票六枚。

· 1973 年癸丑 65 岁

继续为国宾馆作画，赴湖南、上海等地写生。

接受美藉华人记者赵浩生教授采访。

· 1974 年甲寅 66 岁

为创作大幅油画《海上新貌》赴天津大港油田写生。

因同赵浩生谈话触怒江青，遭批判，不准展出作品。

· 1975 年乙卯 67 岁

赴福建武夷山等地写生。

· 1976 年丙辰 68 岁

写诗作画悼周恩来逝世；"四人帮"倒台，彻底"解放"。

· 1977 年丁巳 69 岁

率中国美术家代表团赴日本，参加在东京和长崎举行的"中国现代书画展"。作品《武夷山下》随展并存长崎"唐人馆"。

应邀为外交部驻外使馆作画。

· 1978 年戊午 70 岁

为外交部作画。

人民美术出版社出版《吴作人画辑》。

《三门峡——中流砥柱》 吴作人 木板油画
40cm×53cm
1955 年

1955 年，吴作人在黄河三门峡水利工程施工工地作画。

1958 年，赴河北涿县、束鹿县等地体验生活，画壁画。

1958 年，吴作人被任命为中央美术学院院长，图为由周恩来总理签署的中华人民共和国国务院任命书。

· 1979 年己未 71 岁

任中央美术学院名誉院长，当选为中国文学艺术界联合会副主席，继任中国美术家协会副主席。

赴广东省写生、作画，并与广州美术学院同学座谈。

· 1980 年庚申 72 岁

赴云南省昆明、大理、石鼓等地写生与考察。

秋，与夫人萧淑芳教授访问阿根廷，参加阿根廷首都建市 400 周年纪念活动。

中国画《牧驼图》参加联合国科教文组织举办的"中国绘画艺术展"，并入选邮电部发行的"联合国国际巡回画展"特种邮票（全套三枚）。

邮电部颁发荣誉证书，表彰其绘制的两套《熊猫》特种邮票。

· 1981 年辛酉 72 岁

应澳中理事会邀请偕夫人萧淑芳赴澳大利亚访问，进行文化交流。

· 1982 年壬戌 74 岁

率中国代表团赴法国参加在巴黎大宫举办的"中国现代艺术展览"开幕式，并展出《齐白石》（油画）、《藏原放牧》（中国画），其中《藏原放牧》获金奖。

陪同英国首相撒切尔夫人参观中央美术学院。

朝华出版社出版《吴作人萧淑芳画选》（中英文版）。

· 1983 年癸亥 75 岁

当选为第六届全国人大常务委员会委员。

应美国斯诺基金会邀请偕夫人萧淑芳赴美国密苏里堪萨斯大学讲学交流。由中央美术学院录制的《师造化

1963 年，由邮电部发行吴作人创作的第一套《熊猫》纪念邮票 3 枚

1971 年，在河北磁县东陈村 1584 部队农场劳动。

1973 年，赴南方写生，摄于无锡太湖鼋头渚。左一：钱松嵒。左二：吴作人。

夺天工——吴作人的中国画艺术》录像教学片在美首次放映。

应全国人民代表大会之邀作《高瞻远瞩——立鹰》，赠送即将离任的叶剑英委员长。

· 1984 年甲子 76 岁

获法国政府和文化部授予的"法国文学艺术最高勋章"，次年初在法国驻中国大使馆举行仪式。

应邀赴日本东京和大阪举行"吴作人萧淑芳中国画展"。

上海科学教育制片厂拍摄科教片《吴作人的艺术》。

任中国残疾人福利基金会名誉理事（作为八位发起人之一）、中国友谊出版公司名誉董事长。

· 1985 年乙丑 77 岁

在中国美术家协会第四次代表大会中当选为中国美术家协会主席，直至 1997 年去世。

赴安徽参加全国油画艺术讨论会，会后返回故里安徽省泾县茂林村。此是第一次回乡探望。

朝华出版社再版《吴作人萧淑芳画选》（中英、中法文版）。

邮电部发行小型张《拯危继绝》（熊猫）邮票一枚。

· 1986 年丙寅 78 岁

由文化部、中国文联、中国美协、中央美术学院联合举办吴作人艺术活动 60 周年纪念活动，并在中国美术馆举办"吴作人画展"。

率中国文联代表团访问日本，参加日中文化交流协会成立 30 周年纪念活动。

率中国艺术代表团赴新加坡参加国际和平年活动；在中国与比利时建交 15 周年之际，赴比利时参加在安

《大海新貌》吴作人 布面油画 100cm×140cm 1974 年

1978 年，吴作人与学生一起庆贺 70 寿辰。左起：李骏、靳尚谊、高宗英、尹戎生、邓澍、任之玉、萧淑芳、吴作人、庞涛、赵域、马常利、侯一民、赵允安、韦启美、詹建俊、艾忠信、苏高礼、闻立鹏、李化吉、秦岑、钟涵、杨红太、王文彬。

特卫普和布鲁塞尔举办的"吴作人萧淑芳画展",随后又在卢森堡展出。

外文出版社出版《吴作人的艺术》（中英文版）。

· 1987 年丁卯 79 岁

赴法国巴黎参加在塞尔努希博物馆举办的"吴作人萧淑芳画展"开幕式。

赴天津参加"吴作人画展"开幕式。

· 1988 年戊辰 80 岁

比利时国王授予"王冠级荣誉勋章"。

应香港中华文化促进中心邀请,在香港举办"吴作人萧淑芳画展"。

当选为中国人民政治协商会议第七届常务委员会委员。

捐赠作品筹备设立吴作人国际美术基金会。

· 1989 年己巳 81 岁

吴作人国际美术基金会在京成立,并首次颁发"青年美术家奖"。

获南京师范大学首届"徐悲鸿奖学金荣誉奖"。

人民美术出版社出版传记《吴作人》。

安徽美术出版社出版《吴作人文集》。

中国邮票总公司发行《当代美术作品选》特种邮票三枚,吴作人作品《齐奋进》入选。

· 1990 年庚午 82 岁

向亚运会捐赠大幅中国画《奔腾齐进》。

四川美术出版社出版画传《中国当代美术家·吴作人》。

· 1991 年辛未 83 岁

年初因多发性脑梗塞住北京医院,年底出院后一直在

1980 年,中央美术学院油画系恢复招考后第一届研究生班毕业生和导师们合影。
前排右起:侯一民、靳尚谊、吴作人、林岗。后左一:陈丹青。中左一:孙景波。

1982 年,代表中央美术学院迎接来访的撒切尔夫人。

家养病。

天津美术出版社出版《吴作人速写》。

香港新闻出版社再版传记《吴作人》。

· 1993 年癸酉 85 岁

荣获法国国家艺术学会 1993 年双年大展的"最杰出中国画家作品特别奖"。

古吴轩出版社出版《当代名家中国画全集·吴作人》。

台湾锦绣文化企业、人民美术出版社出版《中国近现代名家画集·吴作人》，1996 年再版。

· 1994 年甲戌 86 岁

古吴轩出版社出版《吴作人艺术馆藏品集》。

· 1995 年乙亥 87 岁

被推举为中国民主同盟参事委员会副主任。

辽宁美术出版社出版书画集《吴作人》，共四个分册——油画卷、中国画卷、素描速写水彩卷和书法诗词卷。

· 1996 年丙子 88 岁

被全国文联聘为荣誉委员。

台湾麦克股份有限公司出版《巨匠与中国名画·吴作人》。

11 月，因大面积脑梗塞被送北京医院抢救。

· 1997 年丁丑 89 岁

4 月 9 日，在北京逝世。

4 月 30 日，首都社会各界人士在八宝山革命公墓为

1985 年 3 月 12 日，法国驻华大使代表法国政府和文化部授予吴作人"法国文学艺术最高勋章"。

1988 年，在比利时大使馆授勋仪式上的全家福。前排左起：吴作人、萧淑芳、商玉生。后排左起：萧慧、吴宁、商宏。

吴作人隆重举行送别仪式。

5 月 28 日，在苏州举行"吴作人作品捐赠仪式暨吴作人艺术馆开幕式"，萧淑芳被聘为艺术馆馆长。

（除特别署名外，此年表、文献资料及其中作品图均由吴作人先生家属提供并审定。）

1990 年，吴作人国际美术基金会第一届理事会第一次全体会议召开。前排左起：刘迅、古元、吴祖强、王光英、吴作人、习仲勋、文楼、黄华、王济夫、曾涛、艾中信。后排左起：黄景钧、刘勃舒、杨澧、钟涵、冯岭安、葛维墨、何理良（黄华夫人）、萧淑芳、齐心（习仲勋夫人）、邓林、侯一民、金维诺、汝信、靳尚谊、李松涛。

艾中信年表
CHRONOLOGY OF AI ZHONGXIN

· 1915 年乙卯出生
10 月 13 日出生于上海市川沙县养正村。

· 1921 年辛酉 6 岁
在养正小学读书，爱好美术、劳作课程。

· 1925 年乙丑 10 岁
在川沙县高小上学，开始学水墨画。

· 1927 年至 1934 年　丁卯——甲戌　12 岁——19 岁
先后在上海市钱业中小学和南洋中学读书。

· 1934 年甲戌 19 岁
就学于上海大同大学化学系。开始在《上海漫画》杂志
上发表漫画，第一幅是《白色殿堂的魔相——莫索里尼》。

· 1935 年乙亥 20 岁
在《上海漫画》《独立漫画》《时代漫画》《时事新报》
上发表漫画和农村速写，得到漫画界前辈张光宇的鼓
励。

· 1936 年丙子 21 岁
考入南京国立中央大学教育学院艺术系，师从徐悲鸿、
吴作人、吕斯百、张书旂、傅抱石、黄君璧、陈之佛、
宗白华。

· 1938 年戊寅 23 岁
与张书旂合作中国画《嘉陵江纤夫》，参加在莫斯科
举办的"中国造型艺术展览会"并在当年《苏联造型
美术》杂志刊出。

1919 年，养正小学校长朱仰范与 4 岁艾中信
合影。

1935 年，与小学同学胡静贞结婚。

《嘉陵江纤夫》艾中信 中国画　42cm×53cm 1938 年

· 1939 年己卯 24 岁

　　参加"抗战救灾义卖画展"。

· 1940 年庚辰 25 岁

　　毕业，留校任助教。

· 1941 年辛巳 26 岁

　　速写集《四川的劳动者》由新知书店出版，笔名宋莱。
作油画《卖柑者》（当时由重庆中央图书馆收藏）、
《缝》、《吟》，参加在重庆举办的全国性美展"元
旦抗战画展"，获"青年美术家"奖。回浦东老家养病，
作《场院》、《青串鱼》（静物）、《艾中全像》等。

· 1942 年壬午 27 岁

　　任徐悲鸿助教。

创作歌颂游击队的油画《枕戈达旦》。此画毁于"文革"。

· 1943 年癸未 28 岁

　　受聘为中国美术学院副研究员。
创作《沙坪坝小景》，参加重庆"第三届全国美术展
览会"，获教育部颁发的"科学文化成就奖"。
冬，赴四川灌县及茂汶羌族地区体验生活，创作《蜀
山隆冬》《都江堰》《放筏》及描绘邛崃山景色、表
现羌族牧民生活等作品。

· 1944 年甲申 29 岁

　　赴川西岷江上游。岁末随二哥艾中全至洪江。

· 1945 年乙酉 30 岁

　　夏秋之际，赴湖南安江抗战前线写生，作《渡口》《营

《枕戈达旦》艾中信 布面油画 138cm×113cm 1943 年

《都江堰》艾中信 布面油画 55cm×78cm 1943 年

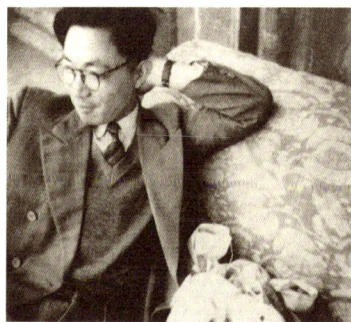

1946 年，在苏联塔斯社上海分社主办的《时代日报》
副刊《艺术》任编辑。

地》《焦土》《日俘》等。

创作《雪里送炭》《紫禁城残雪》《崇文门外》《国子监》《戴爱莲维装》《鸡冠花》等油画。

· 1946 年丙戌 31 岁

在苏联塔斯社上海分社主办的由姜椿芳主编的《时代日报》副刊《艺术》任编辑。

加入上海美术作家协会，作品《新装》参加该协会"第一届美展"。从事漫画创作，在《时代日报》发表漫画《大导演》等。发表美术论文《你不要说不懂艺术》。在《艺术》上发表文章，对司徒乔《战灾画展》的意义给予肯定。

赴北平，任北平艺术专科学校副教授，兼任中国美术学院副研究员。作《向日葵》《芍药》《斑鸠》等。

· 1947 年丁亥 32 岁

任北平美术作家协会理事。

· 1948 年戊子 33 岁

参加 "一二·七艺术学会"，与李桦共同编辑《进步日报》《进步艺术》周刊。

到门头沟参观小煤窑，作《背煤》。

作品《雪里送炭》《盲者》《童工》参加由徐悲鸿组织的北平美术作家协会、中国美术学院、北平艺术专科学校三团体举办的"联合美术展览会"。

· 1949 年己丑 34 岁

任中国美术学院教授。加入全国美术工作者协会。出席中华全国文学艺术工作者第一次代表大会。

参加京郊土改。油画《保证不停电》参加"文代会美

1946 年，徐悲鸿担任"北平美术家协会"名誉会长，与国民党的"北平美术协会"对立。这是北平美术家协会部分成员合影，后排右一为艾中信。

1946 年，徐悲鸿任北平艺专校长，与师生合影，后排右一为艾中信。

术作品展"（即"第一次全国美术展览会"）。

· **1950 年庚寅 35 岁**

中央美术学院成立，任中央美术学院油画系教授。加
入中国共产党。

· 为北京人民文化宫教师素描进修班讲课，示范肖像写
生。作品《雪里送炭》《女司机田桂英》参加赴苏联、
东德的"中国美术展览会"。作宣传画《全力支援抗
美援朝》。为天津物资交流展览会作画，与学生一起
下天津东站修配厂体验生活，集体作连环画《劳动模
范李纪海》。作油画《炮兵过雪山》。

· **1951 年辛卯 36 岁**

与学生一起下大同煤矿第三矿体验生活，集体作连环
画《全国劳动模范马六孩》。创作《毛主席和朱总司
令》、《湖南共产主义小组》、《朱总司令在军舰上》
（中国美术馆收藏）。

· **1952 年壬辰 37 岁**

组织中央美术学院及中央美术学院华东分院油画系教
师进修业务（徐悲鸿指导）。
担任天安门广场人民英雄纪念碑第一组《虎门销烟》
绘画设计（曾竹韶负责雕塑）。在《人民美术》上发
表《绘画基本练习上的几个问题》。

· **1953 年癸巳 38 岁**

与董希文、邵宇在第一届人民代表大会上任速写记者，
在报刊上发表速写以报道大会情况。
徐悲鸿逝世，在《文艺报》上发表悼文《正直勤劳的
艺术家》。

《女司机田桂英》艾中信 布面油画 115.5cm×168cm 1950 年

1952 年，徐悲鸿先生给中央美术学院及
华东分院油画进修班授课，右一为艾中信。

《朱总司令在军舰上》艾中信 宣传画
15.5cm×10.5cm 1954 年

· 1954 年甲午 39 岁

任中央美术学院油画系主任。

主持全国美术院校素描教学会议。

带研究生到甘肃武威兰新铁路工地体验生活，创作《通往乌鲁木齐》。赴天祝藏族自治县扎西绣龙滩参观赛马会。回校途经西安，访问西安美术学院并座谈。

为《徐悲鸿油画集》作序。

· 1955 年乙未 40 岁

作品《通往乌鲁木齐》参加"第二届全国美术展览会"，被中国美术馆收藏。创作革命历史画《红军过雪山》，被中国人民革命军事博物馆收藏。

· 1956 年丙申 41 岁

5 月，访问德意志民主共和国，参加德累斯顿建城

750 周年纪念会及该城画廊修复开幕典礼。访问东德美术科学院并座谈。参观白湖美术大学、德累斯顿美术大学、哈莱美术学校及马克特堡美术大学。接受柏林电视台和无线电台专题采访。两个半月间作油画 30 余幅，速写 60 余幅。

8 月，在文化部全国油画教学会议上作访问东德的报告。10 月 17 日中国美术家协会在京举办"艾中信访问民主德国画展"。撰文《各有千秋的四所民主德国美术大学》。与吴作人合作创作北京天文馆福格摆大厅天顶壁画。在《美术》杂志上发表学习苏联画家马克西莫夫艺术思想、创作方法和油画技巧的文章。

回浦东老家作《母亲》肖像、《春寒》、《天井里》等。

· 1957 年丁酉 42 岁

作品《红军过雪山》参加"中国人民解放军建军三十

《通往乌鲁木齐》艾中信 布面油画 100cm×400cm 1954 年

1954 年，在工地体验生活。

《红军过雪山》艾中信 布面油画 100cm×300cm 1955 年

周年纪念美术展览"。

由上海人民出版社出版《访问民主德国札记》。

为《吴作人速写集》作序。在《文艺报》发表《王式廓笔下的农民形象》。

· **1958 年戊戌 43 岁**

率领中央美术学院油画系到石景山模式口村办学一年。作油画《丰沙线上》（两幅）、《钢花》及石景山钢铁厂写生。参加修建十三陵水库劳动，作《十三陵雷雨》《力争上游》等。

参加文艺界福建前线慰问团，走访福州、厦门、泉州等地，与蒋兆和、米谷作农村壁画《炮击金门》《大炼钢铁》等。

著作《怎样画油画》和画册《民主德国旅行写生》由人民美术出版社出版。

在《文汇报》上发表《油画民族化问题探讨》。

· **1959 年己亥 44 岁**

力主油画系实行画室制。

创作《东渡黄河》（中国革命博物馆收藏）。赴延安、绥德、宋家川写生，作肖像《老艄翁》《陕北姑娘》及延安组画（速写）等。

· **1960 年庚子 45 岁**

出席中国文学艺术工作者第三次代表大会。任中国美协第二届理事。

与学生一起去山东大鱼岛体验生活，作油画《晒渔网》《海湾》等；赴井冈山作《大井——毛泽东主席旧居》《黄洋界》《风云》《西下桐木岭》《革命老人邹文楷》《革命老人马夏姬》等；赴绍兴，作《〈阿Q正传〉

《大学新生》艾中信 布面油画
48cm×36cm 1956 年

《德意志风光》艾中信 纸本速写 26cm×36cm 1956 年

1956 年，访问前德意志民主共和国，在魏玛访问画家萧芮

插图》。在《人民美术》发表《祝毕加索八十寿辰》。为《吴作人油画集》作序。

· **1961 年辛丑 46 岁**
任《美术》杂志编委。
中央美术学院油画系实行画室制，协助吴作人执行工作室的教学任务。创作革命历史画《东渡黄河》、《夜渡黄河》（中国革命博物馆收藏）。
赴大兴安岭伍营为创作《李兆麟将军西征》收集素材，作《兴安岭林场》等。途经沈阳，访问鲁迅美术学院。作《猎人》《麦秸垛》《木材场》《大兴安岭在望》等。

· **1962 年壬寅 47 岁**
参加文化部召开的高等艺术学校教学方案会议。
在《美术》杂志发表《油画风采谈》。

· **1963 年癸卯 48 岁**
与华君武、高莽组成"中国美术家代表团"，赴莫斯科参加"第二届全苏美术家代表大会"。访问列宁格勒列宾美术学院及博物馆、美术馆。
作《新西伯利亚白桦林》《阿芙洛夫巡洋舰》等。

· **1964 年甲辰 49 岁**
为人民大会堂周总理办公室创作《燕山红遍》。
中央美术学院搞"四清"试点，接着在"文革"中，被划为"反动学术权威"及"走资派"。

· **1972 年壬子 57 岁**
经周恩来总理批准，与李宏仁、梁运清赴斯里兰卡为班达拉奈克国际会议大厦创作大型壁画《美丽富饶的国土》。

1958 年，参加文艺界福建前线慰问团。

1958 年，古元、艾中信在街头画壁画。

1960 年，油画系素描教学会议。

《东渡黄河》艾中信 布面油画 130cm×300cm 1959 年

· 1973 年癸丑　58 岁

创作《夕阳照故园》，由上海美术馆收藏。

· 1974 年甲寅 59 岁

恢复部分工作。

· 1975 年乙卯 60 岁

参与中央美术学院户县办学。

· 1976 年丙辰 61 岁

参与中央美术学院领导小组工作。

· 1977 年丁巳 62 岁

纪念周总理逝世一周年，在《美术》杂志发表悼文《周总理最坚定地执行毛主席的革命文艺路线》。

· 1978 年戊午 63 岁

中央美术学院恢复正常教学，负责教务工作。
7月，在台湾"亚太国际艺术中心"举办个展。

· 1979 年己未 64 岁

任中央美术学院副院长。出席中国文学艺术工作者第四次代表大会。任中国美协第三届理事。
作《高士其像》参加"第一届科普美展"。
与郑经文编辑电影《徐悲鸿的画》，由上海科学教育电影制片厂摄制。在《美术研究》发表《再谈油画民族化问题》《董希文的创作道路和艺术素养》，在《世界美术》发表《从利伯曼的几幅画看他的艺术气质》。

· 1980 年庚申 65 岁

油画《柿乡》参加在日本福冈市举办的"当代亚洲画展"。

《新西伯利亚白桦林》艾中信 布面油画
40cm×59cm 1963 年

1972 年，班达夫人视察创作大型壁画《美丽富饶的国土》。

1954 年，赴天祝藏族自治县扎西绣龙体验生活。

在《美术研究》发表《司徒乔笔尖上的正义与激情》
《山水花鸟画与审美教育——观潘天寿书画展》，在《世
界美术》发表《泰纳——开拓近代油画语言的先驱》。
作《清晨》《古柏》。

· 1981 年辛酉 66 岁
出版专著《徐悲鸿研究》。
为《徐悲鸿画集——飞禽、走兽分集》作序。在《美
术研究》上发表《华君武笔下的漫画形象》《李瑞年
的风景画艺术》，在《世界美术》上发表《读＜沉睡
的维纳斯＞浮想》。

· 1982 年壬戌 67 岁
为纪念马克思逝世一百周年，创作《人类失去了一个
头脑——马克思逝世》（组画）参加北京市美展，其

中一幅为马恩列斯编译局收藏。
作品《柿乡》送香港参加"中央美术学院作品展"。
为广州白天鹅宾馆绘制壁画《大兴安岭》。
在《美术研究》上发表《吴作人的油画造诣及风格变迁》
《叶浅予的舞蹈人物画》。作《秋野》等。

· 1983 年癸亥 68 岁
10 月 13 日，率中国美术家代表团赴匈牙利、比利时
等欧洲四国访问，考察美术大学。
在《美术研究》发表《残荷有生趣——齐白石"变法"
一例》，在《世界美术》发表《伦勃朗的肖像艺术》《德
拉克洛瓦的动物画和人物画稿》，在《中国画》发表
《论徐悲鸿画马》，在《西安美术学院学报》发表《回
忆石鲁片断》。作《盛开的宝相花》。

《毛主席永远活在我们心中》艾中信 布面油画 55cm×163cm 1976 年

· **1984 年甲子 69 岁**

受聘为《美术》杂志顾问。

创作《忆写嘉陵》由中国美术馆收藏（此画共有两件）。

与郑经文编辑《吴作人的画》，由上海科学教育电影制片厂录制。为《徐悲鸿素描集》作序。在《美术研究》发表《胡一川和他的画》《从"小鲁艺"到"大鲁艺"——罗工柳的艺术道路》。

· **1985 年乙丑 70 岁**

任第四届全国美协理事。受聘为中国美术家协会油画艺术委员会委员。

为《中国现代教育家传》著《徐悲鸿传》，为徐悲鸿诞辰 90 周年著文《关于徐悲鸿美术教育学派的研讨》。在《世界美术》上发表《阿道夫·门采尔》。

作《喜雨》《祖国的北大门》等。

· **1986 年丙寅 71 岁**

任《中国大百科全书》总编辑委员会委员，《中国大百科全书·美术卷》编辑委员会主任，并为《美术卷》著导言《美术》（美术论纲）。

任"中国对外文化交流协会"理事。作为中国友好艺术代表团美术家分团成员，赴新加坡参加国际和平年活动，与吴作人、萧淑芳、韩美林、赵宁安举办文化交流画展。参展作品有《雪里送炭》《清晨》等。

为《吴作人的艺术》（外文出版社出版）作序。

作《朝阳》《树荫》等。

· **1987 年丁卯 72 岁**

作品《踏雪》参加"中国首届油画展"。

作《海角》《潮阳》《忆写热带雪峰》等。

1979 年，受文化部教育司委托主持全国高等技术院校素描教学座谈会。第二排左八为艾中信。

《人类失去了一个头脑——马克思逝世》
艾中信 布面油画 120cm×100cm 1982 年

· 1988 年戊辰 73 岁

专著《读画论画》由海天出版社出版。

作《青色的池塘》《朝露》《妈屿拍浪》《南国之冬》《相思树》《大潮汛》《海门》等。

· 1989 年己巳 74 岁

倡导成立"吴作人国际美术基金会"。

作《秋野》《纤夫》。

· 1990 年庚午 75 岁

任"吴作人国际美术基金会"理事长。

创作《忆写嘉陵（二）》《忆写中渡口》等。

· 1991 年辛未 76 岁

出版专著《油画风采谈》。

《雪里送炭》《东渡黄河》等 30 余件作品参加中央美术学院举办的"名师的足迹——八教授联展"。

作品《枣树花开》参加香港特区举办的"中国当代油画特展"。画旧稿《天之涯》等。

· 1992 年壬申 77 岁

著作《怎样画油画》由人民美术出版社再版。

参与主编《中国新文艺大系 1949—1966 美术集》，并为该集撰写《导言》。

游大巴山神农溪，作《幽谷》。画旧稿《雪原放牧》《羌女猎手》。作《贝母鸡》《吐绶鸡》《漫步》《江南新村》等。

· 1993 年癸酉 78 岁

国家新闻出版署颁发编纂《中国大百科全书》荣誉证

《忆写嘉陵》艾中信 布面油画 67cm×100cm
1984 年（局部）

1984 年，苏联画家梅尔尼柯夫院士访问中央美术学院，与艾中信会面。

1986 年，与吴作人（左一）等赴新加坡参加国际和平年活动。

书奖。整理、完成书稿《行云流水——衰年回眸》《域外见闻》。整理完成美术文选。撰文《中国大百科全书·美术卷·美术论纲》《民主德国的美术和美术教育》《祝毕加索八十寿辰》《创作个性及其他》《聪明的小本子》《从中小学的图画课说进去》《吴作人作品集总序》《自然之趣、自然之势、美术形式美探讨》《寓教育于欣赏》《从普及美育谈到美术教育的改革》《美术教育随感录》《关于人体艺术答记者问》共十余篇。作《珠海印象》《水湾头》《老枣树》《啄木鸟》《东浜》。

· **1994 年甲戌 79 岁**
任第二届全国油画展评选委员会委员、总评选委员会顾问、第八届全国美术作品总评选委员会顾问。
《艾中信画集》由北京美术摄影出版社出版。

为《吴作人艺术馆藏品集》写序。
作《礁石》《都江堰》。

· **1995 年乙亥 80 岁**
任中国油画学会顾问、蔡仪美学基金顾问。
发表《大师的风范——纪念徐悲鸿百年诞辰》。

· **1996 年丙子 81 岁**
作品《浩气长存》参加台湾省立台南社会教育馆举办的《海峡两岸——中国当代名家油画百人大展》。

· **1997 年丁丑 82 岁**
任吴作人艺术馆顾问,向特区政府赠作品《97 香港回归》。

《妈屿拍浪》艾中信 布面油画 57cm×107cm 1988 年

《妈屿拍浪》艾中信 布面油画 56cm×110cm 1988 年

· 2000 年庚辰 85 岁

作品《雪里送炭》《通往乌鲁木齐》《夜渡黄河》参加"二十世纪中国油画展"。作品《雪里送炭》《红军过雪山》等8幅作品收入《二十世纪中国油画》画集。

· 1997 年至 2002 年 丁丑 — 壬午 82 岁 — 87 岁

篆刻金石《世有伯乐》《朝华夕拾》《悲天悯人》《士可死不可辱》等百余枚。

对《徐悲鸿研究》一书完成修改、补充。

· 2002 年壬午 87 岁

5月获"文化部"颁发的"造型艺术创作研究成就奖"。

· 2003 年癸未 88 岁

受聘为《中国大百科全书》总编辑委员会名誉顾问。

7月，在《人民日报》发表文章《话说华君武》。

8月，获中国文联与中国美术家协会联合颁发的"第二届中国美术金彩奖成就奖"。

12月28日逝世。

（除特别署名外，此年表、文献资料及其中作品图均由艾中信先生家属提供并审定。）

《朝露》艾中信 布面油画 47cm×60cm 1988 年

2002 年春节，国务院副总理李岚清代表党中央、国务院看望艾中信及其夫人。

靳尚谊年表
CHRONOLOGY OF JIN SHANGYI

· **1934 年甲戌出生**

12 月 26 日，出生于河南焦作东王封村。

父亲靳思询，字允之，1895 年 8 月 12 日出生，毕业于北京大学西语系法语专业。母亲吴佩兰，1905 年 10 月 23 日出生。父亲在北大读书期间认识母亲，婚后回河南工作，做过煤矿职员，也教过中学。母亲是家庭妇女，父亲去世后教过小学。外祖父曾担任过奉天 (沈阳) 火车站站长，东北沦陷后住在北京。

· **1940 年庚辰 6 岁**

弟弟靳尚诚出生。

· **1941 年辛巳 7 岁**

进入焦作市第一完全小学。小学期间对历史和地理比较感兴趣，开始显现出绘画的爱好与能力，经常临摹一些连环画，还把临摹的画贴在班里的墙上办过一个小展览会。

· **1946 年丙戌 12 岁**

11 月，父亲去世。享年 51 岁。

入河南焦作太行第 8 中学读初中。

· **1947 年丁亥 13 岁**

9 月，考入北平私立九三中学读初中。美术教师毕业于国立北平艺专，水平很高。喜欢上美术课，但受工业救国理想和家境的影响，并没有报考美术院校的愿望。

· **1949 年己丑 15 岁**

在家人劝说下，考虑到绘画兴趣与经济状况，于夏天

1947 年，国立北平艺术专科学校大礼堂正门。

1950 年，参加"红五月"创作的绘画系一年级甲班师生。

报考国立北平艺术专科学校，被绘画系录取。因从未学过素描，素描成绩排甲等最末一名。

秋，就读于国立北平艺专，学习素描、水彩、线描、雕塑、图案等课程。师从孙宗慰先生，接受素描基础知识和画法训练。

· 1950 年庚寅 16 岁

5月，参加"红五月创作运动"。创作启蒙老师为李琦先生。

夏，到济南铁路局浦镇机车厂（南京浦口）体验生活，组长是高班学生靳之林。其间，作为助手协助靳之林为工厂画一幅毛主席像，这是第一次画油画。作品最后留在机车厂。

秋，作为国立北平艺专招收的最后一届学生，成为改制后的中央美术学院一年级学生，由李瑞年先生和戴泽先生教授素描课。

· 1951 年辛卯 17 岁

中央美术学院开始"素描改革"。由左辉主持改革。

夏，去天津马厂参加"华北区城乡物资交流展览会"的布展工作，被分在药材馆，学习制作版画、绘画插图等。

秋，升为二年级，素描老师为李宗津先生，创作课主要内容为连环画创作，由李桦先生教授。

创作了一套反映"三反""五反"运动的连环画。

· 1952 年壬辰 18 岁

"素描改革"中止。

秋，升为三年级，素描课由董希文先生教授。

由李桦先生和董希文先生带队，到石景山发电厂体验

1952 年，和本科同学合影。

1952 年，绘画系甲班同学在北京公园。

1953 年，毕业前和绘画系甲班同学合影。

生活。除画一些工人速写外，还完成一张年画。

· **1953 年癸巳 19 岁**
5 月至 6 月下旬，为毕业创作到河北省武安县小野桃村深入生活。
在伍必端先生指导下进行毕业创作，毕业创作作品为年画《互助组来帮忙》。作品留在系里，后遗失。
7 月，本科毕业，留校在绘画系读研究生。研究生期间素描主要师从董希文先生。
本科三年级完成三张油画作业：一张头像、一张半身像和一张领袖像。

· **1954 年甲午 20 岁**
"苏联经济及文化建设成就展览会"在北京举办，在该展览会上第一次看到欧洲油画原作。多次参观展览会中的造型艺术展，临摹马克西莫夫的《铁尔皮果列夫院士像》，临作存中央美术学院陈列馆。
年底，赴甘肃武威写生。
创作肖像写生《附中的女学生》。

· **1955 年乙未 21 岁**
考取了由文化部在中央美术学院开设的油画训练班，执教老师为苏联专家康·麦·马克西莫夫，逐步学习和掌握造型与色彩的基本规律。

· **1956 年丙申 22 岁**
春，赴黄河三门峡写生。
在油画训练班的肖像画创作课中创作反映周恩来在万隆会议上发表讲话的《和平的讲坛上》。

1953 年，参加毕业演出话剧《列车上》。

1954 年，在甘肃武威城外。

1955 年，油画训练班学员下乡出发。

· 1957 年丁酉 23 岁

与杨淑卿结婚，住东单裱背胡同。

从油画训练班毕业，毕业创作为情节性绘画《登上慕士塔格峰》，反映中苏联合登山队攀登新疆帕米尔高原的慕士塔格峰的场景。作品参加在中央美术学院礼堂举行的"油画训练班毕业作品展览"，朱德委员长参观展览。《登上慕士塔格峰》与其他油画一起印成单幅画，后被中央美术学院陈列馆收藏。在"珍宝岛事件"后因中苏关系进一步恶化而被拆下退还给作者，过程中被损毁。2008 年被重新发现并修复。

留校，任教于版画系，教 57 级新生素描。开始五年的素描教学过程和自我进修与实践。

赴天津讲学。

· 1958 年戊戌 24 岁

春，在房山县傅家台村深入生活，参加农村劳动。

5 月，在十三陵水库工地参加义务劳动。其间观看了苏联国家交响乐团在十三陵的慰问演出。

· 1959 年己亥 25 岁

接受中国革命博物馆创作反映长征题材历史画的任务，和罗工柳一起到井冈山、瑞金进行创作调查，最后完成作品《送别》。康生在审查中认为该画和其他一些为中国革命博物馆陈列而创作的作品有问题，致使中国革命博物馆的开馆延后了两年，作品没被展出。《送别》曾在 1966 年中央美术学院的"黑画展"上展出。

90 年代末《送别》在中国革命博物馆仓库重新发现，经修复后，现由中国国家博物馆收藏。

创作《自画像》。

1956 年，黄河三门峡写生。

1957 年，和夫人杨淑卿在东单寓所。

1957 年，与老师苏联画家马克西莫夫合影。

1957 年，朱德委员长参观油画训练班毕业创作展。

· 1960 年庚子 26 岁

与伍必端合作，创作水粉画《我们的朋友遍天下》（又名《毛主席和亚非拉人民在一起》），并参加"第二届全国美展"。作品在很多报刊杂志上刊登，并由人民美术出版社印刷成大型宣传画。因怕水粉不易长期保存，遂以油画重新绘制，由中国美术馆收藏。

秋，再次接受中国革命博物馆为在建党 40 周年之际开馆而委托的创作任务，并专程到延安深入生活，绘制《树影中的窑洞》等一批小型风景写生和农民素描肖像。

· 1961 年辛丑 27 岁

为中国革命博物馆陈列创作完成历史画《毛主席在十二月会议上》。作品在《美术》《解放军画报》等报刊杂志上发表，并被拍进中央新闻电影制片厂纪念

"七一"建党的专题片中，现由中国国家博物馆收藏。

在《美术》1961 年第 6 期发表文章《创作〈毛主席在十二月会议上〉的体会》。

创作肖像写生《傣族妇女》《女青年侧面像》。《傣族妇女》在北京市美协举办的"北京市油画作品展"上展出，展览地点在北海画舫斋。

· 1962 年壬寅 28 岁

因创作《傣族妇女》受到艾中信先生肯定，调入中央美术学院油画系第一工作室（吴作人工作室），担任素描和油画的教学。

去上海鲁迅纪念馆为创作鲁迅像做准备。于 1981 年创作《鲁迅》。

创作肖像写生《彭鸿远肖像》《沈朝惠肖像》。

1960 年，和伍必端合作《毛主席和亚非拉人民在一起》。

1962 年，在上海虹口公园。

· 1963 年癸卯 29 岁

与艾中信一起赴井冈山体验生活，为油画《长征》收集素材。

初冬，参加文化部组织的中央文化工作队赴陕西渭南。

创作肖像写生《穿和服的女子》。

· 1964 年甲辰 30 岁

春，与中央文化工作队访问延安革命根据地。

创作反映毛泽东《清平乐·会昌》词意的作品《长征》（原名《踏遍青山》），在"第三届全国美展"上展出，并在全国巡展。作品在"文革"中遗失。

中央美术学院进行"社会主义教育"运动，专业教学停顿。

创作肖像写生《渭南妇女》。

· 1965 年己巳 31 岁

中央美术学院继续进行"社会主义教育"运动，取消模特石膏素描，恢复教学后，要求学生互相画。

到河北邢台农村参加"社会主义教育"运动。

· 1966 年丙午 32 岁

"文革"爆发。

儿子靳军出生。

春，在邢台办展览会，画了很多画，"文革"爆发后回到北京。

为中国国际展览公司创作订画《毛泽东在庐山》，参加赴阿尔巴尼亚的展览。作品曾在"文革"初期印刷成宣传画，并在《人民画报》等报刊上发表，现已遗失。

1963 年，在井冈山。

1963 年，与中央文化工作队的队员在延安杨家岭礼堂前。

1964 年的靳尚谊。

1966 年，创作毛主席像。

· 1967 年丁未 33 岁

在北京展览馆和詹建俊等一起为"文革"展览创作。
11 月，中央美术学院油画系自发举办毛主席画像学习班，为 9 位师生组成的教员之一。第一期学员 27 人来自北京及外省市的厂矿、机关和部队。

· 1968 年戊申 34 岁

赋闲在家。

· 1969 年乙酉 35 岁

在北京木材厂为北京地铁创作油画《毛主席在炼钢厂》，但未被采用。

· 1970 年庚戌 36 岁

先后到河北磁县、石家庄等地劳动锻炼。

夏天，与詹建俊、杨力舟等被调到山西为平型关纪念馆创作历史画，《延安时期的毛主席和林彪》。作品在"九一三"以后和纪念馆及其他作品一道被毁。
为画好平型关纪念馆历史画，去全国革命圣地参观，先后访问长沙、韶山、井冈山、南昌和杭州等地。

· 1971 年辛亥 37 岁

继续在河北磁县劳动锻炼。

· 1972 年壬子 38 岁

初夏，被中国革命历史博物馆借调回北京，与赵域一起临摹并修改董希文的《开国大典》。
与侯一民、詹建俊、罗工柳等为 1972 年全国美展合作完成命题画《要把无产阶级"文化大革命"进行到底》，现藏中国美术馆。

1967 年，和毛主席像学习班学员一起。

1970 年，参观毛主席旧居，为平型关纪念馆画历史画。

参加全国美展的准备工作，担任"改画组"组长，负责修改美展作品中毛主席像。

和侯一民一起在北京军区辅导部队画家。

创作肖像写生《蒙古族老人》。

· 1973 年癸丑 39 岁

全国美展结束后，继续为中国革命历史博物馆创作历史画。因生病未完成。

因长期劳累而病倒，开始在家中休养。

· 1974 年甲寅 40 岁

中央美术学院更名为"中央五七艺术大学美术学院"，开始招收工农兵学员。

带病为工农兵学员和进修生上课，与潘世勋一起带队去首都钢铁厂"开门办学"。

· 1975 年乙卯 41 岁

夏，转到河北仓县驻军"开门办学"两个月。

因在部队生活有规律，身体逐渐康复。

创作《雕塑家杨淑卿》。

· 1976 年丙辰 42 岁

"文革"结束。

4 月，带第二届进修班学员到延安深入生活，为创作军事博物馆委托的历史画《十二月会议》收集素材。

为军事博物馆创作大型油画《十二月会议》（又名《毛主席作〈目前形势和我们的任务〉的报告》）。

创作《青年工人》《陕北青年》等一批肖像写生，逐渐恢复因"文革"期间创作毛主席像而产生的视觉偏差。

1970 年，参观韶山毛主席故居。

1972 年，在部队辅导。

· **1977年丁巳 43岁**

中央美术学院恢复招生和正常教学。

创作《北国风光》《江河大地的春天》，并在"纪念毛主席《在延安文艺座谈会上的讲话》发表35周年美展"上展出。《北国风光》被中国国家博物馆收藏。

创作肖像写生《长辫子藏女》《女青年》《披黄头巾的妇女》《女工》《逆光女孩》等。

创作《狱中张志新素描稿》。

· **1978年戊午 44岁**

任中央美术学院油画系副主任，主管教学工作。系主任为冯法祀，另一位副主任为闻立鹏。

到山西永乐宫、甘肃敦煌、甘南藏族自治州考察和深入生活。创作肖像写生《藏族老人》《拉木草》《捻毛线的老人》等，并用油画临摹一批敦煌壁画。

创作肖像写生《山东老大娘》《少女肖像》《端茶杯的女人》《大学生》等。

· **1979年己未 45岁**

5月，在《美术研究》1979年第2期上发表论文《素描练习的步骤和方法》。

9月，随中国艺术教育考察团出访西德，至波恩、西柏林、科隆、汉堡、纽伦堡、慕尼黑、法兰克福等地考察艺术博物馆及艺术院校。有机会第一次大量看到西方油画原作，开始对古典作品发生兴趣。

回国后创作《舞蹈演员》《归侨》《拾玉镯》等有探索性质的油画，绘画风格有了较大的变化，主要是在画面处理上具有一定的装饰性。

创作《中学生》《梳辫子的姑娘》《小提琴手》等。《小

1978年，在甘南藏族自治州写生。

1978年，在敦煌洞窟中临摹壁画。

1979年，访问西德参观贝多芬故居。

提琴手》在本年度"中央美术学院油画系教师作品展"上展出。

- **1980 年庚申 46 岁**

中央美术学院油画系恢复工作室制，主持第一工作室。李天祥、林岗主持第二工作室，詹建俊、朱乃正主持第三工作室。

在吉林长春的东北师范大学美术系两次讲学，一次谈素描问题，一次谈油画问题。其中素描讲学的内容，经整理发表在《美术教育研究》1984 年第 1 期上。讲学期间为部分师生画了素描和油画，除素描《李娟像》，均留在了地方上。

在吉林长春举办第一次个展，展出几十幅素描和包括《小提琴手》及几幅油画人体在内的油画作品。

创作《探索》，在"北京市油画展"上展出，获优秀作品二等奖；创作《思》《雕塑家张润凯》等，在 11 月的中国美术馆"北京油画研究会第三次展览"上展出；《青春》《思》被中国美术馆收藏。

7 月，被中南海邀请创作历史题材的油画作品，与邱瑞敏合作完成《共商大计》。作品现藏中南海。

- **1981 年辛酉 47 岁**

10 月，母亲去世，享年 76 岁。

到新疆喀什、吐鲁番、塔什库尔干等地收集创作素材。创作《塔吉克老人》《维族少女》《夏季牧场》《塔吉克小姑娘》及风景画《帕米尔的牧场》《高原的山》等。创作《画家黄永玉》，在《光明日报》举办的专题性美展上展出，获优秀作品奖。作品由黄永玉收藏。

6 月，"中央美术学院教师作品展"首次在香港展出，《小提琴手》虽然被列为非卖品，仍被卖给新加坡收藏家。

1980 年，与邱瑞敏在中南海。

1980 年，在东北师大举办小型个人画展。

《画家黄永玉》靳尚谊 布面油画
80cm×80cm 1981 年

8月，参加在北京举办的青年油画创作座谈会。座谈会由文化部和中国美协邀请青年油画作者 70 余人参加。年底，和夫人杨淑卿赴美国探亲。创作《美国青年》等。创作《鲁迅》。

· **1982 年壬戌 48 岁**
在美国考察各著名艺术博物馆，看到了各个时期主要画家的重要作品，比较全面地研究了欧洲从古代、中世纪、文艺复兴、印象派，一直到现代油画的演变过程。在油画创作上强化了对体积和边线的处理，使作品发生了很大的改变。
访问旧金山美术学院、奥克兰美术学院，并在纽约市立大学东方艺术系讲学。
创作《回忆》，在美国康涅狄格州美展上展出。作品由美国私人收藏。

11月，回国。

· **1983 年癸亥 49 岁**
任中央美术学院副院长、副教授，主管学术创作、外事和创收。
创作《自然的歌》《塔吉克新娘》《双人体》等。《塔吉克新娘》由中国美术馆收藏。《塔吉克新娘》体现了靳尚谊用古典手法追求理想美的探索。作品在很多杂志上发表，是发表最多的靳尚谊作品，影响广泛且十分强烈，被称为"新现实主义"或"新古典主义"的开始。
5月，《自然的歌》《塔吉克新娘》《鲁迅》在本年度"中央美术学院油画系教师作品展"上展出。展览在中央美术学院陈列馆举行。
在河南焦作、郑州、安阳等地举办个展，主要展出素

1982 年，和杨淑卿、关寿美在美国参观。

《塔吉克新娘》靳尚谊 布面油画
60cm×50cm 1983 年

1985 年，在日本访问。

描和油画写生作品。在焦作进行素描和油画的讲学，在郑州和安阳举办有关素描和油画的讲座。

· **1984 年甲子 50 岁**

加入中国共产党。

创作《瞿秋白在狱中》《青年女歌手》《蓝衣少女》《宁静》等。

《瞿秋白在狱中》参加"第六届全国美展"，获银质奖，由中国美术馆收藏。

《青年女歌手》《宁静》在本年度"中央美术学院油画系教师作品展"上展出。

11 月，《塔吉克新娘》《蓝衣少女》参加由日本"中国现代作家协会"主办，在名古屋博物馆举办的"现代中国洋画家展"，《蓝衣少女》被日本收藏家收藏。

11 月，受中国展览公司委派，赴日本参加福冈"第二届亚洲美术展"，《双人体》代表中国参展。出席该届亚洲美展的名为"亚洲现代美术——将来的展望"(Contemporary Asian Art——Its future perspective) 的学术讨论会，并发表论文《中国美术的现状》。

在日本期间访问京都和奈良。

《靳尚谊油画选》由河南人民出版社出版。

· **1985 年乙丑 51 岁**

任中央美术学院副院长、教授。

4 月，参加在安徽黄山举办的"油画艺术讨论会"始称"黄山会议"。

5 月，在济南召开的中国美术家协会第四次代表大会上当选为常务理事。

10 月，中国美术家协会油画艺术委员会成立，被聘

《青年女歌手》靳尚谊
布面油画 74cm×54cm 1984 年

1985 年，参加"黄山会议"。

为委员。

夏，和詹建俊、侯一民赴日本访问，在宫崎的"日中友好会馆美术馆"与日本画家一起参加由中日友好协会举办的"现代美术作品展"群展，展出《自然的歌》《青年女歌手》。创作《窗下》，参加"中央美术学院、鲁迅美术学院油画系教师作品联展"。

创作《果实》《三个塔吉克少女》等。

· **1986 年丙寅 52 岁**

中央美术学院附中和日本东京美术学校建立校际合作关系，应邀和附中有关人员赴日本考察，参观西洋美术馆、东京都博物馆、箱根雕塑公园等重要的美术馆。

主持吴作人从艺 60 周年系列纪念活动。

创作《高原情》。

· **1987 年丁卯 53 岁**

任中央美术学院院长、教授。

2 月，《美术研究》1987 年第 1 期上发表题为《第一画室的道路》的文章。

创作《医生》，在"首届中国油画展"展出。

3 月至 4 月，《探索》《青年女歌手》在由中国美协与美国 GHK 公司合作举办的美国纽约"中国当代油画展"上展出。

10 月，《塔吉克新娘》在苏联莫斯科东方艺术博物馆的"中国美术馆油画藏品展"上展出。

《靳尚谊肖像作品选集》由天津人民美术出版社出版。

· **1988 年戊辰 54 岁**

5 月，参加文化部在山东牟平养马岛举办的"全国高等艺术院校油画教学座谈会"。

1986 年，在日本。

1988 年，参加全国油画教学会议后海滨一游。

1988 年，参加法国画家阿列辛斯基画展开幕式。

5月，在中央美术学院陈列馆举办巴黎高等美术学院"阿列辛斯基教授作品展"。

《瞿秋白在狱中》在日本"现代中国优秀美术作品展"展出。展览在日本东京日中友好会馆举行，展出中国美术馆馆藏的"第六届全国美展"获奖的中国画、油画、版画及雕塑作品共85件。

10月，根据中央美术学院和法国巴黎高等美术学院达成的校际交流协议，和徐冰赴法国巴黎高等美术学院作交流访问，并主持在巴黎美院举办的中央美术学院青年教师作品展开幕式。展出包括近百件由中央美术学院青年教师创作的中国画、版画、民间美术及书法作品。这次展览是与同年5月巴黎高等美术学院"阿列辛斯基教授作品展"相对应的校际交流项目。

在巴黎会见华裔古巴画家维弗雷多·林(Wifredo Lam)的遗孀，商定在国内为维弗雷多·林举办作品展。

11月，访问西班牙，在马德里大学美术学院与该院院长 Rosa Garceran Piqueras 签署《交流协议意向性纪要》。

12月，《双人体》《自然的歌》《侧光人体》《坐着的女人体》等4幅作品参加"中国首届油画人体艺术大展"。《侧光人体》和《坐着的女人体》系专为本次展览而画。

代表中央美术学院接受国际商业信贷银行在法国巴黎国际艺术城捐赠给中央美术学院的一套画室。这套画室是继1984年旅法画家吕霞光捐赠给中国美协的"吕霞光画室"后，中国在巴黎艺术城拥有的第二套画室，为中央美术学院扩大国际视野，加强国际交流发挥了很大的作用。

代表中央美术学院接受叶济盛先生在西班牙马德里提供给中央美术学院的一套画室。

1988年，参观法国巴黎奥赛博物馆。

1988年，在美院油画系画室画人体。

· 1989 年己巳 55 岁

任"第七届全国美展"评委。

3 月 29 日，在北京与日本东京艺术大学校长藤本能道签署中央美术学院同日本东京艺术大学建立校际友好合作关系的协议书。同日，代表中央美术学院向东京艺术大学美术学部长平山郁夫颁发中央美术学院名誉教授聘书。

5 月，作品参加中央美术学院与日本东京西武百货店联合在东京举办的"中国当代油画展"。该展览是 1988 年在国内引起轰动的"油画人体艺术大展"的继续，共展出作品 100 件，其中 60 件选自在中国美术馆展出的"油画人体艺术大展"的作品。该展览在日本其他城市展出至当年 9 月 30 日。

5 月，在《美术研究》第 2 期发表《关于人体艺术——答〈美术研究〉记者问》，对人体艺术大展举办的社会意义、艺术和学术意义进行了阐述。创作《女人体》。

· 1990 年庚午 56 岁

参加由林业部组织的三北防护林写生考察，从银川沿沙漠的边缘到榆林，后在神木的农村住了一段时间。主要画了一些风景。整个行程历时一个多月。

5 月 19 日，参加由中国美协油画艺委会发起的"中国油画的方向"座谈会。应邀就中国油画的现状、问题和发展举行座谈。

10 月 11 日，代表中央美术学院授予日本加山又造中央美术学院名誉教授聘书。

10 月，赴新加坡参加中央美术学院油画雕塑展，作品第一次在海外被高价收藏。展览由中央美术学院画廊与新加坡中侨集团联合举办，共展出作品 120 幅。参展作品为：《高原情》《侧光人体》《女人体》。

1990 年，与加山又造在一起。

1991 年，在"维弗雷多·林版画展"开幕式上讲话。

创作《梳理》《塔吉克小姑娘》。

· **1991 年辛未 57 岁**

6 月，《高原情》等 3 幅作品参加"深圳美术馆 4 周年美展"。

9 月 14 日，主持仪式，聘请梅尔尼科夫为中央美术学院名誉教授。邀请梅尔尼科夫和别西科夫于 9 月 1 日至 29 日在中央美术学院举办短期油画培训班。

11 月，《沉思》在"首届中国油画年展"展出，同时出任该展评审委员。

12 月 18 日，与油画系副主任孙为民和中央美术学院画廊经理刘宁宁出席中央美术学院（新加坡）画廊开幕典礼，同时举办"中国中央美术学院绘画作品展"。出席维弗雷多·林版画展开幕式并讲话。

创作《藏女》。

· **1992 年壬申 58 岁**

1 月初，出席在中国美术馆举办的"20 世纪·中国"中央美术学院教师作品展开幕式。

2 月，在《江苏画刊》1992 年第 2 期上发表文章《靳尚谊谈中国油画的发展》。

5 月，在《美术研究》1992 年第 4 期上发表题为《总结经验，把美术创作推向新水平》的文章。

6 月，赴香港参加"第一届中国油画年展"开幕式，《沉思》参加展出。

12 月，参加由中国美术家协会油画艺术委员会主办的第二次全国油画艺术讨论会。

创作《甘南藏女》《小松》《胆小的农民》。

· **1993 年癸酉 59 岁**

任第八届全国政协委员。

1992 年，陪同李瑞环参加"20 世纪·中国"展开幕式。

1993 年，在日本画家高山臣雄画室。

经文化部批准，中央美术学院迁建工作开始启动。新校确定由清华大学吴良镛教授主持设计。决定在中央美术学院新校设计中加入一个大型艺术石膏像陈列馆，并从欧洲选订石膏翻制品。

提出在中央美术学院建立设计专业。

应邀赴河南大学美术系进行一周的素描和油画讲学。

3月，作为中国代表团一员参加由中国美术家协会与日本美术评论家联盟、日中文化交流协会、日本经济新闻社合办的"'93东京·日中美术研讨会"。

8月，在《美术研究》第3期上发表文章《研究规律和启发个性》。

创作《穿白连衣裙的女孩》《塔吉克青年》。

·1994年甲戌60岁

任第三届国家艺术教育委员会副主任。

任国务院学位委员会艺术组评审委员。

赴俄罗斯进行美术考察，访问莫斯科与圣彼得堡。在圣彼得堡与列宾美术学院签署两校建立校际交流关系的协议。《医生》参加在俄罗斯艺术科学院举办的中央美术学院油画作品展。

2月，在《中外文化交流》上发表文章《对历史与现实的思考》。

4月，创作《画家詹建俊》，参加"第二届中国油画展"。

7月，在《美术》第7期上发表文章《怀念我们的老师——K.M.马克西莫夫》。

11月，为中央美术学院新校建设，和清华大学设计人员一起访问日本和美国，考察美术学院和美术馆建筑。

11月，在《美术研究》第4期上发表文章《从发展中看素描和素描教学》。

12月19日，作为名誉主席出席"明清绘画透析"中

1993年，在日本东京。

1994年，在梅尔尼科柯夫工作室。

1994年，和俄罗斯列宾美院院长签署两校交流协议。

美学术研讨会开幕式。

《靳尚谊素描集》由吉林美术出版社出版。

画集《靳尚谊》由台湾锦绣出版事业股份有限公司出版。

《靳尚谊油画集》由人民美术出版社出版。

· 1995 年乙亥 61 岁

任新成立的中国油画学会副主席。

3 月，中央美术学院成立设计系。

7 月，中央美术学院搬迁，在朝阳区万红西街中转办学。

主持在中央美术学院陈列馆举行的"俄罗斯艺术科学院院士作品展"开幕式。

《小松》等作品参加"中央美术学院油画系教师作品展"。

文集《素描谈》(与詹建俊、戴士和合作)由吉林美术出版社出版。

3 月 30 日，出席在中国美术馆举办的"米罗·东方精神"艺术大展开幕式。

4 月，在《美术》第 4 期上发表文章《现实主义与中国油画主流》。

4 月，接见德国艺术收藏家彼得·路德维希夫妇。

5 月，在《美术研究》第 2 期上发表文章《在发展中看创作教学》。

6 月 23 日，出席在中国美术馆举办的"巴尔蒂斯作品展"。

8 月 2 日至 15 日，应澳大利亚中华总商会邀请，作为副团长，随全国工商联组团赴澳大利亚举办国际中国书画博览会。展览由全国工商联、国际中国书画博览会和中国历史博物馆联合于 8 月 5 日至 25 日在澳大利亚布里斯班、悉尼、墨尔本等三个城市举办。

11 月，赴台湾参加海峡两岸美术交流与发展学术讨论会。

1994 年，访问俄罗斯列宾美院。

1994 年，在俄罗斯圣彼得堡。

1995 年，在"米罗·东方精神"艺术大展开幕式上讲话。

创作《画家黄宾虹》《行走的老人》。从《画家黄宾虹》开始进行油画和中国画相结合的实验，共画四张画：《画家黄宾虹》《晚年黄宾虹》《髡残》《八大山人》。

· 1996年丙子 62岁

参加"首届中国油画学会展"评审工作，《晚年黄宾虹》参展。

1月，在《美术》第1期上发表文章《靳之林的油画》。

3月，在《美术观察》第3期上发表文章《靳尚谊谈前卫艺术》。

8月，在《美术》第8期上发表文章《追求艺术的完美 永无止境——记军旅画家谭涤夫》。

10月，应意大利都灵的伯利拉美术学院邀请，赴意大利访问，商讨建立院际交流关系的事宜。10月15日，出席中央美术学院藏木板年画精品展在都灵的开幕式，访问意大利波伦亚（波洛尼亚）大学，与波伦亚市讨论在中国举办意大利艺术家莫兰迪作品展览的可能性。此行还访问了意大利米兰的欧洲设计学院。举办中央美术学院藏木板年画精品展，其后又赴意大利那波利和西班牙等地巡回展览。

12月26日，《毛泽东在十二月会议上》参加为纪念上海美术馆建馆40周年举办的"世纪回眸——新中国现实主义油画经典作品展"。展览由上海市文化局、上海美术馆、中国革命博物馆、中央美术学院联合举办，共展出油画55幅，选自中国革命博物馆、中央美术学院、中国美术学院和上海美术馆的藏品，创作期从1950年至1990年。创作《晚年黄宾虹》。

· 1997年丁丑 63岁

11月，在中国文联第五届代表大会上当选为中国文

1995年，德国收藏家路德维希参观靳尚谊在大山子的画室。

1995年，参观澳大利亚悉尼现代美术馆。

联副主席。

应邀赴山东艺术学院为国家教委举办的全国师范院校油画教学会议进行学术讲座，主要讲中国油画的现状和未来的发展，同时结合中国油画讲了一些欧洲油画发展的情况。回京后，在北京师范大学美术系作了同样内容的讲座。

应邀赴兰州师范大学美术系讲学，谈油画发展问题和美术学院的教学问题。为了为偏远地区的美术教学培养师资，商定由中央美术学院为兰州师范大学美术系代培学生。

4月9日，出席中国油画学会主办的"中国油画肖像艺术百年展"及学术研讨会，展览在中国美术馆举行。《医生》《画家黄宾虹》《青年女歌手》《瞿秋白在狱中》等作品参展。

9月，中央美术学院在陈列馆举办"'97北京电脑美术展"。

9月26日，出席授予香港雕塑家文楼先生中央美术学院客座教授头衔暨"文楼工作室"挂牌点火仪式，并授予文楼先生聘书。

10月17日至11月19日，作品在澳门市政厅画廊举办的"中国油画展"展出。

10月21日，出席中央美术学院陈列馆举办的"西班牙马德里大学美术学院学生作品展"开幕式并讲话。展览共展出马德里大学美术学院的学生作品30件。这次展览系中央美术学院与西班牙马德里康普鲁登塞大学美术学院1996至1998年合作计划的一部分。

11月18日，出席在马德里大学美术学院举办的"中央美术学院学生作品展"并发表讲话。

12月30日，出席中国美术家协会油画艺委会、中国油画学会等联合在深圳关山月美术馆举办的"走向新

1996年，在意大利佛罗伦萨。

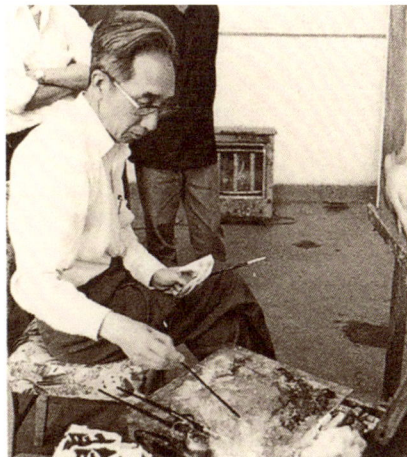

1997年，在甘肃西北师大美术系示范写生。

世纪——中国青年油画展"开幕式。

创作《老桥东望》。

· 1998 年戊寅 64 岁

3月，在全国政协九届一次会议上当选为全国政协常委。

3月，出席中央美术学院与澳大利亚格里菲斯大学昆士兰艺术学院视觉艺术硕士(摄影专业)学位班开学典礼。

3月，在《美术》1998 年第 3 期上发表文章《与世纪同行，与祖国同兴——写在中央美术学院建校 80 周年之际》。

4月1日，主持中央美术学院建校 80 周年庆典暨校史展开幕式。

4月3日，陪同中共中央政治局委员、国务院副总理李岚清考察中央美术学院。

4月27日，会见来访的吉尔吉斯斯坦总统夫人，并陪同参观中央美术学院陈列馆。

5月14日至31日，随中国政协代表团访问罗马尼亚、意大利、西班牙、法国等四国。在法国参观奥赛美术馆和德拉克洛瓦个人画展。在罗马尼亚参观罗马尼亚国家美术馆。

6月5日，主持"李桦、古元版画展"开幕式和"李桦作品捐献暨李桦版画艺术基金设立"仪式。

8月，出访美国，考察波士顿、纽约、旧金山等地。

8月，担任" '98 中国国际美术年——当代中国山水画、油画风景展"评审委员。

9月，在中国美协第五次全国代表大会上当选为中国美术家协会主席。

10月15日至21日，参加由中央美术学院学术委员会主办，研究部和对外艺术交流中心协办，题为"在西方文化冲击下，中国艺术家如何自处"的学术对话研

1998 年，在塞浦路斯。

1998 年，新美院奠基。

讨会。

11月，随中国文联代表团访问希腊、塞浦路斯。

12月26日，主持中央美术学院新校开工奠基典礼。

· **1999年己卯65岁**

任"第九届全国美展"总评委主任。

中央美术学院"王嘉廉油画奖学金"评审委员。

创作《髡残》，参加"第九届全国美展"。

赴广州美术学院讲学。

随中国文联代表团赴尼泊尔、越南考察美术，后来创作《博克拉鱼尾峰》等数张风景画，并于次年3月在北京举办"靳尚谊、韩书力画展——中国文联代表团越南、尼泊尔成果展"。

2月，在《美术研究》上发表文章《文化多元化是世界趋势》。

4月5日，国家邮政局第一届邮票图稿评议委员会成立，任评委会主任。

4月20日，出席在中国美术馆举行的"纪念吴作人诞辰90周年吴作人艺术大展"开幕式。

5月7日，在中国美术馆出席由台湾山艺术文教基金会举办的"熊秉明的艺术——远行与回归"展览开幕式和研讨会。

· **2000年庚辰66岁**

担任"20世纪中国油画展"组委会主任。展览由文化部艺术司、中国油画学会和中国美术馆联合主办。

《毛主席在十二月会议上》参加展览。

在德国、荷兰、比利时、英国作艺术考察参观，与著名美术博物馆及英国皇家美术学院、研究院进行交流。

赴埃及、南非访问。

1999年，在广州美院给研究生示范。

1999年，在尼泊尔博克拉鱼尾峰下。

3月，风景油画《古老的灯塔》参加庆祝澳门回归"中国艺术大展"并赠送澳门特区政府。

5月，在《美术研究》第2期发表文章《中国油画的引进与发展——靳尚谊访谈录》。

创作《背》《穿牛仔裤的女孩》。

· 2001年辛巳67岁

为推出新人，三次向教育部提交辞呈，9月起不再担任中央美术学院院长。

9月，中央美术学院结束数年的中转办学，迁入位于朝阳区花家地的新校址。

10月，参加中央美术学院新校落成庆典，并与参加中央美术学院国际校长论坛的代表一起受到国务院副总理李岚清接见。

赴延安大学美术系讲学，创作《延安老农》等肖像画

作品。创作《醉》。

· 2002年壬午68岁

任中央美术学院学术委员会主任。

参加上海刘海粟美术馆举办的写实主义油画展，《醉》等一批新作参展。

1月，率中国美术家协会代表团出访孟加拉国，出席"亚洲艺术双年展"开幕式。

9月，率中国美术家协会代表团出访罗马尼亚，进行美术交流访问。

10月，率中国美术家协会代表团出访希腊，并参加"第十五届国际造型艺术家协会大会"。

创作《林笑初肖像》《光头人体》《沉思中的女人体》《仰视的女人体》。

1999年，国家邮政局第一届邮票图稿评议委员会成立。

2000年，访问英国，参观亨利摩尔博物馆。

·2003 年癸未 69 岁

任第十届全国政协常委。

10 月，在中国美术家协会第六次全国代表大会上再度当选为中国美术家协会主席。

任"北京国际美术双年展"主席。

任"携手新世纪——第三届中国油画展"组委会主任。作品《一个朋友的肖像》参展，并参加中国油画创作研讨会。展览由文化部艺术司、中国美术家协会主办，中国美术家协会油画艺术委员会、中国油画学会承办。

随中国文联代表团赴韩国访问，并作艺术考察。

创作《美国的小松》《一个朋友的肖像》。

·2004 年甲申 70 岁

任第四届国家艺术教育委员会主任。

任"第十届全国美展"总评委主任。

5 月，在《美术》第 5 期上发表文章《和中国老百姓沟通就是民族化》。

10 月，率中国美术家协会代表团出访亚美尼亚，进行美术交流访问。

10 月 11 至 16 日，作为特约画家参加在中国美术馆举行的首届北京写实画派作品展，展出作品《果实》。展览由中国美术家协会、《美术》杂志社主办。

11 月，在《美术研究》第 4 期上发表文章《深入研究中国油画的问题——关于高研班的谈话》。

创作《蜻蜓》《肖像 2004》《沉思》。

·2005 年乙酉 71 岁

1 月 14 日，出席在《美术》杂志会议厅举行的"现实主义"学术研讨会，深入研讨有关"现实主义"的理论问题。

2000 年，在埃及卢卡索，泛舟尼罗河上。

2001 年，在中央美术学院新校落成庆典暨国际校长论坛开幕式上讲话。

2003 年，全国美协工作会合影。

4月1日，"靳尚谊艺术回顾展"在中国美术馆举行。展览由文化部、教育部、中国文联、全国政协书画室等支持，中央美术学院、中国美术馆、中国嘉德广州国际拍卖有限公司等单位联合主办，是从事艺术创作50余年来的第一次大型个人画展，除自藏作品外，还汇集各博物馆、美术馆及私藏作品共160余件，分油画人物、风景和素描三大部分展示。

4月，将《延安老农》捐赠给中央美术学院美术馆。

6月，出席中国油画学会在上海松江举行的主题为"中国当代油画发展基本估价"的研讨会。

7月，油画风景《龙井山烟雨》在"自然与人——第二届当代中国山水画、油画风景展"上获评委奖。"第二届当代中国山水画、油画风景展"由中国画研究院、中国油画学会、李可染基金会主办。

11至12月，《塔吉克新娘》参加"大河上下——新

时期中国油画回顾展"。展览先后在广东顺德和北京中国美术馆举办。

· **2006年丙戌72岁**

4月，出任北京奥运会开闭幕式文化艺术顾问。

4月，参加由中国油画学会与上海美术馆共同举办的"中国当代写实油画研讨会"和中国油画学会受文化部委托举办的"国家重大历史题材美术创作工程油画研讨会"。

10月15日，应邀在南京艺术学院音乐厅为南艺学生作题为"中国油画的现状与发展趋势——兼谈艺术学习和就业问题"的专场学术报告。

11月，获中国文联颁发的2006年"造型艺术成就奖"。

12月至2007年1月，《八大山人》参加先后在上海美术馆和中国美术馆举办的"精神与品格——中国当

2004年，与邵大箴在亚美尼亚访问。

2005年，"靳尚谊艺术回顾展"现场。

代写实油画研究展"。展览由中国油画学会、上海文化广播影视管理局主办。

创作《八大山人》《陈曦肖像》《背影》。

·2007年丁亥73岁

中央美术学院学术委员会主任、教授。

4月12日，出席为纪念吴作人先生逝世10周年而举办的吴作人国际美术基金会2006"吴作人艺术奖""萧淑芳艺术奖"颁奖典礼暨"十张纸斋（1953—1957）——中国现代艺术史的个案"展览。展览在北京中央美术学院举行。

5月23日，出席在中国美术馆举行的"詹建俊艺术展"开幕式并讲话。展览由中国油画学会、中国美术馆、中央美术学院、中国美术家协会主办。

5月23日，出席在中国美术馆举行的"当代·民间——潘鲁生当代艺术与民艺文献展"开幕式。展览由中国美术家协会、中国民间文艺家协会、中国美术馆和中共山东省委宣传部共同主办。

6月13日，出席在中国美术馆举办的"叶浅予百年诞辰艺术展"。展览由文化部、全国文联主办，中国美术馆、中央美术学院、中国国家画院、中国美术家协会、北京中博雅颂文化传媒、叶浅予艺术研究会承办。

6月27日，出席中央美术学院吴作人铜像揭幕仪式及纪念建校89周年"中央美术学院教师捐赠作品展"开幕式。《晚年黄宾虹》《青年女歌手》参加"捐赠作品展"。

9月，《塔吉克新娘》和《八大山人》参加俄罗斯中国文化年"开放的中国艺术展"。展览在俄罗斯圣彼得堡市国立俄罗斯博物馆米哈依城堡举办。

2006年，在上海大学美术学院和学生们在一起。

2007年，在日本考察美术馆。

9月12日，参加"融合与创造——2007中国油画名家学术邀请展"座谈会。展览由北京市美术家协会和北京画院主办。座谈会在首都博物馆举行。

10月，作品《羊圈》和《门外阳光》参加在北京酒厂艺术区久画廊举办的"回望·反思·重读经典"系列艺术专题回顾展首展"文化革命——艺术走向社会"。展览共展出靳尚谊、詹建俊、靳之林、闻立鹏、袁运甫、林岗、尹戎生、钟涵八位老艺术家创作于20世纪50至80年代的作品40余件。

10月，赴日本考察美术馆，观看西方美术展览。

10月31日至11月3日，参加中国油画学会在秦皇岛召开的"中国油画与现代性学术研讨会"并发言。

11月，任中央文史研究馆馆员。

12月，作品《晚年黄宾虹》《陈曦肖像》《惊恐的妇女》参加大型巡展"形象对话——中国油画、工笔重彩、水墨肖像艺术展"。展览由中国油画学会、北京工笔重彩画会、中央美术学院中国画学院主办，在北京、上海、济南等地巡展。创作《惊恐的妇女》。

·2008年戊子74岁

任第十一届全国政协常委。

5月，赴日本观看莫迪里阿尼马蒂斯的作品展。

5月26日，出席在时代美术馆举办的中国写实画派"热血五月·2008"抗震救灾义展并在开幕式上讲话。

5月30日，捐出1978年创作的油画人物作品《放羊娃》参加"为了孩子——中国艺术品经营行业联合赈灾义捐义拍活动"。此次义拍活动由文化部、民政部中国社会工作协会主办。

7月，油画《人体习作》参加由中央美术学院协办的"同道——中央美术学院教授联展"，展览在台湾桃园长

2008年，在日本参观莫迪里阿尼展览。

《林笑初08肖像》靳尚谊
布面油画 60cm×51cm 2008年

流美术馆举办。

8月2日，出席在中央美术学院新馆举办的"2008北京奥运全国艺术设计大展"开幕式。

8月6日，作为北京市第310棒火炬手参加2008北京奥运会圣火传递。

10月18日，作品《青年女歌手》《坐着的女人体》《晚年黄宾虹》《延安老农》参加中央美术学院90周年校庆展。

11月，当选中国美术家协会名誉主席。

创作《王英肖像》《林笑初08肖像》《长发女人体》。

· 2009年己丑 75岁

任中国美术家协会名誉主席。

任中央美术学院学术委员会名誉主任、教授。

5月，《靳尚谊全记录》由凤凰出版传媒集团、江苏美术出版社出版，该书以靳尚谊"自述·自选·自评"的方式，全方位、多角度地记录靳尚谊先生的艺术成长轨迹，相对原生态地保存中国油画发展史中的重要资料。

6月，《毛主席全身像》拍卖出2016万，是2009年上半年全国春拍中油画拍品成交第二高价。

9月，靳尚谊和钟涵携博士生一行8人到德国、荷兰考察，并探访维米尔故乡代尔夫特，为《惶恐的戴珍珠耳环的少女》等系列作品搜集素材。

创作《惶恐的戴珍珠耳环的少女》《新代尔夫特风景》《新代尔夫特街景》《休闲中的思索》《赫尔辛基咖啡店》

· 2010年庚寅 76岁

4月9日，在中央美术学院美术馆学术报告厅举办"素

2009年，考察德国柏林。左起：林笑初、靳军、孔亮、靳尚谊、王少伦、钟涵、贺羽、范勃、胡西丹。

2009年，在荷兰维米尔故乡代尔夫特。左起：胡西丹、靳军、钟涵、林笑初、靳尚谊、范勃、孔亮。

描解决水平问题——靳尚谊教授谈素描"讲座。此次讲座评议人为邵大箴和孙逊，徐冰担任讲座的主持人。

9月，参加中央美术学院造型学院教师作品展开幕式并致辞。

9月，《中央美术学院 靳尚谊油画教学·头像》《中央美术学院 靳尚谊油画教学·肖像》《中央美术学院 靳尚谊油画教学·人体》《中央美术学院 靳尚谊油画教学·风景》由广西美术出版社出版。

创作《周恩来出席万隆会议》《惶恐的戴珍珠耳环的少女》《美院女生》《西湖芦苇》。

·2011年辛卯77岁

4月7日，受聘武汉美术馆名誉馆长。

6月12日，"向维米尔致意"展览在中央美术学院美术馆开幕，《靳尚谊》iPad数字画册首发。本次展览主要展出了靳尚谊受荷兰绘画大师约翰内斯·维米尔的作品启发而创作的三幅新作。展览包括维米尔三幅原作的复制品，靳尚谊完成创作的相关材料，如速写、个人感悟等，以及他早期的素描、临摹油画等作品。中国文联副主席冯远，中央美术学院院长潘公凯，中国美术馆馆长范迪安、著名油画家詹建俊、全山石，著名艺术评论家邵大箴，以及靳尚谊各时期的学生等数百人出席了展览开幕式。

6月，《靳尚谊·向维米尔致意》由凤凰出版传媒集团、江苏美术出版社出版。

12月29日，《靳尚谊与中国油画研究展》在莞城美术馆开幕。本次展览展出了靳尚谊各个时期的素描、油画及其学生作品共51幅，其中靳尚谊作品43幅。作品年代跨度达半个多世纪，系统地展示了靳尚谊的艺术历程。

2011年，"向维米尔致意"网友之夜活动。左起：王璜生、靳尚谊、徐冰、高天雄。

2011年，"靳尚谊与中国油画研究展"开幕。左一：谢钧。右二：靳尚谊。

12月，莞城美术馆编《靳尚谊与中国油画》由广西美术出版社出版。

创作《往事如梦》《往事如烟》。

· **2012 年壬辰 78 岁**

5月11日，出席"中国当代著名画家中原行"大型采风活动在郑州国际会展中心的启动仪式。之后，赴洛阳考察。

12月26日，北京文化艺术基金会设立的"靳尚谊专项基金"在京宣告成立。"靳尚谊专项基金"将靳尚谊捐赠给基金会的2012作品《培培》的拍卖款项505万元，作为该专项基金的启动资金。该基金将以扶植和培养中国青年油画艺术家发展创作为重点，每年定期资助青年艺术家的艺术研究及展览、出国学习深造，推荐优秀作品参加国际性展览、参与国内外各

种艺术交流活动。该专项基金的成立对中国油画艺术的发展和传承将具有重要意义。

创作《培培》。

· **2013 年癸巳 79 岁**

任第十二届全国政协常委。

任大都美术馆馆长。

5月15日，《靳尚谊经典作品版画展》在中央美术学院美术馆开幕。

6月9日，参加录制的中央电视台音乐频道《cctv翰墨音缘》第二期《油画大师靳尚谊》播出。

9月27日，赴贵阳参加"平视——孙逊2013画展"开幕并讲话，展览在贵阳美术馆举办。

10月19日，大都美术馆开馆展"国风——中国油画语言研究展"举办，靳尚谊作为大都美术馆的馆长出

2012年，"靳尚谊专项基金"揭牌仪式。左一：靳尚谊。右一：李玮。

2013年，"大都美术馆"揭牌仪式。左起：詹建俊、靳尚谊。

席开幕式并讲话。大都美术馆是根据北京文化艺术基金会的章程与中国油画学会合作筹建的。它位于北京著名历史文化区国子监街（原雍和宫成贤街）内，是一座以收藏、研究、展示油画艺术为主的公益性专业美术馆。靳尚谊任馆长，张祖英、雷波任副馆长，并由诸多国内油画界专家、学者组成艺术委员会，为美术馆提供学术支持和指导。《国风——中国油画语言研究》以油画的语言风格演变为线索，从一个新的视角阐述中国油画百年演进、变迁的历程，从研究中国油画发展的几个重要的转折点出发，选择了百年油画史中具有代表性艺术家的部分作品展出。

11月2日，参加"中国油画院油画家研究系列展——钟涵作品展"开幕式并讲话。展览在中国油画院美术馆和陈列馆举办。

创作《画家小兰》《跳动的青春》。

中央美术学院油画系第一工作室年表
CHRONOLOGY OF FIRST STUDIO

· **1959 年 9 月**

吴作人工作室成立。1960 届和 1961 届的三、四年级，共计九位同学进入画室学习，艾中信先生协助吴作人先生实施画室教学任务。张自申、娄溥义等同学参与创作大型绢上油画《炼铁图》，由吴作人先生题写画名。参加了国庆十周年游行纪念活动，该活动被《光明日报》报道。

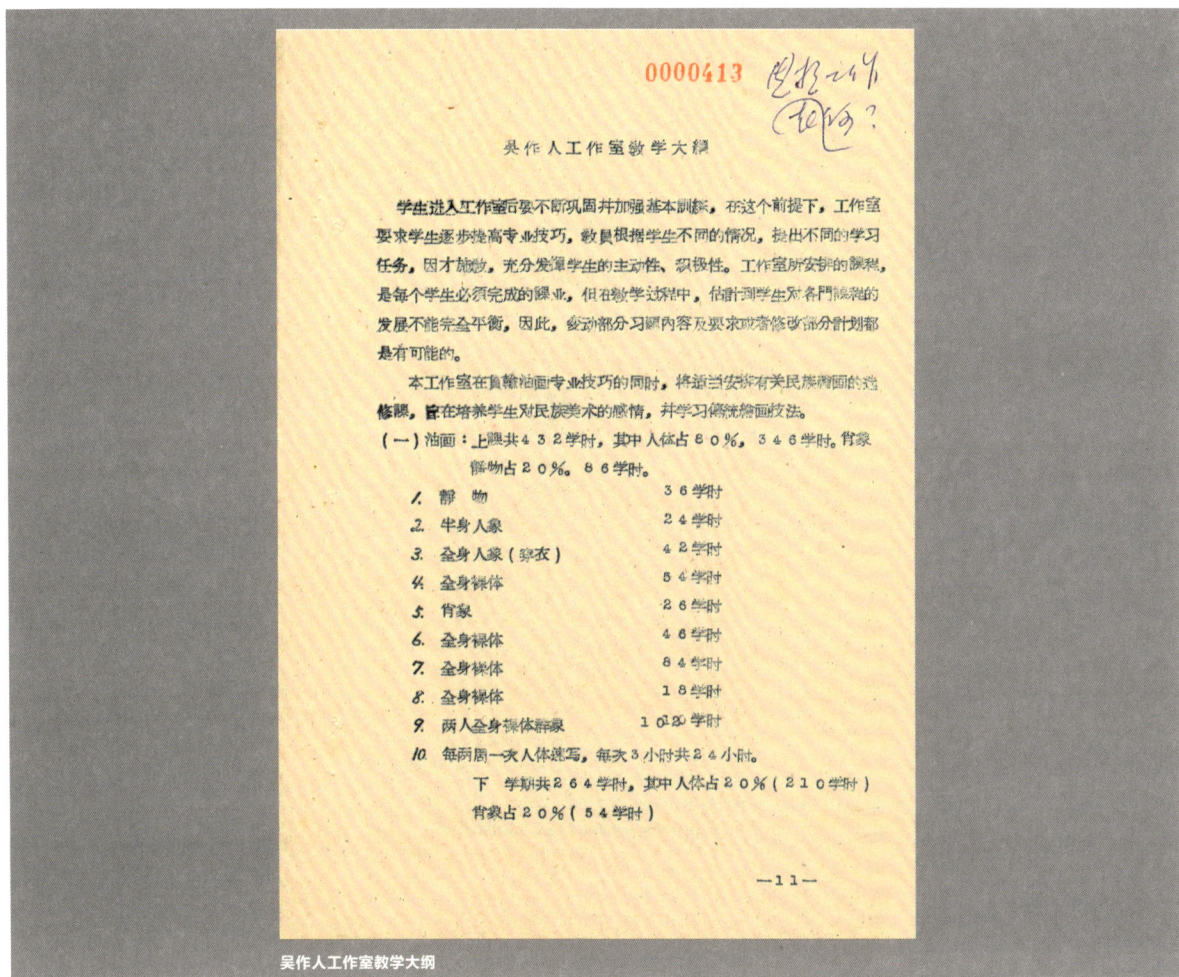

吴作人工作室教学大纲

· 1960 年
画室同学合作创作大型油画《公社养猪场 》并发表在
《人民日报》《解放军画报》等刊物上，受到广泛关注。
吴作人先生提议，将吴作人工作室改称吴作人画室。

· 1961 年
吴作人画室改称第一画室，潘世勋先生任助教及系秘
书工作。
王征骅先生毕业，留校任教于中央美术学院油画系第
一画室。

· 1962 年
第一画室由艾中信先生主持教学。韦启美、戴泽先生
任教于第一画室。
艾中信先生在《美术》杂志上发表《油画风采谈》。

· 1963 年
靳尚谊先生由版画系调入油画系第一画室任教师。

· 1964 年
中央美术学院进行"社会主义教育"运动，专业与画
室教学近于停顿。

· 1965 年
画室全体师生到河北邢台参加"四清"运动。

· 1966 年
"文革"开始。

· 1977 年
中央美术学院恢复招生和正常的教学工作。

· 1978 年
靳尚谊先生任油画系副主任，主管教学工作。

· 1980 年
中央美术学院油画系恢复工作室制教学，始称第一工
作室。靳尚谊先生主持第一工作室的教学工作，任教
的老师有：韦启美、潘世勋、王征骅、戴泽、梁玉龙。
陈丹青先生研究生毕业，调入第一工作室任教。

· 1981 年
1978 级新生进入第一工作室。

· 1982 年
吴小昌先生调入油画系第一工作室任教。
陈丹青先生赴美国。
王征骅先生担任第一工作室副主任。

· 1983 年
靳尚谊先生任中央美术学院副院长。
潘世勋先生任油画系副主任。

· 1984 年
杨飞云先生由中央戏剧学院调入油画系第一工作室，
担任第一工作室副主任。

《公社养猪场色彩稿》张自申 纸本水粉
14cm×35cm 1960 年（局部）

1960 年，油画系教师在老美院 U 字楼油画系办公室内编写教材。上排左起：詹建俊、靳之林、艾中信、戴泽。下排左起：李天祥、韦启美、董希文、许幸之。（校史馆提供）

1961 年，二年级下乡观光写生。（曹达立提供）

1960 年，油画系素描教学会议。（校史馆提供）

1961 年，油画系全体教师合影。后排左起：李天祥、梁玉龙、艾中信、詹建俊、李铁根、葛维墨、靳之林、侯一民、韦启美、许幸之、董希文、林岗、潘世勋。前排左起：单淑英、戴泽、尹戎生、闻立鹏。
（翁乃强提供）

1963 年，吴作人工作室师生合影。前排左起：汲成、文国璋、吴小昌、詹洪昌。中间左起：陆允铨、唐惟藻、陈沛、吴作人、艾中信、萧淑芳、韦启美、戴泽。后排左起：郝岚、倪绍舜、马树培、佚名、翁乃强、洪瑞生、曹德兆、靳尚谊、尹戎生、王征骅。（翁乃强提供）

《武昌起义》王征骅 布面油画 190cm×255cm 1961 年

《美好青春》陆允铨 布面油画
120cm×140cm 1963 年

《曙曲》向西观 布面油画
78cm×116cm 1962 年

1963 年，第一画室学生合影。左起：翁乃强、倪绍舜、许承信、杜亮、郝岚、王征骅、洪瑞生、汲成、曹德兆、唐惟藻、吴小昌、文国璋、詹鸿昌、陆允铨。（洪瑞生提供）

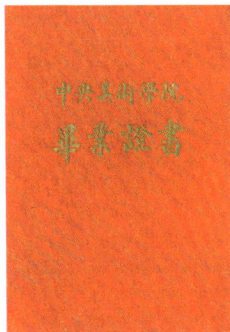

1963 年中央美术学院毕业证书。
（唐惟藻提供）

1982 年，第一工作室校友拜访吴作人夫妇。后排左起：文国璋、吴小昌、汲成、翁乃强。前排左起：詹鸿昌、萧淑芳、吴作人、艾中信、娄溥义、王征骅。（王征骅提供）

· 1986 年

靳尚谊先生主持"吴作人先生从艺六十周年系列纪念活动"。

· 1987 年

靳尚谊先生任中央美术学院院长。

靳尚谊、潘世勋在 1987 年第 1 期《美术研究》上发表题为《第一画室的道路》的文章。

潘世勋先生主持法国宾戈斯教授在中央美术学院的教学活动。

戴泽和梁玉龙先生离休。

孙为民先生任教于中央美术学院油画系第一工作室。

· 1988 年

朝戈先生由内蒙古师范大学调入油画系第一工作室任教。

· 1989 年

王征骅先生赴欧洲。

孙为民先生任油画系副主任。

· 1991 年

潘世勋先生任油画系主任。

· 1993 年

潘世勋先生调离第一工作室,组建材料技法工作室。

韦启美先生离休。

孙为民先生任油画系主任。

胡建成先生由鲁迅美术学院调入中央美术学院油画系第一工作室任教。

· 1994 年

第一工作室全体教师参与编写《中央美术学院教学大纲》油画系第一工作室部分。

· 1996 年

孙为民先生任中央美术学院副院长,主管教学工作。

孟祥辉作品《高原绿洲》获中央美术学院 1996 年度毕业生作品展三等奖(指导教师:靳尚谊、孙为民)。

· 1997 年

第一工作室在校全体师生参与创作完成平津战役纪念馆内大型壁画《胜利交响诗》。

· 1998 年

孙为民先生主持第一工作室教学工作。

工作室编著画册《中国·中央美术学院油画系第一工作室》(河北美术出版社)。

· 1999 年

吴小昌先生在北京逝世,享年 59 岁。

· 2000 年

王光乐作品《下午 3——5 点》获中央美术学院院长提名奖、中央美术学院王嘉廉油画奖学金一等奖。(指导教师:孙为民)

张义波作品《憩》获中央美术学院王嘉廉油画奖学金二等奖。(指导教师:靳尚谊、孙为民)

林茂作品《强制寂寞》(三联)获中央美术学院王嘉廉油画奖学金三等奖。(指导教师:胡建成)

工作室由隔年招生改为每年招生。

1986 年，油画系第一工作室毕业答辩。左起：靳尚谊、冯法祀、吴小昌、林岗、钟涵、李骏、闻立鹏、韦启美、马常利、王征骅、金日龙。（金日龙提供）

1986 年，第一工作室毕业答辩后师生合影。后排左起：金日龙、郭有明、阿不力米提·恩和、刘永刚、吴小昌、晏明、李迪。前排左起：李骏、马常利、闻立鹏、韦启美、冯法祀、林岗、钟涵、王征骅。（金日龙提供）

《远方来信》赵半狄
布面油画 160cm×190cm 1988 年

《高原绿洲》孟祥晖 布面油画 160cm×210cm 1996 年（局部）

1998 年，工作室教师聚餐。左起：杨飞云、陈丹青、靳尚谊、孙为民、朝戈、胡建成。（胡建成提供）

《中国·中央美术学院油画系第一工作室》河北美术出版社 1998 年

1998 年，靳尚谊院长与孙为民副院长考察中央美术学院花家地新校址施工进度。（胡建成提供）

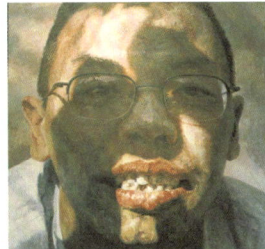

《边缘人系列——老茂》张晨初
布面油画 180cm×180cm 2001 年

《强制寂寞》林茂 布面油画 153cm×420cm 2000 年

《平淡生活之五》刘明才 布面油画 70cm×140cm 2004 年

2004 年，靳尚谊在中国邮政集团的邮票设计评选会上。（李昕提供）

《下午 3——5 点》王光乐 布面油画 170cm×60cm 2000 年

· 2001 年

张晨初作品《边缘人系列》获中央美术学院王嘉廉油画奖学金二等奖。（指导教师：靳尚谊、孙为民）

· 2002 年

王鑫作品《生命组画》获中央美术学院 2002 年度毕业生作品展二等奖。（指导教师：杨飞云）

于明作品《检修工人张鹏久肖像》获中央美术学院 2002 年度毕业生作品展三等奖。（指导教师：孙为民、杨飞云）

· 2004 年

高天雄先生借调至油画系第一工作室任教。

刘明才作品《平淡生活系列》获中央美术学院王嘉廉油画奖学金二等奖。（指导教师：孙为民）

· 2005 年

刘宇作品《中央美术学院》获中央美术学院 2005 年度毕业生作品展一等奖。（指导教师：胡建成）

王婵作品《母亲》获中央美术学院 2005 年度毕业生作品展三等奖。（指导教师：高天雄）

刘宇被推免为油画系硕士研究生。

· 2006 年

杨飞云先生调离中央美术学院油画系第一工作室。

· 2007 年

孙逊先生从中央美术学院附中调入油画系第一工作室任教。

工作室编著《油画教学·第一工作室》（北京大学出版社）。

孟韵作品《时光组画》获中央美术学院王嘉廉油画奖学金二等奖。（指导教师：孙为民、孙逊）

鲍育伟作品《墙》获中央美术学院 2007 年度毕业生作品展三等奖。（指导教师：高天雄）

何婷作品《影子系列》获中央美术学院 2007 年度毕业生作品展三等奖。（指导教师：朝戈）

杨帆作品《画室系列》获中央美术学院 2007 年度毕业生作品展一等奖。（指导教师：孙为民、孙逊）

· 2008 年

刘丹作品《第一百一十五封信》获中央美术学院王嘉廉油画奖学金三等奖。（指导教师：胡建成）

黄启覃作品《空间内的光》获中央美术学院 2008 年度毕业生作品展一等奖。（指导教师：朝戈）

· 2009 年

王宏刚作品《建筑系列》获中央美术学院 2009 年度毕业生作品展一等奖。（指导教师：孙为民、胡建成、高天雄、孙逊）

姜子叶作品《学院的保洁工》获中央美术学院 2009 年度毕业生作品展二等奖。（指导教师：孙为民、胡建成、高天雄、孙逊）

张超作品《我们的一画室》获中央美术学院 2009 年度毕业生作品展三等奖。（指导教师：孙为民、胡建成、高天雄、孙逊）

韦启美先生在北京逝世，享年 86 岁。

《中央美术学院》刘宇 布面油画 180cmX60cm×3 2005 年

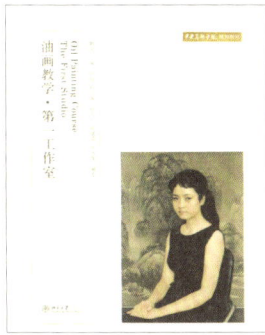

《油画教学·第一工作室》 北京大学
出版社 2007 年

《墙》 鲍育伟 布面油画 130cm×160cm 2007
年（局部）

《影—3》何婷 综合材料
75cm×75cm 2007 年（局部）

《空间内的光—4》黄启章 布面油画
180cm×135cm 2007 年

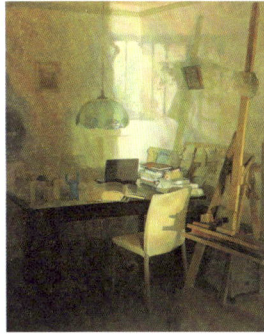

《画室—1》杨帆 布面油画
200cm×160cm 2007 年

《时光组画—1》孟韵 布面油画
93cm×72cm 2007 年

2009 年，靳尚谊与工作室全体教师来工作室指导毕业创作。
（王钧提供）

《我们的一画室》张超 布面油画 150cm×200cm 2009 年

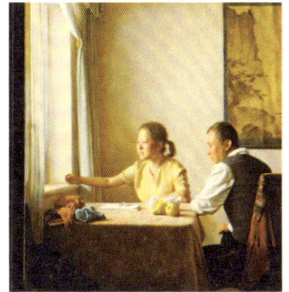

《朝望》徐紫迪 布面油画
35cm×40cm 2011 年

《都市系列—新站》（局部）王一 布面油画
200cm×175cm 2010 年（局部）

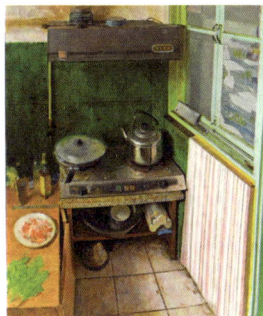

《出租屋—4》鞠煜林
布面油画 150cm×120cm 2013 年

《桌—2》温一沛 综合材料 180cm×190cm 2012 年

· 2010 年

王一作品《都市系列》获中央美术学院 2010 年度毕业生作品展一等奖。（指导教师：孙为民、胡建成、高天雄、孙逊）

邓鑑作品《漫长的星期天》获中央美术学院 2010 年度毕业生作品展三等奖。（指导教师：孙为民、胡建成、高天雄、孙逊）。

· 2011 年

第一工作室在香港中文大学举办《中央美术学院油画系第一工作室学生作品展（1994—2011）》。

徐紫迪作品《室内系列》获中央美术学院 2011 年度毕业生作品展二等奖。（指导教师：孙为民、胡建成、高天雄、孙逊）

潘志杰作品《画室》获中央美术学院 2011 年度毕业生作品展三等奖。（指导教师：孙为民、胡建成、高天雄、孙逊）

刘丹作品《自画像》获中央美术学院 2011 年度研究生毕业作品展优秀作品奖，并被中央美术学院美术馆收藏。（指导教师：胡建成）

徐紫迪被推免为油画系硕士研究生。

梁玉龙先生在北京逝世，享年 89 岁。

· 2012 年

胡建成先生主持第一工作室教学工作。

林笑初女士由中央美术学院附中调入油画系第一工作室任教。

高思桦同学获得"硕士研究生国家奖学金"。

温一沛作品《桌》获中央美术学院 2012 年度毕业生作品展二等奖。（指导教师：胡建成、孙逊）。

边涛作品《黑金汉子》获中央美术学院 2012 年度毕业生作品展三等奖。（指导教师：胡建成、孙逊）

朝戈先生调离第一工作室。

· 2013 年

鞠煜林作品《出租屋》获中央美术学院 2013 年度毕业生作品展一等奖。（指导教师：胡建成、孙逊、林笑初）

许载舟作品《觑》获中央美术学院 2013 年度毕业生作品展三等奖并被中央美术学院美术馆收藏。（指导教师：胡建成、孙逊、林笑初）

韩墨馨、郑巧思被推免为油画系硕士研究生。

第一工作室梳理教学历史文档，为历届毕业生建立数据库。

第一工作室聘请法国油画家克劳德·伊维尔讲授欧洲传统油画材料与技法。

《自画像》刘丹 布面油画
35cm×24cm 2011 年（局部）

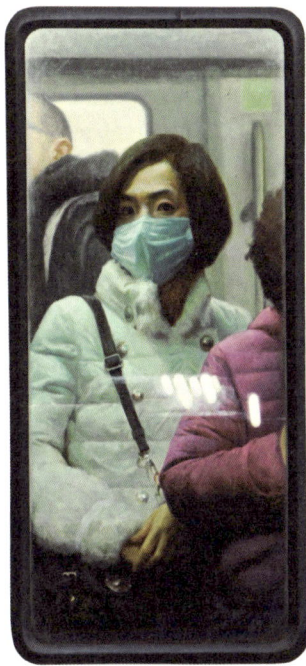

《觑——2》许载舟 布面油画
92cm×44cm 2013 年

2012 年，工作室师生参与录制中央电视台专题节目《翰墨音缘》。（林笑初提供）

2012 年，中央电视台在工作室录制《百年巨匠·徐悲鸿》纪录片。左起：陈雪飞、陈子芃。（许载舟提供）

2013 年初，靳尚谊指导油画系一工作室教学工作。左起：胡建成、靳尚谊、郑露含、万立、丁钰。右起：鞠煜林、李云鹤、孙明、薛莲。（许载舟提供）

2013 年，教育部杜玉波副部长视察第一工作室教学。左起：高洪、杜玉波、蔡昊坤、黄宝印、韩墨馨、潘公凯。（中央美术学院宣传部提供）

2013 年秋，法国画家克劳德·依维尔在授课。（金小尧提供）

2013 年，胡建成组织学生为画室梳理教学历史文档，为历届毕业生建立数据库。左起：郑巧思、韩墨馨、宋若熙、胡建成、许载舟、姚瑶、蔡昊坤。（郑巧思提供）

承学图 1959 — 2013
MENTORING RELATIONSHIP TREE
1959—2013

教学与回顾
TEACHING AND RETROSPECT

素描与绘画漫谈

ABOUT SKETCHING AND PAINTING

吴作人

《男人体》吴作人 素描 148.5cm×70cm 1930年

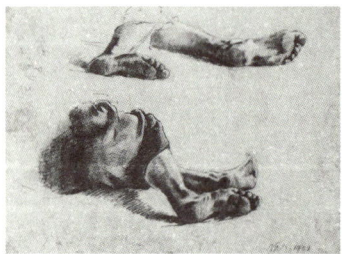

《脚》吴作人 素描 22.4cm×29.8cm 1928年

我想，素描首先是培养学生的眼睛。你要塑造一个形象，你就首先要认识这个形象是怎样的。培养学生的眼睛，就是培养学生正确地观察、认识对象的方法。不是从局部琐碎的细节来认识，不是只看见眼睛、鼻子、嘴等一个一个的局部，而是应当有一个整体的认识。例如画头像，不管从什么角度，都要对整个头的形体有一个鲜明的认识，才敢动手。首先要抓住大的轮廓和五官位置，从整体着眼，从局部着手，而不是靠慢慢拼凑起形象来。拼凑出来的东西没有总体感，不知道去抓什么，不知道如何去抓总体、抓形象。《文心雕龙·总术》结尾概括了四句话，叫做"务先大体，鉴必穷源。乘一总万，举要治繁"。我觉得这几句话说得透彻，用在素描上也是很恰当的。首先一定要掌握大体、整体，察其究竟，抓住一点，即主要的东西，以统率全局。"乘一总万"与"挂一漏万"正好相反。事实上，对象中所要表现的一切东西是很多的，是不胜其繁的，不能繁琐地对待它，而一定要"举要"，"举要治繁"，非常之精辟。写文章如此，画画也如此。一开始就要这样要求。经过长期实践，眼就能训练出来，手就能听指挥。眼看到的不是"繁"，而是"要"，不是"万"，而是"一"。

1955年我们开过一次全国素描教学会议。那次会议比较突出地强调了契斯恰柯夫的素描教学法。由于这种教学法本身有它自己的历史环境和条件，而我们在推广运用上又存在一些毛病，加之对有关材料研究得也不够深透，产生了一些片面性，影响了教学效果。契斯恰柯夫教学法也是一花。但是，如果只有一枝花，或者每朵花都是一样的，那就不好。

一位从云南来的素描教师告诉过我，他们那里有所谓"分阶段进行素描教学法"。譬如一张作业，时间是三个星期，对学生的要求则是第一个星期达到什么程度，第二个星期进一步达到什么程度，最后到第三个星期，要结束了，又达到什么程度。我听了这种方法，当时很惊讶。造型艺术的教学是不能够分阶段的，这与学器乐不同。学钢琴、提琴等等，可以刚开始要求一个什么程度，然后逐步加深。学素描则不然。我们说，塑造一个形象，一开始就要要求完整，至于学生是否做得到，那是另一回事，但不是不要求。要求应当是一样的，从低年级到高年级都一样。其实，我们练书法也是如此。从开始学到多少年以后，一直到老，都是那样一些要求。"分阶段"，对学生提出统一的几个不同阶段的要求，这是机械的、不合理的。因为学生各人的感受与反应的能力不同，进度有快有慢，那是不能统一的。有的学生很快就能感觉到，就能掌握反应的方法，有的学生过一年还达不到。有的学生一年之后所达到的水平，能赶上三年级的学生。我们要求学生注意形象的完整性。当然，要求一个初学者一开始就把形象画完整是不容易的。首先要眼睛看得到（开始时，一眼能够看到多少，各个学生也都是不一致的），要脑子记得住，还有，一定要下手勾。怎么才能下手勾呢？那就要脑子里有形象。画中国画就不是看一眼画一笔，不是拼凑成的，应当是下笔就有形。这跟泥塑那样逐步成形的步骤不同。看准了，脑子里有形象，就会下笔成形，所谓"意在笔先"就是如此。画素描，把轮廓大致画好，定好明暗交接线，大的东西就是这样，不需要这个阶段画到这样，下个阶段再画到那样，那样慢慢地一步一步表现，不符合绘画艺术的法则。

勾线，应当对形有充分的认识。对形缺乏认识，就不知道线从哪里来到哪里去。线有时隐到后面去了，有时又从后面伸引出来。有人面对画的对象，觉得很难找得出线来。对，形象本身根本没有线，而只是面的明暗对比，但我们应当理解线是面的侧视。苏轼说的"横看成岭侧成峰"，正是这样。我们理解到线，要有来龙去脉，起伏显隐。线要有轻重、转回、虚实，体现出韵律和生命的流动以及热情的奔放，不要把勾线理解成为一个没有感情的线框。要经过实践锻炼。开始时，眼看不很准，手不听指挥，没关系。在脑子里一定要有生动的形象。只有这样才能做到下笔就有形。反复锻炼就可以得心应手。对形象要有明确的认识，在这个问题上，有必要学习一下中国画对形象的认识。中国画下笔就是造形，形是画出来的，不是磨出来的。中国的书法也是如此。譬如一笔下去一个"点"，这一"点"一头是尖的，一头是圆的。这完全是靠实践经验得来，不是先画一个框框而后填起来的。中国书法的每一笔都是在锻炼下笔就造形，这也是中国画下笔造形的一个前提。画素描，画油画，也应当是这样。下笔要有形的概念，纸上虽然没有东西，脑子里要有。

并不是只有对成熟的画家才可以这样要求。从初学就应该有这样的锻炼。不管是中国画也好，油画也好，我们必须锻炼学生一下手就能勾出形象来。要掌握完整的形体，就必须下手勾。画素描习作，作

《女人体》吴作人 速写 42cm×20cm 欧洲留学期间

《女人体》吴作人 速写 22.5cm×28cm 1935 年

《双骆驼》吴作人 速写 21.1cm×34cm 1943 年

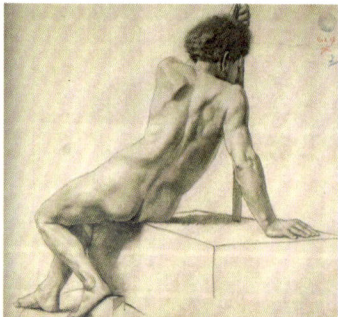

《男人体》吴作人 素描 65cm×75cm 1932 年

稿子，画油画，都要下手勾。还有一点，就是要多作速写。一边画素描，一边画速写，二者同时并进。画一张素描习作之前先作半个小时的速写（在油画习作开始之前也应当作一些速写），这种速写就是一种锻炼，很有好处。有人画素描，眼睛看到什么就画什么，在对象上看不到线就不画线，只画明暗层次，画成照片一般。这样的问题，在速写中就不可能产生。过去我初学素描，徐悲鸿老师要求画完一张素描之后能够背得出来。这就是要脑子里有形象。他还要求背马、背解剖等等，目的就是要脑子里有储存，像电子计算机的储存器一样。其实，电子计算机就是模仿脑子的，所以也叫"电脑"。没有存就没有取。如果只能看一眼，画一笔，那离开了模特儿就不能画画。徐悲鸿要求默写，这能加深我们对形体的认识。

有些画家的素描用线很多。有人问，这种素描如何同油画结合？我看这不应存在问题。素描与油画都要心中有数，摆颜色也应当心中有数，从一个形象的大的明暗交接开始，然后找出背光部分的几个大调子，受光部分又是几个大调子，这样很清楚、很快地画好。过去我的油画老师要求我们一遍就画完，不要老是在画面上涂来改去。画前一笔色调时，就要考虑好下一笔色调如何接上去。这样，画面上的色调摆满，画也就完成了。这是一种锻炼，也就是"胸有成竹"。所以，开始画素描时就要有整体观念。画平光和逆光的对象怎么办呢？我们画油画都是从明暗交接线入手。平光、逆光也一样，也可以找出交接的地方。从交接的地方开始，明暗对比减弱，可是要求表现得简练而不空洞，平而不板。

自从 1955 年素描会议以来，已经二十多年了。在我们的基础素描教学上，存在着一些不符合造型艺术规律性的见解。当然，这主要还是 1966 年以前的事，诸如"素描分段法""长期作业"等等。近十年来教学是中断了，但自从复课以来，基础素描教学方法基本上还是过去遗留下来的。按照这种方法，手里要抓着一把从最软到最硬的铅笔（从多少个 B 到多少个 H），把它们削得尖尖的，还有软硬不等的橡皮。一张长期作业，一搞就是四五个星期。于是只好慢慢地磨。画出来的素描，没有背景衬托，形象就出不来。用从最软到最硬的铅笔，把所有的地方都盖上线条，或用纸卷到处擦上明暗，到最后用橡皮点高光。其实不一定到处都盖上线条，也不一定非有高光不可，同样可以塑造得结实。当然，背景也不是不要，但重要的是要求刻画出对象本身，不是依靠背景。伦勃朗喜欢在暗背景上画出亮的形体。中国画相反，在白背景上画出东西来，可以完全不要背景，而于主体完全无损。

我们从前学素描，只有一张纸、一条木炭、一块馒头或一块面包。

给你两个星期时间，实际上每一个半天三个小时，六个半天十八个小时。你在三十六个小时内把你的功课做完就是了。实际上，某些学生还不需要那么多时间，他可以一个星期就画完一张习作，甚至更短。但是也有好多学生非要两个星期才能画完，但也不能超过两个星期。像我们过去搞的那样长期的作业，在欧洲也早已改变了。学生在有限的时间里，从紧张的实践中得到锻炼。要快而且准确，掌握对象的形体关系，没有更多的时间让你去"细抠"。画一个人体的习作，抠上好几个星期，比照相还细，钻到局部里去，就会忽略整体的大关系。用铅笔画那样长期的作业，不如用木炭画。炭条为什么比铅笔好呢？炭条一笔下来，手指抹一下，有明有暗，这和中国画水墨画一样，有浓有淡，很容易表现这个"面"和另一个"面"的交接转变。而且炭条像手指那么粗，你也没法"磨"。这种效果用削尖的铅笔就达不到。用铅笔那样慢慢磨，很容易使感觉迟钝。对学生的基础作业，划定"阶段"，规定"进度"，把艺术劳动的进程机械地分段，违背了艺术表现需要敏锐而深刻、充实而概括的创造规律，是一种主观臆造的方法。

　　我拥护素描，但不拥护胸中无数的素描。有一位中国画家对我说：你们不要再那样画素描啦！我觉得首先要解决一个问题：什么是素描，要弄清楚素描的含义。我觉得素描并没有一个固定的形式，没有一个规定的形式。但作为造型基本训练，它是有一些原则性的要求的。一切造型艺术都需要基础锻炼，甚至戏剧、舞蹈也要造型嘛，也都要有基本功嘛，画画也必须要有一个很好的基础。有的同志认为：画油画就需要画素描；不画油画，画中国画，就不需要画素描。可是现在中国画比较有成就的，其中好几位都是学过素描的。任伯年实际上也受过西洋的影响，在他那个时候，天主教在上海带来不少西洋的宗教宣传画。不从多方面吸收是不易提高的。他不单是吸收了西洋的东西，而且吸收得很好，融化了。他可以说是代表了清末中国画的一个新阶段。我见过齐白石青年时代用焦墨、用明暗法画的肖像，其刻画的精到是惊人的。目前我们能看到的外国油画很少，只能看到复制品，这样很难想象原作是什么样。要多看多接触，只知道这么一点还是不够的。

　　我们画素描，主要是培养描绘人物、塑造形象的能力。不管油画、中国画，培养这个能力都是必要的。在基础素描教学过程中，要使学生锻炼出眼睛的敏锐观察能力，并要使他善于把自己的热烈感受准确地反映出来。现在为什么会产生画中国画是不是需要画素描的问题？其实这也是一个老问题了。它的重新提出，正是因为不尽妥当的素描基本训练方法影响了中国画的造型要求。现在画中国画的人很多，而人们意见最多的也是对我们现在的中国画，特别是人物画，只追求在纸上表现出油画明暗画法的效果。我有一次看学生成绩，看到油画人

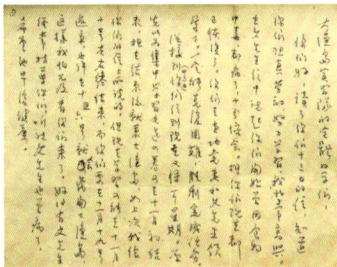

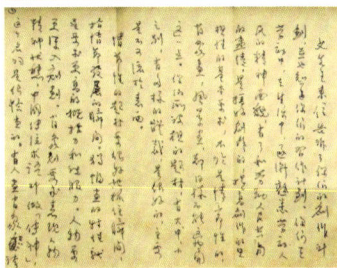

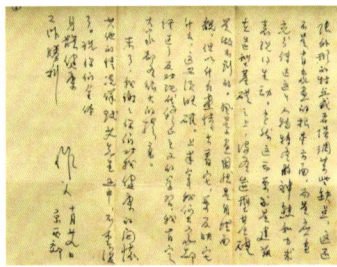

吴作人写给向酉观的信件

《女人体》吴作人 速写 36.5cm×26cm 1946 年

《餐巾》吴作人 素描 30cm×22.5cm 1929 年

《脚》吴作人 素描 29.8cm×22.3cm 1928 年

物和中国画人物区别不大。问题就在于如何正确地洋为中用，如何使中国画在传统的基础上，结合素描基本功的要求而获得丰富，加强民族传统的表现力。基本功的要求就是锻炼一种精到的眼力，使手服从眼的指挥，把自己的感受简练概括地反映出来。要一眼就看到全面，敏锐地把它反映出来。古人所谓"心手相师"，我认为应当作如此解。而画中国画的学生，经过那样一种"长期作业"的锻炼再来画中国画，他除了这种表现方法就不知道还有别的。所以，现在有些画中国画的同志，呼吁画中国画的不要再画"素描"了。这个呼吁好，它给教条的素描教学敲了一下警钟。

不过，我觉得要看问题的实质。我理解他们所说的素描是指那种心中无数的素描，那种冷静而没有激情的细画细磨的、学院主义的"长期作业"。真正的素描含义并不是如此。素描的意思也就是单色画的意思。它运用线条的勾画，用轻描淡写分出对象的体积感和空间感。从广义上说，素描也是绘画的一种（这个问题，过去已有一些文章论及。我在《徐悲鸿作品选集（素描）》一书的一篇短序中也谈过自己对素描的看法）。素描既然是绘画的一种，那当然也就有它的千姿百态，绝对不是千篇一律的。只是对于初学者来讲，作为培养造型能力的基础训练，应当有一些共同的原则要求。没有这种共同的原则基本要求，那就谈不上掌握基本规律，就会流为各自标新立异。

基本原则是什么呢？我个人的看法是学生通过素描习作，除了锻炼眼、脑、手的合作，就是要在一个平面上画出客观自然的体积和空间感觉。那么，画中国画是不是就不要体积和空间感觉呢？我认为事实不是这样。"应物象形""随类赋彩""墨分五色""石分三面"……，这都是我国优秀传统所循奉的要求。没有气韵生动，没有传神写情，没有明晦显隐，没有阴阳向背，没有虚实轻重，就不会有好的艺术作品。不管是中国画还是油画，工异趣同。我们要在一定的素描锻炼基础上，为不同的艺术形式的创造充分发挥各自的独创性。基础锻炼是为艺术创造培养表现能力作准备，是手段，不是目的。如果不认识这一点，那就不但中国画有可能成为"素描"的牺牲品，连雕塑、油画也都可能成为"素描"的俘虏。过去有泥古不化的，也有泥洋不化的，可能也有泥"素描"不化的。好在这只是少数。

西方的绘画开始有量感和空间感的表现，一般可以溯到乔托以及马萨乔等，这就是明暗表现法的开始，一直到 19 世纪，也有五六百年了。北欧早期运用单色描出明暗底子，再罩上一层透明色。这种方法在中国工笔画里早已使用了。意大利达·芬奇、柯累佐等走着明暗法的上坡路，但到 18 世纪的意大利，就开始走下坡路，发展到折中主义，脱离现实，叫做学院主义。俄国在这个时期把它从意大利接过来。在中国，意大利文艺复兴衰落期的艺术，巴洛克、学院主义之类，这时也已发生一定影响，而到20世纪50年代，在绘画中，这种影响间接地更加有所发展。可是西欧的基础素描教学，在近一个世纪来，不断提出新要求，已经改革了。我见过徐悲鸿学生时代画的一些基本素描练习，非常强调直"线"和方"面"的表现，借以构成人体的体积。他和我们1955年以后的那种教学法不一样。习惯于画长期作业的画家，在形体轮廓的处理上往往是慢慢地边看模特儿，边拼凑。这种方法不利于在脑子里保持一个完整的形象。我有一张文艺复兴时期的素描的复制品。这张头像不可能是达·芬奇的作品，因为达·芬奇用左手作画，而这张素描是用右手画的。不知是不是萨尔托画的。在这幅素描里，他勾线很肯定，没有拼拼凑凑，尽管他有些线不够准确，后来有的地方也加改了些线。鲁本斯的素描也是如此。他有一张头像素描是用两色笔画的，用笔很简练，神韵栩栩。安格尔很反对他，认为不典雅。徐悲鸿说他的老师在电车上看到特别的形象以后，回家就凭记忆画出来。这里我再强调一句，记忆画非常重要。脑子里记不了东西，要的时候就没有；脑子里有了丰富的形象，有储存，就随时可以用。我在做学生的时候，西欧的美术学院素描习作课不给你太多时间，不让你掉到局部里，到了时间你不完也得完。在规定的时间里，你第一张画完了还可以另找一个角度画第二张，我看这个办法比较好，因为基础锻炼的进展不是固定在同一个课题上，用从头到尾拉长时间来取得的。可以让学生多次重复地遇到同类的题目，重复遇到问题，经过反复实践来解决问题。所以我不赞成长期作业的习作。

我们现在需要坚决贯彻"百花齐放，百家争鸣"的方针。我曾对中央美术学院的研究生讲过，要坚决避免千篇一律、千人一面。这几年，人云亦云，模仿成风，甚至在业余爱好者中也造成很大影响。我们必须放手，让大家搞。说穿了，油画的面貌是谁决定的？中国画的面貌是谁决定的？这不是某一个人决定的，这是民族文化长期的积累，是历史决定的。人类文明发展到不同的历史阶段，就出现不同的艺术形式。有人一说到油画，脑子里就是19世纪。特别是解放以后，一说到油画就只谈列宾、谢罗夫、苏里科夫，俄罗斯的这"三杰"，连西方的19世纪也不敢谈。我们需要知道油画是怎么发展过来的。在文艺复兴以前，北欧和意大利的绘画，流行用线勾。早期的油画线条勾得很浅、很轻，甚至在拉斐尔的时候，他都很少强调侧面光。光线的明暗、强烈对比感应，是因为西方科学文化发展到一个新的阶段，有了新的物质概念，在造型艺术中，特别是在绘画中，产生了新的要求——力求再现在特定光线条件下的现实景象。19世纪初，也正是按这样的要求，发明了摄影术。到19世纪西方化学工业生产的副产品给绘画带来了新的颜料

1962年，马树培在工作室。（马树培家属提供）

1962年，秋游十三陵。后排左一：倪绍舜。右一：洪瑞生。前排右一：胡崇礼。（洪瑞生提供）

1960 年，老美院校园。左一：司徒照光。左三：冯怀荣。左四：翁乃强。左五：王征骅。左六：阿曼。右五：费正。右四：颜铁铮。右三：曹达立。右二：马振生。右一：姚中华。（曹达立提供）

《打麦场上》史云漫 布面油画 1962 年
73cm×110cm

品种和原有的稀有矿质颜料的代用品。经过几十年的演变，出现了 70 年代的印象主义。我们要贯彻"百花齐放，百家争鸣"的方针，对中外传统都要批判继承、借鉴，从中吸取营养，目的是为了推动我们民族自己的艺术。要洋为中用，而不是以洋代中；要民族化，而不是化民族。吸取或借鉴，都要经过吸收消化，滋长出自己的新的面貌。这是很长期的、很细致的工作，有赖大家努力和探索。

法国 19 世纪初期的大卫自己起来创导新古典主义，是想恢复古希腊、罗马时期的艺术典范，来反对学院主义的艺术观点。那时学院主义的人物造型准则也是以古希腊罗马的艺术为依据的，但画的题材主要是宗教神话的内容。大卫就不同了，他取材于资产阶级革命的史实，利用古代题材，以古喻今，来表现当时法国资产阶级革命的勇敢进取精神。在造型上，他自以为找到了希腊罗马的真谛，但直到晚年，他才看到了真正希腊罗马的雕刻出土，实非他始料所及。他是 1825 年死的，1820 年米罗的维纳斯才出土。（公元前被火山溶岩灰烬所淹埋了 18 个世纪的罗马时代的绘画、雕像，不断地被发掘，一直到 20 世纪初才算全部被人所认识。）所以到晚年大卫对自己的主张也有点恍然了。安格尔是他的有名的大弟子，但安格尔的主张比大卫还要来得顽固。我这样讲并不是因为我喜欢德拉克洛瓦的缘故。当时德拉克洛瓦和安格尔进行了激烈的论战。其实那也并不是什么色彩和素描的论战，而是浪漫主义和新古典主义的不同的艺术观问题。那时古典主义已经趋向衰微了。德拉克洛瓦的画，往往是取材于当时发生的激人义愤的事情、触目惊心的事件，以及当时一些富于感情冲动、反对冷漠理智的文学作品的题材。（浪漫主义的原文"Romanism"一词，就是由长篇小说的原文"Roman"一词演化而来的。它的含义是指用一定的篇幅来叙述动人的奇想，介绍独特的生活景色，或分析一种激情的文学作品。）当时他的著名作品中，就有《希阿岛的屠杀》这幅画。在那个时期，他主张用强烈的色彩来表现这些内容，尤其他到过当时称作"东方"的北非之后，来自"东方"的艺术渊源、生活面貌，对他发生了很大的影响。他的画风，在革命时期的资产阶级的法国有其比较新的一面，具有革命的、变革的东西，是欧洲文艺的一个新时期。

在 19 世纪，法国的绘画是一代接着一代，后一代否定前一代，出现了一个一个新的面貌。可以说资本主义社会的这种所谓"独创性"，也就是一条可以无止境地发展下去，一直到走向现代派的道路。欧洲当时的社会思潮是受形而上学思想支配的，一切都可以片面到无止境，直到抽象派。这样，在欧洲资本主义发展到垄断阶段时，就导致产生了艺术上很多现代的派别。资本家垄断着大量的财富，他们也要买很多美术作品，想买米开朗琪罗的、伦勃朗的东西，那是不可能了，所以就要捧一些画家。他们手里有报刊、评论家、记者、画廊、经纪人。要捧起一个画家所需要的一切，他们都有。任你说，说得天花乱坠。本来在资本主义世界，艺术早已成为商品，这是当时商业经济的发达和社会需要所形成的。到了垄断资本产生之后，这种现象就是人为形成的了。特别是在巴黎和后来的纽约，有很多大大小小的画商和画廊，他们用很便宜的代价收买青年人的作品。这种靠卖画维持生活的青年人，在欧洲多得很。这就使得画商们有空子可钻。他们和青年人订合同，收购产品。这些代价，既能使你维持生活，又能再生产，何乐而不为呢？于是，一年画多少都给了画商，他包下来，你就不必到处去张罗了。在这种情况下，他经常同你联系，把你领到他所认为新的道路上去。他又有他的评论家，吹捧一番，到了一定时机，就给你开个大规模的展览会，这样一来，社会上还没有见过他的画，就出现了一个"天才"画家。于是他从收购的作品中抛出一些来，被认为是符合并能代表新派理论的，标高价出售。资产阶级暴发户为了装点自己有文化，认为价钱越高，就越要买，借以显示自己有身份。于是争购，一下子就捧出一个人来，一个人就成为一个新派。画画的人也想通过这种途径来取得名利。这种现象是从什么时候开始的？可以说是从印象派的作品开始的。但是，印象派的作品，在当时是受到社会的蔑视的，有不少穷困的画家确受某个著名画商的周济，有不少是生前默默无闻的，只是后来才逐渐被人认识，欣赏的人越来越多。印象主义是西方文艺发展的历史阶段，不限于造型艺术，在音乐、文学等方面都有印象主义大师的作品。印象派绘画是通过光和色表现形，还是有形的。到后来才经过多少画派的发展产生了抽象主义，抽象主义无视形象，到后来就什么也不是了。"四人帮"不懂装懂，对"印象主义"胡批一阵，是个可悲的笑话。我这里顺便提一下：对艺术的理解和艺术创造本身并非一回事。实践是根本的。对造型艺术的问题，经过多次接触和讲解，是可以"懂"的，但是"懂"不等于"会"，"会"也不等于"专"。

为了研究、借鉴，我们就要多看、多接触，同时也要力求深刻理解艺术现象的社会本质。我们贯彻"百花齐放，百家争鸣"的方针，提倡不同的风格和流派，是基于人民生活和精神需要的多样性，是由社会主义社会的艺术使命所决定的。这和资本主义社会的那种流派纷争和更替完全不同。我们有为人民服务的前提，要使人民看得懂；脱离群众和生活，极端表现个人的艺术是行不通的。

我从学生时代起就喜欢德拉克洛瓦。当然，爱好也是发展的。说到徐悲鸿，他的爱好也经过发展。他对现实主义是肯定的，早年喜欢普吕东、德拉克洛瓦、库尔贝。但后来，他自己承认看法有发展。他曾说："我做学生的时候，只喜欢到库尔贝，后来到马奈。"最后一

1961年，老美院宿舍楼前。后排左起：詹鸿昌、王征骅、卫祖荫。前排左起：向酉观、韦启美、艾中信、史云漫。（向酉观提供）

1963年，王征骅在农村写生。（王征骅提供）

次他从西欧回来时说："现在我肯定到凡高和高更了。"

从古典主义到印象主义之间，在素描要求上也是有变化的，特别是在印象派更显著。安格尔同德拉克洛瓦在艺术观上的激烈论战，结果是德拉克洛瓦终于开创了19世纪的现代绘画，无论在造型、用色还是艺术观上，都出现了一个新阶段。

你们记得有一幅画描绘一群画家聚在德拉克洛瓦的肖像周围吗？是方丹·拉都尔画的，它说明了德拉克洛瓦被一群年轻的印象主义画家所推崇与钦佩。他的作用就在于摆脱了古典主义的束缚。古典主义要求造型要像所谓古代希腊罗马的作品那样理想化，那时的学院派作品多半取材于神话和宗教故事，思想受束缚。大卫提出要恢复希腊罗马时代艺术的审美观和这个造型来歌颂法国大革命的精神，所以叫新古典主义。我们有时把19世纪俄罗斯巡回画派以前的画都叫做"古典主义"，那不对。至于江青把19世纪也叫做"古典主义"，19世纪以后就是"印象主义"，把全部美术史说成就只这两种，她根本不懂。

欧洲绘画发展到印象派及以后各种流派，他们在技法要求上和中国画的写意有相通之处。中国的写意画，现在我们保存的有梁楷的画，但写意并不是从梁楷的泼墨才开始的。写意画到梁楷时已经很成熟了。如以欧洲绘画同中国的写意相类比，恐怕就要算是从印象派以后的画，如后期印象派、野兽派等等。我记起一件很有意思的事情。有一次我陪同一个外国代表团看齐白石的画，他们很赞赏，很佩服。可能他们事前也知道我们不太欣赏现代派的东西，所以就问我："你们很重视齐白石，但你们为什么能够欣赏齐白石而不欣赏马蒂斯呢？"这个问题难于回答。后来我想了想说，印象派及以后各种流派同我们的写意画的确有共同之点。这种共同的东西，与中国写意画之间，在画家的艺术境界的表达方面，抱有类似企求，表现出来了，人民群众喜爱、承认了这个东西。欧洲绘画发展到印象主义以后也想达到这个境地，但限于工具材料，不能像中国画这样流畅，这样脱颖而出，这样生气勃勃地造型。在这一点上，马蒂斯所代表的一种艺术思想，与我们的齐白石的艺术思想虽有相似的地方，不过所达到的表现力不同，因而效果也不一样。

对中国画来说，我觉得练书法也是一个重要的辅助基本功。有书法基础我们才会充分发挥中国毛笔的性能。外国画家也用毛笔，但不知道中国书法如何行笔，如何运用指、腕、肘，所以在绘画上不会体现用笔如行云流水、枯润相得、阴阳浓淡、转折顿挫、宜行宜止、挥洒自如的中国画笔墨所独具的风格。这种风格所以独到，没有书法功

1958年，十三陵水库劳动。左起：邵伟奎、王征骅、马杰生、史云漫、黄金声。（曹达立提供）

1957年，南口马庄子下乡。（曹达立提供）

《老佟》戴泽 纸本素描 38cmx32cm 1946年

夫是发挥不出来的。所谓"意在笔先""胸有成竹""神来之笔"，都是长期反复实践，加上多方面（本专业以外的）修养的结果。

从前我对中国画也不懂。我是生长在南方的，我小时很长时间都看不到收藏品。当时中国除了北京的故宫博物院，各地都没有陈列馆，私人收藏更是秘藏，一般人是没有机会看的。我最早看到的还是敦煌壁画。现在就理解了，"似与不似之间"，"太似则媚俗"，"不似则欺世"，齐白石这些话确实说得好。

一个好的老师总是善于放手让学生画，他不愿意、不轻易动手改学生的作业。一个有才能的学生，他也不愿意老师动手改他的作业，替他画。我认为动手改学生的作业无助于学生自己能动地向前发展。因为老师经过长期锻炼，达到了一定水平，他的造型是他的眼睛的观察，是他自己的直接感受，是他自己的反应的结果。作业经过老师的改动，学生很难接着老师的路子走下去。因为学生的观察能力、吸收能力、反应能力都不可能跟老师一样。老师的任务应该是指导学生、锻炼学生自己去看，自己去感受，自己去反应。他教给学生最基本的原则，基本的要求——塑造形象的基本要求。有一次，我看了一个班的学生成绩，一面墙上贴满了素描作业，但给我的印象却都好像是一个人画的。为什么呢？因为老师改了，老师动手了。这堂课老师来了动一动手，下堂课老师来了又动一动手，几个星期以后，这张画结果就变成了老师的画了。我的这个意见也可能不正确，但我觉得不仅在创作上要百花齐放，在教学上、课堂上也要百花齐放。要注意发挥学生的特点。现在甚至连中国画都是一个样的了。新中国画和油画区别不大，只是一个画在宣纸上，一个画在画布上，都是那么一种造型的面貌，把所有的特点都给它抹平均了。因此，我觉得素描老师应该让学生理解基本原则，有缺点，向他指出来，让他们自己去理解，去独立思考，反复实践。不要包办代替。最多只能是示意、提示一下，例如某一部分毛病在什么地方，要注意什么，怎样找出结构，可以用几根线把事情说清楚。

一个学生素描磨得非常细腻，并不决定他将来的成就。主要看他是不是理解了，是不是有创造性地表达出来了，而不是要依样画葫芦。老师要根据每个学生的区别，因势利导地去让他发展。从前我在素描晚课学习的时候有过一个经验。有一个学生画素描喜欢画得太圆，班上的素描老师就找了一块方木头放在他的画架旁边，说：你看，形体是这样的。这就帮助了这个学生懂得找出形体面的结构，避免把形体弄成一个圆球。我们常说要用直线画出曲线，用平面画出球面，这样形体就结实，有力量，而不像是吹起来的。在画明暗交接线时，也要

1957年，南口马庄子下乡。左起：曹达立、蒋中兴。
（曹达立提供）

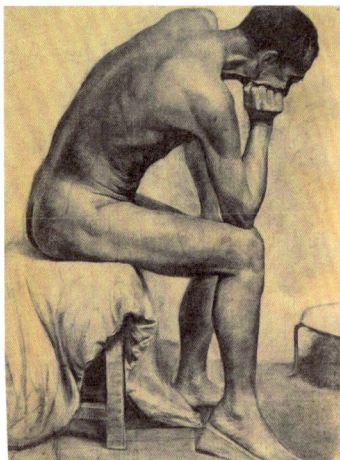
《男人体》戴泽 纸本素描 72cm×57cm 1945 年

用直线。宁拙毋巧，宁方毋圆。

在相同的时间里，学生之间会出现很大的差异。对学生成绩的评比，分类过细不一定有益。基础素描有一些基本要求，但并不是要求所有学生走同一样的步子。素描的要求，简单地说，就是把你所看见的形象，用你自己的工具，用你自己的眼睛和手的联系表现出你自己的感受来，你能感觉多少，就表现多少。这样，就必然会产生差别。所以我一向主张新生和老生同堂上课。很多问题老生会带着新生走，有不少新生会超过老生。有才能的学生，他不会泥而不化，他一定会不断地在老师的指点之下迅速成长。

从前中央美术学院成立工作室的时候，我就提出过这个主张。我想，可以考虑分预科、本科两步。各系新生入学，经过共同的预科训练（一年级），然后进工作室，也就是本科（三年），它可以不分年级，假使说它是三年制的，从一年级到三年级由一个老师上课。共同基础课是重要的，但不能过长。画石膏也很重要，但时间要短些。从前徐悲鸿就不主张长期画石膏。我过去在他班上学画时，画了两个多月石膏，他就要我(不是全班)去画人体。为什么呢? 石膏这个东西，当然有优点，它摆在那儿不动，对初学的人是好。但初学者长期面对一个静止不动的对象，就锻炼不出锐利地抓住形象的能力。尤其是画人物，人的神态是内心活动的反映，是千变万化的。他即使坐在那里维持一个姿势，也不过是相对的静止，实际上生命在不断运动。我们要锻炼学生从有生命的东西中去找寻形象，抓住运动，迅速地反映出来。长期掉在石膏里是无益的。到进了本科再分系，就按各系自己的专业需要继续进行不同专业的基础练习。我们要重视老生对新生的作用。一年，有了一般的基础，这是各个专业所共同要求的。分系后，雕塑系要求什么样的基本练习是雕塑系的事，中国画系要求什么样的基本练习是中国画系的事。前一年和后三年，学生之中都会出现差异。老师要发现和重视这个差异，不要阻拦。要因材施教。有人说这是"天才教育论"，不要紧。这是客观存在。阻拦这种差别是不合理的，不符合加快培养人才的要求。

各地的同志们都反映：有的学生完成作业的时间长，有的学生不需要那么多时间，现在的做法是大家拉齐。我们现在应当如何在四年的学制中，使有才能的接受能力较强的学生进展得快些呢? 这就涉及到学制问题。我主张凡是每一门功课都达到毕业水平的，就可以毕业。学分制、学时制、年级制……将来对这个问题要有一个通盘的考虑才成。大家知道有一些学生毕业以后在干什么吗? 我听说有一个雕塑系的毕业生在哪个地方卖电影票。这类例子还不少。我听了很为国家浪费了人力、物力和时间而难过。

美术学院主要培养创作人才，我看招生不必很多，不一定要像过去那样把毕业生分到一些单位搞美工，他们的出路看来还是应该到创作单位，譬如我们现有的雕塑创作工作室那样的单位。培养美工人材的任务可以由中等美术学校来负责。

我认为美术学院不必一定要办附中。美术学院与其他高等艺术院校不一样，不像音乐学院，譬如有些器乐要从小时学起，每一个器官的成长要按照器乐的特殊要求来发展。弹钢琴要从五六岁就开始，吹笛子要十二三岁开始，学声乐要更晚一些……常常有人对我说，他的孩子喜欢画画，问我将来是不是可以学画画。我说你的孩子是不是学美术，要等到十七岁以后看。为什么呢？十个孩子有八个是爱画画的，但却不能说孩子爱画画将来就一定能学好画。十七岁以后，他接触的知识方面多了，兴趣也有了变化，到那时他可能根本不想画，也可能更加迫切想画了。有的儿童画的确很可爱，但我认为儿童画是儿童的画，老头儿的画，纵使有的也能从巧发展到拙，但绝不是儿童画。儿童画反映的是儿童那个时代的理解力，在那个阶段，画画不知有什么计较，胆子大，画的东西可能别有风趣。到了一定年龄，他就懂得要求画得像，就不满意自己的画了。他又有了新阶段的新爱好、新的注意力。

过去我们办附中，取得了相当的成绩，是应当肯定的。但有一些做法，如把三年的中学课程拉成四年，每年有些素描，等到毕业后再考美术学院，实际上时间有浪费。此外，办附中还要有另外一套文化教员。把经过一年严格训练就能够解决的基础素描拉成四年，也许不如高中毕业考美术学院。你考得上，有一年的严格素描练习，完了分系。我认为不一定要办美术学院附中，但我主张办好中等美术学校。中等美术学校要很普遍，各大区、省、市以及凡是有条件的地方，都可以办一个中等美术学校。不但满足培养一般美工人才的要求，而且在这个地区，有什么艺术特点，有什么样的工艺美术传统、特色，有什么民族特点，也都要在这个学校里吸收、发扬、研究、提高。我们要尊重各个兄弟民族的文化。我们要反对大汉族主义。但是我们的做法有时还会不知不觉地带有大汉族主义的痕迹。在兄弟民族地区办校，培养兄弟民族的美术人才，发展藏族、苗族、蒙族等等众多的民族艺术文化，这都是有待努力去做的事。此外，各地的民间艺术也应得到发展和繁荣。有一些条件较好的农民画中心，也应得到鼓励和支持。当然，对农民画，不能像"四人帮"时代那样去"提高"。以"明暗法"来提高，实际是取消农民画。

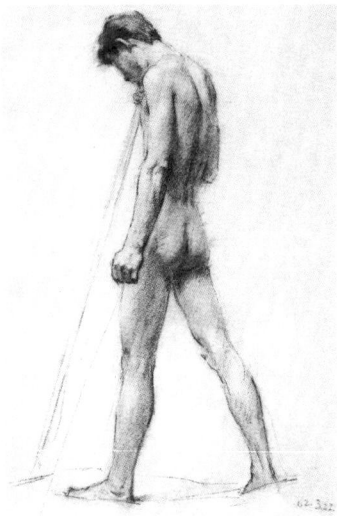

《男人体》韦启美 纸本素描 44cm×31cm 1962 年

《男人体》韦启美 纸本素描 44cm×31cm 1983 年

《男人体》韦启美 纸本素描 44cm×31cm 1991 年

美术学院如果不办附中，招生质量是不是就会得不到保证呢？我看不会。如果中等美术学校比较普遍地办起来（从各地来讲，办这种中等美术学校不应该特别费劲），这些学校毕业的学生和高中毕业生以及具有同等学历的青年一样可以报考美术学院，美术学院招生的来源反而就可以更多了。

总而言之，就美术学院本身来讲，我想可以考虑先在预科（一或二年）把素描基础搞好，预科的主课就搞素描，以后再进入本科，不按年级分班，不让他们画得太受限制。

上面讲的一些，只不过是我的一管之见，不一定对。不恰当的地方，希望大家指正。

原载于 1979 年《美术研究》第 3 期。

回忆导师吴作人

MEMORIES OF MENTOR WU ZUOREN

王征骅

在我学画的道路上现在想来，有两件事十分重要：第一是我当年有幸考入了中央美术学院油画系，第二是我有幸进入吴作人先生主持的画室里学画。

1956 年我入学的时候，吴先生早已是中国著名的大艺术家，中央美术学院的院长。在中国美术馆的展厅里，我曾站在他的油画《齐白石像》面前，钦佩极了，老国画家的那神色、风度、银色的胡须，一双满是皱褶的手，露出的一片沙发织绵缎，都画得巧妙极了。起初很少有机会见到他，最早的印象是他参加世界和平大会回来和参加毛泽东主席主持的最高国务会议之后，在美院礼堂里的两次讲话。

那时的中央美术学院已经由三年制改为五年制教学，教师们分别在不同的年级中上课，老师们的教学热情很高，方法也各不相同。为了进一步提高教学质量，1956 年美院首次开始从高年级实行画室制，即学生在完成一、二、三年级的学业之后，从四、五年级进入画室学习。油画系分别由三位著名的教授吴作人、罗工柳、董希文主持，开办了三个画室，并以主导教师的名字命名。那时我正由三年级升入四年级，我选入了吴作人画室，成为该画室的第一届学生，同学中有五年级的潘世勋和同年级的张自申、曹达立、娄溥义等人。画室里另一位重要的教授是系主任艾中信先生，他的油画也很出色，他的大幅油画作品《通往乌鲁木齐》令人心情振奋。但他非常谦虚，也由衷地钦佩吴先生的艺术，热情协助吴先生教学，启发学生的理解力。新创办的各画室，师生热情都很高，老师教学负责，学生学习认真，生机勃勃，形成一种竞争的热潮。老师们几乎天天到课，作业摆得一个比一个吸引人，走廊陈列的师生作品不断地更新；学生每天上课如饥似渴，白天学完，晚上还要到家里去拜访老师，一边竖起耳朵听，一边手里哗啦哗啦做笔记，那种气氛，可以想见。现在回想起来，那也许就是美院的最美好的时刻，尽管大家在生活上都面临着物质缺乏的困难，但是教学上还是一派欣欣向荣，像一片盛开的花，还没有受到风暴的摧残。

1959 年，吴作人工作室首届学生拜访导师。左起：蒋仲兴、谢陪邦、乌勒格、萧淑芳、蒋彩萍、吴作人、王征骅、张自申、娄溥义、邓家驹、潘世勋、艾中信。
（翁乃强提供）

1957 年，学生在农村体验生活。后排中间：曹达立。前排：刘秉江。（曹达立提供）

1962年，老美院校园。左起：詹鸿昌、郝岚、曹德兆、史云漫、卫祖荫、艾中信、韦启美、洪瑞生、唐惟藻、翁乃强。（向西观提供）

1957年，南口马庄子下乡讲课。（曹达立提供）

1961年，在农村体验生活。后排左起：于国良、史云漫、陈庆魁、李泽旅、向酉观、费正、张海峰、颜铁铮。前排左起：王秉智、石寒松、温葆、谢家模。（向酉观提供）

那时的吴作人先生还很年青，四十多岁的样子，上身穿着宽松的土毛兰布褂子，两个大大的口袋，适合放速写本，头顶戴着一个深色法国式圆帽，显得平易近人又不失大家风度。有时会看到他在操场或走廊上与教职员或工友交谈。开始来给我们上课的时候，大家还有些紧张、害怕，其实他的作风是既严肃而又宽厚。记得有一次，上课铃响了，同学们纷纷跑回教室，屋里的一个同学准备对一个可能突然推门进来的学生开个玩笑，就学了一个外国电影中的欧洲古典式的挥帽深鞠躬礼，并用滑稽的语气拖长音说："您先生来啦！"但没想到抬头一看，是吴作人先生站在面前，那同学弄了个大红脸，其他人想笑又不敢笑，然而吴先生从容自然，像什么事情也没有发生似的，开始给同学看画。

吴先生授课说话不多，但句句透出他严肃的思考。由于学生已经有了三年的写实基本功训练，在教学中，吴先生更着重谈他的艺术见解。其实，吴作人先生的教学主张和教学方法源于他的画风和他的艺术修养。他主张保护每个学生的艺术个性，因材施教，反对千篇一律的注入式教学而进行启发式教学；他主张学生应以自然对象为师，从领会物性入手，逐步摸索自己的表现方法，反对表面的模仿老师或照抄他人的东西；他主张艺术应当源于自然而又高于自然，"师造化，夺天工"是他的座右铭；他提倡油画艺术的民族化。

那时我们当学生的颇为幼稚，每次叫我们给教学提意见，总是说希望老师多讲一些、多讲一些，甚至有时因为吴先生讲话不多，而觉得听起来不够过瘾。这到了事后我们才能慢慢明白，学画与其说靠耳朵不如说要靠眼睛，学好画靠的是心灵手巧。老师看画，话不在多，在于说在点上。如同医生看病，在于诊断正确，才能对症。一向学生的课堂作业，如果进行得很正常，没有什么特别可指出之必要，那么，当吴先生在画面前，从头到脚审视之后，可能只说"可以"二字，这时你就应当明白，这绝不是对你的冷淡，而是对你的肯定。他有时为了启发学生，也会滔滔不绝，引经据典，或讲个故事。但在多数情况下，像他的画风一样，点到为止。"文革"后期，有一次我从太行山回来，画了一批风景写生画。由于多年未画写生画了，我眼看着把一袋袋的油画颜色用光，变成一张张五颜六色的画作，心里真是激动极了。我兴奋地带着这批画到吴先生家里，请他指教。记得当时他把我画的那一张张的大山头、大石崖翻过去，没有说话，只是在最后对着一张比较随意的小画说："这张还有点意思。"吴先生的这瓢冷水帮助了我，把心收回来，认真地去画每一张画。

一次画静物写生，摆的是一组藏族器物，中间的一个银壶，颜色非常难画，在调色板上一时调不出来。有同学问吴先生那到底是个什么颜色，怎样才能调出来，吴先生却说："那个颜色好就好在是一块说不出来的颜色。"他又进一步解释说："你调颜色的时候，可能用红而不觉得红，用绿而不觉得绿，就是它那个颜色。"他在这里强调的是视觉上的可感性、具体性。的确是这样，艺术到了最佳的境界时，我们往往只能说它是妙不可言。他在讲解色彩时，我注意到他很少用诸如补色、冷暖这样的词汇，而统统称之谓"色价"二字，他说好的色彩就是很好地表现对象的色价。我想他所说的色价，是比我们通常所说的如冷暖等各种的色彩关系，具有更广泛和更高一层的认识上的含意。同样，他也很少用诸如质感、量感这样的词汇去解释对象，而统统称之为物性。在谈到他的动物题材的绘画时，他对笔下的不同动物的习性，都是作了仔细的研究。他希望学生在下笔之前，要很好地认识物性。

1960年，美院归侨学生。左起：翁乃强、姚中华、石信杰、曹达立、石寒松、谢培邦、詹鸿昌。
（曹达立提供）

四年级时摆的人体作业，两周的时间，同学往往觉得时间短，画不完，但是吴作人先生从不主张把作业摆得时间太长。他反复讲过，一张好的画，并不一定要画很长时间，不是一定要花很长时间才能画一张好画。他认为一张画的完整也不等于一定要到处画得很细，他经常提醒学生画画时不要"谨毛失貌"。他提倡艺术的概括性、含蓄性，作画要在充分认识对象的基础上"举要治繁"，否则就会"谨毛失貌"。为此，他还进一步提出画油画也要"意在笔先"。他说：意在笔先也就是作画之前先要立意，想好了再画。当然，这是一个很高的要求，就我个人来说，真正做到"想好了再画"那是20年之后的事情了。但是我由衷地感激吴先生从一开始就给我们提示了正确的方向。

上面谈到，吴先生的教学原则和方法，源于他的艺术风格和他的艺术修养，他是一个天才、一位大师级艺术家。有一次他对学生说，他有一枚图章"师造化，夺天工"，也可以说是外师造化、巧夺天工。他鼓励学生：对象就是你最好的老师，而且应当画得比你的对象更能令人感到鼓舞。由于他学贯中西，他的高度也不同凡人。他毕生的艺术实践都走着一条将外来的绘画技巧和中国传统风格相融合之路。他深知创造之路的艰辛，他说欧洲画家鲁本斯有无数弟子，不少人可以画得很像他，但是真正有成就的只有一个凡·代克。他在教学中不赞成把绘画技巧讲得太多、太死，认为这样会影响和限制学生的个性和创造力。他也从没有教过我们怎样像他一样用刮刀去画芍药花瓣，而是教我们怎样用自己的眼睛去观察，用自己的心去体会，用自己的手去探索。今天来看，这正是他的不凡之处，他似乎并没有把所有的东西都教给我们，但是又教给了我们所有的东西。

1962年，人民大会堂前。左起：向西观、唐惟藻、冯怀荣、吴燕生、詹鸿昌、阿曼。（向西观提供）

1963年，王征骅参加农村劳动。（王征骅提供）

1962年，老美院校园。左一：唐惟藻。左二：李世傅。左三：翁乃强。左四：郝岚。左五：韦启美。左六：孔繁奇。右五：戎振江。右三：齐梦慧。右二：阿曼。右一：冯怀荣。
（韦启美家属提供）

1962年，翁乃强农村下花园劳动。右一：翁乃强。
（翁乃强提供）

吴先生把我们引向一个完全独立思考的路，不但要研究自然万物，还要研究中西文化。画室的五年级学生的共同写生作业结束了，进入各自独立的毕业创作阶段，教师仅在不同的阶段为学生会诊，我为革命历史博物馆画了历史画《武昌起义》。1961年毕业时留校任教，有了更多地向吴先生请教的机会。可惜的是好景不长，一年多之后，学校开始被卷入全国性的连绵不断的政治运动，参加农村社教、干部下放，1964年又开始全院的停课闹革命，直至十年"文革"，吴作人先生由我们的院长、导师变成了"反动学术权威"，他开始被批判、被斗争，直到关进"文革"的"牛棚"，受了种种非人的待遇，只是后来他很少在他人面前说起。

1970年美院全体教职工被军管下放至河北省磁县的农场里劳动。听说那里从前是个劳动农场，只是劳改犯们被迁往他处，换成了我们这批"五七战士"。教员和职工被分开，男女也分开按班、排、连的建制，过军营式的生活，早上出操，白天劳动下地，晚上开会搞运动，然后集合晚点名休息，一切活动均由解放军带领。农村的房子就是我们的军营。油画系的全体教师被编成两个班，我有幸被重用为一个班的班长，吴作人院长成为这个班上的兵。这个班上大人物不少，还有大画家王式廓、侯一民等人，后来还做过院长、副院长的就有三位，所以这个班可称做是个院长班。在那个艰苦而带有戏剧性的日子里，我有幸与一代大师吴先生同睡一个土炕，朝夕相处，从如此的近距离，看到导师的一举一动。那时他年已六旬，且患有高血压、心脏病，有时脸上红红的透出体质的虚弱，但他是个意志顽强的人，他利用仅有的一点个人可以支配的时间做学问。那时画画是被禁止的，他就作诗，背诵古典诗词的格律。酷暑季节，蚊虫叮咬，而他赤着上背坐在土炕上挥汗作诗的形象使我至今难忘。艰苦的环境改变不了一个人的精神气质，有时白天劳动，夜里还要起来参加巡逻放哨。一次我和吴先生被安排在一起放哨，那是冬天的深夜，每人穿了一件棉大衣，一起在村子里走动，沉睡的夜像死一样地宁静，月下西山，头顶上是万里星空，吴先生曾给我谈天上的星座，还讲到徐悲鸿动人的爱国故事。有一次我十分有兴趣地问及他那幅油画《齐白石像》是怎样画出来的，他说一共找齐白石先生画过三次，第一次是画全身的姿态，一次是画头部，一次是画两只手，这也就是说，这张肖像画主要部位只用了三天时间，这使我感到震惊，而且画得如此之精彩动人，实在是一张神品、天才之作。我联想很多，我想到他早期据说是只用一星期时间完成的人体写生画，想到他那素描画中下笔很准不带改动的线条，想到他画过的大量的生活速写和中国水墨画作品，我仿佛忽然明白了以前他在课堂上反复讲过的画油画也要"意在笔先""胸有成竹"的道理。

我一直觉得在《齐白石像》这张画里比较集中地凝聚了画家的功力、修养和创意。1990年我被公派赴意大利进修，其间我曾饱览了意、法、英三国所收藏的欧洲几百年来的绘画精品，大开眼界的同时，我也惊奇地发现，我的老师所画的这幅肖像画与西欧的肖像画竟是如此不同，无论就它的色调、构图、笔法和整体的气度上都有一种与中国的水墨画说不清的血缘关系，那简洁的构图，朴素的色调，直至以骨法用笔所描绘出的那种一气呵成的感觉，都和欧洲绘画之间明显地有了距离，实为一幅不可多得之杰作，我们还应当更高地估计它的价值。以我这些年来的感受，欧洲人更多地在艺术中追求强烈的感觉，相比之下，东方人则更多地趋于优雅、细腻的感觉。

吴作人先生学识渊博，他早期给我们的告诫就是要"卷不离手，曲不离口"。他的速写本总是随身携带，在他的家里我看到过他的那个速写本，令人惊讶的是那个本子的硬纸皮的角早已被磨成圆秃秃的了。吴先生晚年身体多病，但仍挡不住他那不断进取的精神，对于世界万物以及人类的知识，他有一种永远的热情。他说人要活到老学到老，"要以自己的今天反对自己的昨天，自己的明天又反对自己的今天"。1982年春天，他再次访问了法国，并借此机去意大利进行了短期访问，正值那时我在米兰布列拉美术学院进修已经一年有余，吴先生的到来使我非常高兴，我与画家萧勤先生在米兰接待了他。在异国他乡，能够会见我的恩师，实为人生的幸福时刻。吴先生那时已是七十岁高龄，身上带着夫人萧淑芳女士给他写的"八项注意"，精神很好，情绪很高。我陪他参观了米兰的美术学院、王宫及博物馆，有机会听到他讲的一些十分中肯的议论，一天之后，便在萧勤的陪同之下，兴致勃勃地去意大利南方看庞贝古城去了。离开意大利之时，书写了《日新其业》四字赠我。我的那个时期，曾经有过许多许多的想法，但吴先生他想些什么我无法知道，但是在他后来的艺术活动中，有两件事很引起我的注意：一是画家赵无极在中国美术馆举办的抽象画展，吴先生为他写了序言；二是我在西安机场看到他所设计而由黑、白、灰色大理石镶嵌制作的大型壁画《莽昆仑》，整个画面山峦起伏，云雾茫茫，更大胆地运用了抽象的结构。我想象得出，他的那幅水墨设计画稿，是件颇具新意的作品，效果会比镶嵌更好。

我由衷地钦佩吴作人先生这种自始至终的不断进取和革新的精神，而这种精神和他的艺术一样，永远是我的楷模。

1997年10月2日

1981年，吴作人访意大利时为正在留学的王征骅题字"日新其业"。（王征骅提供）

1959年，王征骅在素描画室。（王征骅提供）

1956年，吴作人夫妇与曹达立。（曹达立提供）

在吴作人老师身边学习

LEARNING FROM MENTOR WU ZUOREN

卫祖荫

1986年，卫祖荫去吴作人先生家拜访（卫祖荫提供）

1963年，完成油画《建设山区的人们》。左二：邓家驹。（邓家驹提供）

1960年，中央美术学院实行了由主要教授分头带学生的工作室制，我们油画系有11个同学自选到吴作人老师的工作室去学习。有的同学以为一进吴老师的工作室，自己也应该是青年艺术家了，觉得基本练习不需太认真，对于对象只要参考一下就可以了；甚至认为一定要在课堂搞民族化——"中国画"式的油画。

班上大多数同学都是美院附中的毕业生，又在油画系学了三年，大家学油画的兴致很高。因为长期在学校里，未经过风雨，少见世面，学术上很不成熟。同学们心目中最崇拜19世纪俄罗斯巡回画派的艺术家（正如当今院校里不少学生狂热于欧美现代派一样），从钦佩列宾、谢洛夫等画家的艺术技巧到欣赏那些作品的思想情调。

入了吴作人老师的工作室，思想准备不足，学习目的不够明确。作人老师当时身体不好，每周由艾中信老师陪同来给我们看一次作业。

开学时全班第一次到吴作人老师家访问，就聆听了他的教诲。他说："早期油画是不强调明暗法的，波的利切、拉斐尔不强调光暗，拉斐尔的玛丽画像，也多是'淡扫娥眉'，18世纪至19世纪前期才强调光线和明暗在画面上的效果。照相术发明了，后来又出现电影，使不少人能接受明暗。习惯不是不可改变的，不管明暗或平涂，其精神本质是相同的，油画的民族化不能只从形式上理解，我们今天首先必须掌握油画的技法和性能。在这个基础上，表现客观世界、人民生活。我们的油画是要在中国逐步成长，并一天天地民族化，但必要的前提是学好油画技术。到了工作室，不是马上就'民族化'了，这不合事物发展规律的。我的要求并不多，也不大，就我们目前来说，还要解决许多根本问题，严肃对待基本练习。五层楼是从四层楼建上去的，不是从平地立起来的，是不能超越的，高楼大厦要层层稳固才行……"时隔20余年，重温作人老师的教诲是何等中肯而亲切。吴作人老师当时十分了解学生中的艺术思潮，他并未正面批评哪位同学有盲目崇拜的思想，也未严厉阻止某某同学立即要"民族化"的行动。登堂入室则谆谆告诫同学们不可急于求成，要以坚韧不拔的精神，循序渐进，严肃地对待基本功。

如今，我们当年的同学们已经分布五湖四海，大都为人师表，正在为培养新一代的艺术家而努力。有的正在创造着最新最美的图画。如果没有当年严格的基本功训练，面对当今艰巨的工作何以胜任。我以为，在当前艺术院校的教学中，忽略基本训练、不愿刻苦的情形比较严重（近年来已听到中外各界不少反映）。如果在学校的课堂上不下决心接受严格训练，过早地搞趣味、风格，强调个人的偏爱，自以为是，脱离群众，将来到社会上去，要患"营养不良"症的。

吴作人老师要求大家刻苦钻研，打好基础，并不是说要学生们埋头课堂，个个都像一个模子刻出来的书呆子，或是限制学生个人艺术才情的发挥，而是要求每个学生必须以刻苦的精神，按艺术规律，在实际的基础上不断创造和提高。他说："所谓完整的习作，即正确表达了整体与局部的关系，经过日积月累，渐渐能看出什么是主要的，什么是内在的。一个人的轮廓的变化不大，而神态变化是多样的，苦想传神，不能仅仅肖似，但首先又必须肖似……"吴作人老师这简短精辟的指点也是极有针对性的。当初我们不少同学认为完整的习作就是一画半个多月到三四个星期，用一大把削尖的各种型号的铅笔在一张纸上磨来磨去。因为当时受了苏联美术中学个别示范作品的影响，一根头发丝一根头发丝去画，一个皱纹一个皱纹地去平均描写，往往把活人画得像石膏一样毫无生气，致使在习作中，抓不到重点，走上了邪路。其实，任何一幅练习式艺术作品的完整，笔法上的细腻和粗糙并不是优劣的标准，只有做到形神兼备栩栩如生才算得上完整。这一点，我们以往在很长一段学习中，才渐渐领悟。吴作人老师既要求大家重视基本功的严格练习，又要求大家成为全面发展有修养有作为的画家。他勉励大家道："到了工作室，要充分利用这段有限的时间（离毕业创作还有一年半），要提高专业水平，加强修养，即需要辅助因素，这要按各人的喜爱吸收其他文化艺术修养、课外知识，只在专业上用劲不一定有太大成效。特别到了高班，不能一天天只钻在油画里，要注意各方面的修养……"

以上是我们第一次听吴作人老师的教诲。在以后的课堂教学中，他每每亲临指导，循循善诱，将艺术的哲理讲得深入浅出。一次，他指着我画的一头卧牛谈到："你不要学我的办法来模仿我，我画牛是经过理解，然后再加工、取舍，你的取舍是没有经过理解的，你必须通过自己的眼睛观察，用自己的脑子理解再去画，要有自己的感受，

1961年，老美院校园。左起：翁乃强、谢培邦、曹达立。（翁乃强提供）

1961年，画室学生在天安门广场合影。左起：詹鸿昌、史云漫、吴燕生、向喜观、卫祖荫、谢家模。（向喜观提供）

1957年，下乡写生时学生与当地村民合影。左二：高泉。左九：史云漫。左十：李秀实。右八：王征骅。右六：王霞。右五：谢家模。右四：邵伟光。右二：刘秉江。右一：曹达立。（曹达立提供）

1959年，油画系去戒台寺春游前合影。左起：温葆、张海峰、马杰生、詹鸿昌、向西观。（向西观提供）

1958年，"大跃进"时在农村画壁画。（曹达立提供）

1959年，侯一民带队，在煤矿上。左一：艾民有。左二：詹鸿昌。左三：张海峰。左四：向西观。左五：谢家模。左六：吴燕生。左七：陈庆奎。左八：温葆。左九：王秉智。左十：石寒松。右九：费正。右七：靳之林。右六：李泽旅。右四：颜铁铮。右三：史云漫。右二：侯一民。右一：于国良。（曹达立提供）

这是最可贵的……"记得徐悲鸿先生引导学生不要去描摹他画的马，要去研究真马，画真马。吴作人老师也常常反对学生表面地模仿老师，反复引导学生们亲自去研究、观察生活。他最不赞成的就是不动脑子地去记什么条条框框，搞清规戒律。有的同学为画油画没有一套办法而苦恼，或者着急总学得不像某某画家。记得吴作人老师不止一次地说过："没有一套办法并不坏，学得不像某画家的才好，因为客观世界是千变万化的，你不能用固定一套的办法去对付一切，更不能用别人的眼睛去观察对象……"他更明确地指出："脑中常出现别人的东西去下笔，是什么也画不好的，'胸有成竹'不等于'胸有成见'，不抄古套才有所作为……"以上这些教诲，说明了作人老师非但强调学生要有最严格的基础训练，而且还必须发挥每个人的艺术感受，发挥个人的聪明才智，才有出息。

在吴作人老师的工作室经过了一年多的学习，大家将下乡收集素材，准备搞毕业创作。作人老师为全班作了学习总结，他说："经过一年多习作练习，色彩造型的能力有所提高，各人的表现能力是不一样的。今天能力高，不等于明天一定高；今天能力低，不等于永远低。要树立信心，更要有恒心，没有彻底的实践就谈不到认识。有些道理、规律是可以知道的，知道了不等于'懂'，懂了却不等于'会'，而会了又不等于精。孔子说'学而时习之'，列宁说，学习学习再学习，都十分有道理。不断地学习、实践才能有进步。逐渐积累，逐步提高，要善于观察、分析、比较，好好地去体会对象。形与色是不可分割的，不要把它们对立起来……"

当我们即将开始毕业创作、将要走上工作岗位的前夕，吴作人老师的总结语重心长，对同学们寄托极大的期望。他告诫每个人在学生生活结束后，他的艺术生涯才仅仅是开始，很多艺术道理恐怕还是一知半解。但要有恒心，有信心，勇于实践。在实践中提高认识，必须不断地学习。攀登艺术高峰，不是做不到的。

在总结结束前，作人老师提到一个艺术的最高要求，他讲道："画画要先考虑，再动笔，动笔之前要先立意。古人云：'意在笔先'。这个意在笔先是指制作的瞬间，我们画油画下笔之前也同样要立意。画要先观察，先考虑，后行动，才可做到言之有物；不加思考地先行动，则容易空洞，表现不出本质（当前有人不知道作画的辛勤过程，不适当地强调'一挥而就''神来之笔'这样的作画方式，因为人们不懂得即使'一挥''神来'，也是长年的勤奋的量变到质变）。罗丹在做人体之前，叫模特儿任意走动，从而深刻认识对象，心中有数。意在笔先方能做到意到笔不到，我们不能一下笔只去想'刻画'，这样'意'很难流露出来。画远树不去一笔笔地细描摹，寥寥几笔，充分表现出树的姿态。郎世宁将每枝每叶画得周全，可是笔周而意不全，因为下笔没有意在引导。意在笔先，其实这是中外艺术的共同要求……"

在吴作人老师的工作室学习期间，他曾几次谈到画画要有"意"。在一次谈中国画的讲话时，吴作人老师提到立意："古人论'意在笔先'，这是作画之前，先有感情，表现什么，如何表现，成竹在胸，落笔则意态纵横，流露作者的心灵的境界。古代画家也通过立意，以反映他们对社会的不满，对祖国河山、人民的爱。"这次总结中，作人老师特别强调并且明确提出作画要立意，"画速写、画中国画、画油画，下笔之前必须有'意'，这是所有艺术的共同要求"。并且特别提到了像郎世宁那样技术精湛、在清宫受到帝王宠爱而很有名望的画家，他的作品因为缺乏意境，所以在艺术上也算不上佳作。作人老师总结了中外艺术发展的规律，对同学们提出了更高的要求和标准，有的人尽管社会地位很高，颇有名气，但他的作品不一定算得上了不起的佳作。艺术家肩负着社会使命，必须以自己的激情和感受去歌颂美好的现实，反对丑恶的东西。艺术家不能对周围的一切无动于衷，只去当现实生活的照相机。苦练基本功，提高艺术修养，学会"立意"来表现我们波澜壮阔的生活，这才是一个热爱艺术的青年努力的方向和目标。

十年动乱后期，在周总理指示下，排除极左思潮的干扰，成立了国务院宾馆绘画组。1971年底，我和吴作人等几位老师，由部队调回北京，参加更新国宾馆原有残旧画卷的任务，使我有幸和吴作人等十多位老一辈的艺术家在一起工作。当时"四害"横行，为了方便，画家们全部住在国务院宾馆内。十多年前的师长，都已身经浩劫，白发苍苍，作人老师为了把失去的光阴夺回来，加倍奋勉地工作。他常常白天绘制大型油画，晚间则画中国画和设计画稿。

国宾馆绘画组的成员所创作的绘画是为各国来华贵宾欣赏的，要让外国贵宾看过以后喜爱中国绘画，提高他们对中国艺术的认识。吴作人老师精心作画，但他不是因袭传统。在一次讨论会上，记得作人老师这样提到："我们应批判地继承古人的笔墨、章法，对古人总结的一些规律要加以去粗取精。元代以前本没有什么笔法，后人却将石、山、树等称之为某某山、某某石，什么画松法，画竹法等等。把这些变成了理性的空壳，将山水、树木纳入教条，将笔墨程式化了，成了八股。好像根据条文即可作画了。画松树最好登山林，因为真实的松树是千姿百态，气势变幻无穷，比直接去搬画松法要生动得多。"

我曾为国务院宾馆、政协礼堂绘制几幅长城的大型油画，面对四五米长的大油画风景，自己常常感到束手无策，有时候又无休止地

《第一课》蒋仲兴 布面油画 80cm×110cm 1961年

大跃进时期，油画系在石景山地区办学，艾中信与学生合影。后排左起：詹鸿昌、艾民有、卫祖荫、费正、向酉观、王秉智、于国良。前排左起：温葆、李泽旅、艾中信。（向酉观提供）

1961年，画室学生在侯一民作品《全国人民大团结》前合影。左起：阿曼、冯怀荣、吴燕生、唐惟藻、向酉观、詹鸿昌。（向酉观提供）

1960年，香山写生。左二：曹达立。右一：史云漫。（曹达立提供）

1976 年，吴先生夫妇合影。（曹达立提供）

1977 年，吴作人在写字。（曹达立提供）

画得细致入微。作人老师告诫我："画越大越要学会概括，不要求全，对不必要的细节，有时要忍痛割爱。"在作人和其他老一辈的艺术家身边，我完成了一幅幅的大型油画，这是多么宝贵的一次重新学习的机会啊！

又是十年过去了，急风暴雨不曾摧毁艺术家在艺术事业上的顽强求索。我因为工作关系，常常打搅吴作人老师，我觉得经过十年浩劫，他的精神反而更加饱满。他身兼数职，社会活动频繁，很难有时间坐下来写文章或是挥毫作画。几年来他走访了很多国家，他的近作多次在日、美、西欧各国展出。每每见到老人家，他却常常提醒我说："中国人不比外国人差，我们有不少画家应该和世界上第一流的艺术家相提并论……"并且说："和洋人、画商打交道要小心，不要贪小便宜上大当，不要随便把画卖给人家。"在作人老师身边多年，他总是那样的平易、幽默，他常常把艺术的哲理讲得深入浅出。我从未见到他以权威、长者的身份训斥过一个同学，或全盘否定一个人的画，也从未听他把某某同学或作者捧上了天，视为划时代的天才。他不仅治学很严，用点滴的实践心得熏陶学生，还教育我们如何做人。

谢祖萌

原载于 1988 年 1 月《美术向导》

吴作人先生指导我们课堂写生

Mr.Wu Zuoren's Instructions on Our In-Class Sketches

潘世勋

吴作人先生逝世周年时我曾写过一篇纪念短文——《回忆吴作人先生教学二三事》，叙述 1959 年下半年我进入吴作人工作室接受吴先生教导的一些心得片断。由于时隔久远，当时吴先生一些精辟教诲虽念念不忘，但很多细节终究记忆模糊想不完全。今年整理旧物，发现一本经历劫波却意外幸存的小笔记本，令人高兴的是其中竟有吴作人工作室成立初期的课堂笔记，记录不少吴作人先生指导我们写生时讲的原话（也有艾中信先生传达吴作人先生的意见）。吴先生上课从不作空泛之论，多是要言不繁，言简意赅，除两次在吴先生家座谈和学期小结曾有较长谈话外，课堂上针对我们作业中最主要的问题常常只说一两句话，甚至一个成语一个典故，目的是启发学生自己观察自己思考，最好能由此及彼举一反三，深入领悟艺术乃至人生的大道理。故记录多是短短几句，有时只有几个字，但连贯起来却充分体现出吴作人先生一贯的艺术主张和非常鲜明的教学法则。

油画系是 1959 年 8 月由"开门办学"的京西模式口村搬回城里，重新恢复正常的课堂教学的。9 月 1 日新学年开学，油画系主任艾中信先生宣布：四、五年级高班实行工作室制，成立吴作人、罗工柳、董希文三个工作室，入工作室采取学生自报、导师批准的办法。当时选入吴作人工作室的五年级学生有邓家驹、乌勒格、谢培邦和我，四年级学生有王征骅、曹达立、娄溥义、张自申和蒋仲兴，一共九个人。我的笔记本所记时间起自 1959 年 9 月初，止于 1960 年 2 月初，因为 2 月中旬我被派遣参加首都文艺慰问团去西藏，直到学年结束后才回到北京，之后吴作人先生因健康原因没有再来工作室上课。后来工作室也改称第一画室由艾中信先生主持，所以实际上吴作人先生亲自主持工作室教学，只有一个学年，而我这里只有一个学期的记录。现将吴先生讲课的内容依时间顺序摘要整理于后，并按记忆和个人理解加一些注释与说明。

9 月 14 日吴先生看大奴隶素描
要先抓住大的结构，表现总的运动，逐步深入时，也时刻不能忘

1961 年，部分毕业同学在美院门前合影。后排左起：李秀实、刘秉江、蒋仲兴、詹建俊、龚乃昌、娄溥义、曹达立、盛济坤、张自申、王征骅。前排左起：王霞、邵伟光、高泉、高宗英、王路。（王征骅提供）

1963 年，在美院工作室。左起：倪绍舜、詹鸿昌、靳尚谊。（倪绍舜家属提供）

1959年，石景山钢铁厂下乡。后排左一：詹鸿昌、中间：詹建俊。右三：王征骅。右二：潘世勋。二排左二：冯怀荣。左六：王炳志。左七：卫祖荫。左八：颜铁铮。左九：艾民有。左十：阿曼。左十一：曹德兆。右四：唐惟藻。右二：陈向群。三排左一：向西观。左二：高宗英。右二：张海峰。右一：苏高礼。前排左四：温葆。左六：吕艳。
（向西观提供）

记总的运动。

尽管石膏是单色的东西，但表现出来要有色彩的变化，古语说"墨分五彩"嘛。暗部不要太暗，石膏如何暗也不会很黑，常常有强烈的反光，不会是死死一块黑。

要学会通过直线表现曲线，用方面表现球面，才能画得结实，否则就会画成吹出来的一样。 第一张素描作业摆的是米开朗琪罗大奴隶石膏像。吴先生一直不赞成当时受苏联列宾美院附中学生作业影响，用细硬铅笔慢慢"抠"成的素描方法，他认为这种画法容易"谨毛失貌"，忽略整体，时间都浪费在排线条上，画半天还抓不住主要东西。所以他特别强调一上手就要先抓大的结构，表现总体运动。显然他对于素描基本训练的要求，和徐悲鸿先生的"务求大体不尚琐细""宁方勿圆""宁拙勿巧"等观点相一致。他并建议我们可以试用木炭来画，当时找不到大张适合画木炭的纸，班内发明用托裱两层的四尺宣纸来画，吴先生看到说效果不错，后来这办法便在美院留传下来。

9 月 29 日吴先生看素描

要抓住关键之处，关键一词在外国话中本意是"与众不同之处"，犹如方言，天津话与北京话只是几个字音不同，能找出这些特点之处，外地人讲起天津话也会比天津人还好。要学会提炼，提炼意味着更加充分，而非简单。一切都感觉到，但要有意识地去强调那些次要的细节。（艾先生补充解释：提炼就是归纳。）

记得大奴隶素描是画两周，这次吴先生是在作业结束那天来看的，对所有人的成绩都未表满意。显然由于我们以前那种不正确的观察方法积习太深，工具换了但毛病没改多少。吴先生很清楚重新养成好的素描方法不是一朝一夕之事，所以他只提出要抓关键，要学会提炼。用讲方言加以比喻，是他善于启发循循善诱非常生动的一个例子。

10 月 25 日吴先生看风景写生

在风景画中，空间关系非常重要。不同位置的几块绿颜色，要有不同的变化，不仅是浓淡的变化，还要有冷暖对比的变化。当傍晚时分整个画面应该暖一些。（艾先生补充：风景画中深远特别重要。）不仅仅是冷色就远暖色就近，远近主要体现于色阶的层次变化上。深红色用得不当，会使调子变脏、变沉重。

油画中有了灰颜色，才能有层次变化。灰颜色不是灰暗。北京气候关系，有时有些颜色很生硬，但也不能用纯色去画。要明确一张画里最惹人注意的是在什么地方。

小马特点是腿长，在娘胎中先长腿，一切食草类动物皆如此，因

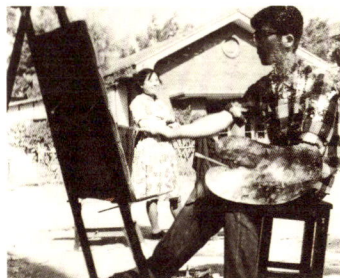

1959年，曹达立在美院操场上写生。（曹达立提供）

生存要求，一生下来就得能跟着母亲跑路。

松柏一类的树，深进去部分颜色常常很暖甚至很热，有时甚至用土红都不过分。

风格的形成不能脱离对生活的深入观察研究，内蒙高帝的画有这种毛病。

你即使不画水时，也要注意研究水，研究如果画时应该怎么画，正像见到一个有特征的人，即使不认识，不准备画，也应该注意研究他的结构一样。所以一般人常认为搞艺术的有精神病。

《水库写生》向酉观 油画 38cm×55cm 1961 年

10 月 20 日由艾先生安排风景课单元两周，每天自己出去画风景写生，最后要完成一张较大幅的风景画。吴先生在第一周来看过我们已画的一些写生，讲到一些油画写生的色彩运用方法，但重点是强调深入观察才能画出冷暖对比的色阶变化。

中间先生见到乌勒格假期回内蒙画的速写本，指出他画的小马比例不对像大马。他先让同学说小马最突出的特点是什么，有人说是腿长，他又问为什么，大家答不上来，才引发出他那段讲解。记得同时还讲了骆驼嘴部肌肉的特征，也讲得生动之极。这里他明确认为绘画之法首先来源自生活之理，所以当画家首先要学会观察，先"练眼"然后才能"手眼相师"。

高帝是前几年毕业于美院的蒙族画家，当时她画了一幅《两只羊羔》很受欢迎，但吴先生对于这种深入观察不够，过早追求风格的做法是不赞成的。前几年他曾去内蒙写生，可能看过高帝很多画才说出这个意见。

11 月 16 日吴先生看老人半身像素描与风景作业

素描要锻炼用线，用勾描来造型，要学习传统中国画的造型原则：用最简练的语言，说明最充分的内容。

练习一根线一气画到底，不要用断断续续的线拼凑。

有句古话：大巧若拙。中国近代绘画史可以举两个例子。一个是花鸟画家张书旂，死在美国，你们大概都不知道他的名字，他技法特别纯熟，画帅极了，却不耐看。相反齐白石画画看起来有点笨，但却非常耐看，他画虾须不是很帅很轻巧地一笔画完，而像刻图章一样力量贯穿始终。

好的画不是一览无余，而是无限含蓄，令人百看不厌，每次看还能发现新的东西。

画画不能只会照着对象画，还要会先看后画，只看不画。

每块颜色都要各得其所。

1957年，学生在农村体验生活。左二：史云漫。左三：邵伟光。（曹达立提供）

吴先生主张画素描人像要学会用线，不仅用面也要用勾描造型，目的还是要克服我们不善概括、下笔迟疑的毛病，但也指出用线不能华而不实，要借鉴中国画的经验与技巧，要讲求含蓄要有品格。讲色彩那段是回答同学关于色彩规律的提问。当时大家都苦于"色彩不过关"，有的画室讲色彩特别细，大家希望吴先生也多讲点。吴先生说，如果讲规律就是四个字"各得其所"。有个同学不满足，又问："是不是一般情况下近处色暖远处色冷？"吴先生说，如果说一般如此，那特殊情况就太多了，没有再多说。今日理解：绘画上色彩讲的就是个关系，"各得其所"四字已道尽其中三味。吴先生不多讲可能还有更深层的考虑：学艺术主要要凭感觉，不能靠条文。他不喜欢自己不认真观察，总想从老师处找点秘诀的学风。他认为只有通过不断写生实践，通过入微观察掌握到的色彩能力才会真正有用。这点在后来讲课中也指明了。

11月24日在吴先生家吴先生谈赶先进

学习要更有热情，要有跃进的气氛，艺术创作必须有火热的情感，时间上不能放松，对待每张作业都要有饿虎扑食的劲头。从一张白布到表现出你对对象的认识与情感，不是个冷冰冰的过程，同样会是一场"斗争"。

似乎大家对按期完成作品感到困难，主要还是素描问题。说明大家对素描还缺乏深入的领会，要在素描上再加把劲。画素描时要真正掌握结构，头脑中先要有一个对对象的完整认识。下去画风景，在小稿上表现得很有感情，也很有些办法，但上大稿都不太好，原因还是观察得不够。过去画得少也是原因，接触问题少，掌握规律也就少。"闭目如在眼前，下笔如在腕底。"中国传统画家不但强调默写，还强调默记。

要多画速写，每张作业可以留出点时间画速写。中国传统画法不是看一眼画一笔，最好是对对象有深刻认识后一气呵成。只在教室中画速写很不够，要坚持在生活中画，画人物动作，也要画动物。

搞造型美的人要锻炼记忆，记忆不好就非常糟糕。

多画些自画像。

色彩的问题，大多是半调子颜色拿不准，如果素描上能很好解决对中间调子变化的掌握，也可能帮助体会和解决色彩上的问题。

要接触中国传统艺术工具和材料，先练练书法。将来可以用毛笔画速写。

在最近时期将风景练习完成，五年级同学年底前要交一张自由命题的稿子，寒假前要交毕业创作草图。在最后一段学习机会中，更要按部就班，不能手忙脚乱。

当时是提倡思想斗争鼓足干劲的年代，故吴先生才有赶先进的讲

1957年，下乡时与村民合影。中间：曹达立。右一：李秀实。（曹达立提供）

题。前面可能讲了些与教学无关的内容，当时即画了删节号未记。专业学习上还是强调观察，强调默写默记，提倡多画速写、画自画像，这些是可以迅速提高观察力和锻炼记忆的有效方法。

画中国画和学书法的想法，很快落实到教学安排中：当月请李苦禅先生给上了一周水墨写意课，请李可染先生上了一周书法课。笔记本中有次日即 11 月 25 日在李可染先生家，听李先生讲《书法要点》四个小时的笔记。内容非常精辟，成为我后来研习书法的理论基础。

1986 年，吴先生在巴黎吕霞光画室座谈。左三：萧淑芳。左四：吴作人。右二：詹鸿昌。右一：侯一民。（詹鸿昌提供）

12 月 4 日吴先生看老人人体油画

深颜色不等于暗颜色，暗部颜色多是很暖的，注意大块面的颜色差别。

12 月？日看我的画

画画不能各部分平均使用力量，你的画主要毛病就是半调子变化不丰富。（艾先生补充：要讲究"意到笔不到"，不能"笔到意不到"。）

12 月？日尹戎生传达吴、艾二先生意见（针对男人体素描）

不要只求表面完整，你的画画到后来总比较乏味，过于理性，缺少艺术的激动，画面上缺少生动性。

1977 年，吴作人在家中写字。（曹达立提供）

这几段记录有专门针对我作业问题的批评，艾先生在另外场合还补充说过我的画有点像"温吞水"，对我触动很深。记得课下还刻了"贵在鲜活"和"意到笔不到"两方图章，以求铭记在心。

12 月 6 日在吴先生家吴先生谈五年级最后一段时间学习安排

五年学习很快要结束了，感觉学到东西不够多，这想法还是好的，你们都只有二十几岁，来日方长，将来还要不断学习，在本来基础上不断提高。

最后阶段，多下功夫很必要，但不能人人一样要求，有些人可能到生活中多锻炼，有些人要再多画些习作。

艺术不同于自然科学，艺术上创作和思想感情是一码事，情绪灰溜溜，想不出好画来。

邓家驹的创作，应选择一个适合通过形象表现的题材。

怕把局部搞坏，结果把整体搞坏，为了细节的真实变成整体的虚伪，这情况与思想方法有关系。孔子说"乡愿德之贼也"（《论语》），乡愿就是那种总想把缺点掩盖起来的人。艺术只求表面不出毛病，也是"乡愿"式作风。自然主义就是这样的。要体会怎样才是艺术表现，不是笼统不加取舍的表现。要求完整，更要要求完整之上的表现典型、表现本质。同样一个剧本、一段台词可以念出不同的方式，好的演员懂得为体现某种感情，应哪个字拉长，哪个字缩短，如何抑扬顿挫。

1959年，曹达立在美院画室为国庆十周年创作《华侨归国》。（曹达立提供）

如果有几种念法都可以，至少有一种是肯定会失败的，那就是字字平均地念。

潘的两张创作草图性质不同，都可以画，但也要注意上面讲的问题，要深入观察体会对象的精神。书法过去认为"馆阁体"最美，考状元一定要写"馆阁体"，字写得不服贴就不取，因为怕以后造反。后来才认为字应该有性格，康有为的字就是改变了那种刻板的写法，字写得都像印刷体一样就不会有美感。美感就在于能唤起人们的感受。画家要表现自己的感受。现实主义不是四平八稳。能知道到什么时侯该停笔，就说明功夫快到家了。

这次谈话是专门针对五年级学生谈的，吴先生说学习快结束是指课堂写生课即将结束，下学期安排主要画毕业创作。我们这班从二年级起就赶上政治运动频仍的时代，几次"停课闹革命"，四年级时更是"大跃进"搬到农村"开门办学"，忙的是大炼钢铁，画城市壁画，接受历史画创作任务，一年多没画课堂写生，这半年才开始画了几张较深入的长期作业。吴先生显然认为作为毕业班基本训练没有达标，但还是给予来日方长的鼓励。但特别指出，按部就班和踏实作画不是要你四平八稳，没有激情、毫无个性是更大的毛病。关于"乡愿"那段话讲得特别语重心长，既针对作画也针对做人，都要真诚，要提倡"真性情"。邓家驹理解主要是批评他，晚上在宿舍哭了半天。

12月15日吴先生看油画老年人体

亮部颜色不能靠白粉，越亮部分应越吝啬白粉。高光只是大块灰色亮面上的一块稍亮部分。

学拳脚为了防身，不能见了人就打，即使见了坏人，也不能按拳脚套路一丝不错地打。

简练不是空，钻到细部去观察，你认为是微妙，实际是琐碎。如能从大体观察，看起来似乎简单，实际是概括丰富。

吴先生每次讲课讲艺术品格、创作方法和观察方法多于讲具体技法，这次讲高光讲到白颜色的使用，但马上又讲到方法必须灵活运用，不能形成"套路"，这样只会"学法反为法障"。

12月16日吴先生看素描老大娘像

画人像要研究对象，模特课间休息，我们没理由休息，应利用这个机会观察他的一举一动，记住他最有表情的一刹那，能如此画起来才不至于简单抄袭对象，才能画得传神。中国画讲究引人入胜，所谓"胜"就是最有特征的东西。

我习惯画油画的办法，是下笔力求精到，从头到尾一次画完，好处是可以免掉收拾残局时花费力气。

1962年，工作室学生与美院教授合影。后排左一：艾民有。左二：吴燕生。右二：阿曼。右一：翁乃强。前排左一：冯怀荣。左二：向酉观。左三：董希文。左五：吴作人。左六：许幸之。右五：罗工柳。右四：萧淑芳。右三：艾中信。右二：詹鸿昌。右一：史云漫。（翁乃强提供）

当时吴先生好几幅在欧洲的写生原作都摆在画室里，包括一幅他的比利时导师巴斯天的人像写生也曾拿来过，供我们随时观摩。吴先生一般不讲自己的技法，也反对动手给学生改画，他希望每个人都能通过自己探索找到适合于自己的方法，还曾讲过打基础最好十八般武艺都试试，最后找到称手的兵器。大概是感觉到我们看他的画时多注意手法，这次才讲到他写生方法的要点是注重整体，下笔力求精到，一气呵成，明显意思是说如学应主要学精神不要学手法。

12月18日吴先生看油画女人体

在人体上，皮肤与皮肤相接的地方，颜色都是很热的。中国人习惯系腰带，因而腰部形成一圈深颜色。要明确区别明部的灰颜色与暗部的灰颜色，深不是暗。

有兽皮裤子的卧姿女人体是本学期最后一张油画作业。艾先生摆模特时也采取卧姿，是有意让我们与摆在教室里的吴先生那幅躺着的女人体油画随时加以比照和借鉴。吴先生特意指出中国人与西洋人皮肤颜色之不同，还是要我们注意研究对象，不要简单模仿他的画风与色调。这张作业最后是曹达立画得最好，很像吴先生的用色用笔。艾先生私下曾对我说他认为这张画可以给5分。但吴先生说，像他的画就更不能给高分。不久，吴先生讲出个中道理："画画要发于自己的感受，不能戴别人的有色眼镜，哪怕是大师的眼镜也不能戴。"这段话是讲到同学参考画册时说的，没有记在笔记里，但印象很深，因为还讲到印刷品与原作有很大距离，不该盲目模仿。

12月21日吴先生看素描女人体

起稿落幅要先定上下两点，这样可以先有个大的安排。尤其画大画时有这样习惯，便可以随便在任何地方加个人或东西上去。

一般画身体矮小的人，落幅时应上下多留一点，身体魁梧的人则适合充满画幅，这样可以加强视觉效果。画坐着的人像，上面一定不可留空白太少，否则就会感到这个人站不起来了。

这张素描刚开始，吴先生只着重讲了落幅和构图的技巧。

12月25日吴先生看素描女人体背

最暗与最黑不是一码事。

阴影不是一个坑，做做雕塑就能理解。画画的人初做雕塑，看到阴影就想挖掉一块，其实那里起伏常常是很微妙的，如肘部。

画素描不要到处用擦笔，用擦笔画灰调子常会画得很俏皮，但基本练习应该扎实一些。画脚趾注意勾描。画要"言简意周"。

1961年，画室师生合影。左起：翁乃强、郝岚、向酉观、韦启美、艾中信、唐惟藻、詹鸿昌、曹德兆、卫祖荫、史云漫。（向酉观提供）

1986年，金日龙去吴作人夫妇家拜访。
左起：萧淑芳、吴作人、金日龙。（金日龙提供）

1962年，油画系学生在校园门前合影。左起：李泽旅、马杰生、温葆、吴燕生、史云漫、石寒松、卫祖荫、于国良、王秉智、詹鸿昌、颜铁铮、阿曼、陈庆魁、艾民有、张海峰、向酉观。（向酉观提供）

1956年，吴作人夫妇在家中与曹达立合影。（曹达立提供）

（对张自申作业）古诗说"颈如蝤蛴"，画女人颈部要表现出柔软的特点。

（对王征骅作业）这个模特特点是很丰满，但粗中有秀，不能画得沉重。

这张作业只画一周，临结束前吴先生来看，强调的还是深入观察把握特点，讲"颈如蝤蛴"，让我们感到特别贴切与新鲜。下课去查书才知道，语出《诗经》《卫风》中"硕人"一章，是春秋时卫人颂扬卫庄公妻子庄姜美貌的诗句，原句为"领如蝤蛴"（领与颈同义，可能我听错了），蝤蛴是指天牛的幼虫，体长柔软而白，形容妇女的颈部很形象。同诗还有手如柔荑、肤如凝脂、齿如瓠犀以及巧笑倩兮、美目盼兮等名句，都形容得非常生动。吴先生利用他渊博的学识，常常若不经意信手拈来几句成语典故，帮助我们掌握事物的特征，但也不多加解释，目的是启发我们思考，也是引导我们自己去读书，主动去丰富自己的画外修养。后来明白：比起那种"满堂灌"的教师，他的教学法，实在是要英明千百倍。"文革"中不学无术的人竟然抓住那句话，写大字报批判吴先生是在课堂上宣扬人体美，实在可笑。

1月12日教学小结

从第一张大奴隶素描来看，一学期进步还是非常大的，但也有很多问题，共同的问题有如下几个：

素描都在努力想把对象画充实，但画面上表现出来则比较薄比较空，只有表面光滑，不是充实有力。

勾轮廓时应注意总的运动、比例关系。任何关系都是由运动决定的。

画人体不同于画石膏，打轮廓只定几个点是不行的，应逐步学会掌握人体运动的规律。然后再建立面的观念，现在对面的认识还不够，面不在个别小部分面的组合，最重要的是要表现总的运动中各大部分的组合。所以必须整体着眼，局部着手。

要通过解剖学了解内部结构。但造型的目的不是为了表现解剖学知识，造型主要还是要通过总体运动和大的面的关系来体现。当然没有解剖知识单凭感觉也是不行的。

娄的女人体表面给人圆的感觉，内里必然很空，没有骨头。张的女人体只有黑白，缺少质感。

白不等于空。要画亮了不要画白了，画速写一般不画层次但不等于空，白给人没画完的感觉。中国画不是不强调空间感，"墨分五色"就是强调调子的变化。

理性和感性不能分开，造型艺术中不能单凭条文来创造，塑造形象首先要凭感觉。有色不等于有形，色和形不能分离开来，表现不能浮光掠影，是要言之有物，只有形象无色彩不一定画油画，但只有色无形，表现也就失去意义。完整的形象才能体现形神兼备。过去说把静物也画活了，说的就是要通过准确的形象来表现内在生命。

生动不是指动作，没有动作不等于不生动（如这次躺着的女人体），有动作也可以照样不生动，生动是指内在的精神。

每人做一学期雕塑就有面的感觉了。

大奴隶是米开朗琪罗做的，画这幅女人体是要我们做米开朗琪罗。

1959 年，在十三陵。后排左起：詹鸿昌、颜铁铮。
前排左起：向酉观、张海峰、马杰生、艾民有、
卫祖荫、史云漫、温葆。（向酉观提供）

这是放寒假前吴先生小结一学期课堂写生得失，提纲挈领提出的几条意见，其中再次讲到整体与局部、表面与本质、形与神、造型与色彩种种关系。重点是讲要立足于艺术创造，"要我们做米开朗琪罗"，充分体现吴作人先生"师造化，夺天工"一贯的学术主张。他也再次提起学绘画的人应学学雕塑，以加强对人体结构的认识，因为国外学画都是这样做的。艾先生试图安排过，但当时没有跨系的选修课，没有做到。

2月5日吴先生宣布上学期作业成绩（分数从略）

艾先生谈教师对成绩意见（本文重点是探讨吴作人先生教学思想，艾先生课堂上也有很多精辟教导皆未收录，但这部分显然是与吴先生商量过，代表两位导师共同的看法），总的来看油画成绩好于素描。教研室认为三个工作室都有显明的特点，吴作人工作室色彩细腻，注意整体感，背景比较单纯。同学中有人说是灰色素描，是非常错误的，不能把油画的路子看得太窄。

一、油画

潘的画准确一般尚能做到，但生动鲜明就做得不够。几张习作最后结果，都是静物画得较好，人体画得都不够满意。人是动的，不如静物好把握，关键在于如何保持生动的第一印象。乌要重点解决画人的问题。

谢看对象有些冷漠，对对象不激动，群像这张画得较好，看得出是较有感受的。

王的女人体整体不够好，但有些局部较好（如脚），男人体比较好，臂部以上部分表达较充分。

张这张女人体有显著进步，有些部分画的挺好，但整体结构上有问题，照顾不到全面，一个劲钻色彩，以为自己问题就是色彩不行，所以最后一张人体画得较琐碎。

曹比较稳，重视自己的感受，最近有些不能安心画完一张画。但细腻这一特点比较突出，入工作室后更加鲜明，注意保持不要半途而废。

蒋成绩比较差，完成程度不好是最大缺点。这张女半身像有优点，是用色彩造型的，但是纯技术的，不能表现形象及内心感情，只注意特点不注意美。

2013年5月，潘世勋来工作室讲学。左起：王晨旭、胡建成、潘世勋、林笑初。（胡建成提供）

娄苦恼的原因是以画片和《火星画报》为标准，人的视觉是会变化的，看多了画片会不相信原画好。你有些风景就像画片（如构图扫雪），构图也太像苏联绘画模式。总认为自己色彩不行，其实色彩还不错，主要是素描造型不好。

二、素描

我们工作室画得都比较活，个别的画有些呆板，如潘的男人体腿部绷得太紧，女人体的腿画得也不够放松。准确、鲜明、生动都是重要的，但鲜明与生动又都要依托于准确上。总的普遍的问题是对面的分析不能概括得很好，有面但不确定，不在点子上，要多看看委拉斯开兹的肖像，各个面分析得特别好，笔触接合得天衣无缝，又不是描摹出来的。伦勃朗的画也是如此。

三、创作

每人可以多搞几个构图，狡兔三窟嘛。

上学期成绩是下学期开学才郑重宣布的，素描成绩不理想，最高分只有4+，最低分是3+。油画差强人意，有三人得5，两人得4+。基本功主要强调的是素描的造型能力。

对学生作业成绩的具体评论既慎重又明确，显然吴先生与艾先生事先对每个人情况都作了认真的研究，讲法用词大概也经过仔细的推敲，故而对优点皆能分析入微，充分肯定有所进步的地方，对缺点则能一针见血抓住要害，批评也很严厉。有些意见平时虽也提过，一个学习阶段结束，导师对学生成绩再作一次深刻而又中肯的集中评价，进一步引起重视，对学生后来发展显然会大有好处。

艺术学科有不同于理论学科的特点，学生基础能力的培养只能采取有辅导的训练方式，而不能靠上大课。而导师的辅导还必须是根据每个学生不同情况因材施教和因势利导。吴作人工作室当时虽属初建，画室制的教学方式具有的优越性还是表现得非常明显。当然导师水平高，学生人数较少，也是重要的条件。今天艺术院校学科都大量扩招，即使实行画室制，因学生过多，教师的水平和精力有限，还得要应付一些不符合艺术特点的行政举措，要做到真正细致入微地因材施教恐怕是不容易的。

读后感语：这份笔记只是课堂上的随记，不是完整记录。吴先生当时讲的一些重要艺术主张，应该是尽可能逐字逐句准确不误地记下来的，但个别辅导时，针对我讲的都没漏记，针对别人讲的大概只记了一部分。当时同班其他同学估计也会有将笔记保存下来的，并且会有下学期的记录。如能发掘整理出来互助参照补充就更好了。

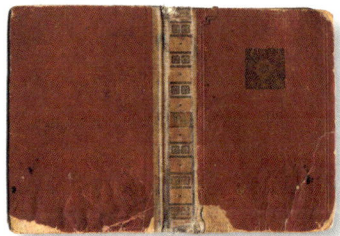

潘世勋课堂笔记 1959 — 1960 年（潘世勋提供）

应该指出吴先生四十九年前在工作室课堂上表露的一些重要学术观点与教学原则，当时因时代和学术环境限制并未"和盘托出"，后来才有更充分的发挥与发展。翻看 1988 年出版的《吴作人文选》，在收录的《谈素描教学》和《素描与绘画漫谈》等几篇文章中，吴作人先生才真正敞开心扉淋漓尽致地将他的这些观点作出更全面更透彻的阐述。但那已是过了二十年，是"拨乱反正"以后时代的事了。在 1959 年以前他这些主张并未得到应有的肯定。1957 年他在《美术》上发表《对油画的几点刍见》，谈及素描与风格诸问题，虽未隐晦自己观点，但显然是出言谨慎欲言又止的。1959 年学术空气一时相对宽松，加之工作室的创立，吴先生才第一次有机会在自己亲自主持的实际教学中，全面贯彻他的主张。但就是那一年批判资产阶级权威的"拔白旗"运动并未停止，吴先生作为当时美院最大学术权威自然首当其冲。他的素描主张被认为是"西方资产阶级的"，教学法是"不可知论"。种种批判声音不时传出，是美院师生人所共知的。吴先生平时是个宽厚待人的长者，但在学术问题上又是个不肯轻易低头的倔犟老头，只要让他教，他就坚持用他的主张与方法，为此当时作为系主任的艾中信先生也承受很大压力。次年"左"风又盛，吴先生退出教学除了健康原因当然也有政治原因，这很遗憾但也无奈。吴先生一生献身美术教育，相比起来大概唯有这一年的实践最符合他的教育理想。了解这样的历史背景，对吴作人这时期的教学遗产研究应该更加引起重视。对我个人来说，时隔半个世纪，边整理边重读这些笔记，如同再次亲聆老师的谆谆教诲，恍惚中老师当时的音容笑貌也重现眼前。我直接受吴作人先生指导，虽只此半年时间，但影响了我一生的艺术道路，因此找出这份笔记倍感珍贵。所谓注释，只是说明一些相关联情况，和补充一些记忆清楚而笔记没有记到的内容。对先生的重要理论，怕个人理解得不深不准，除个别加入少许推测，但大都不敢妄加评论，目的是尽量保存笔记的原始面貌。

行文至此才发觉，原本想写一篇纪念性的研究文章，结果更像一份资料文件。我想，资料也有用，可以提供给专门的美术史家和教育理论家作深入的研究。

潘世勋

2008 年暑月草成于枕霞楼画室

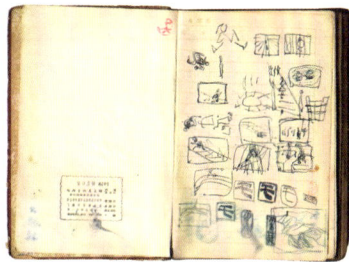

潘世勋课堂笔记 1959 — 1960 年（潘世勋提供）

"十张纸斋" 和 "吴作人工作室"

"THE TEN SHEETS OF PAPER GATHERING" AND "WU ZUOREN STUDIO"

艾中信

吴作人在洋溢胡同 14 号寓所中辟出画室，在夜间举办 "速写晚画会"。右起：李宗津、吴作人、艾中信、孙宗慰。（校史馆提供）

1957 年，在农村写生，与村民送别。（曹达立提供）

20 世纪 50 年代前期，有一段难忘的美好日子。如今吴作人老师远行，不禁黯然神伤，感慨系之，乃秉笔略记一二。

作人师 1935 年回国任教于中央大学艺术系。我于 1936 年考入该系，他是我的启蒙老师。吴先生在《漫忆》（《吴作人文选》）中写道："1935 年秋天，我回到了我日夜思念的祖国，从 9 月起，在南京中央大学艺术系任讲师，这是我第一次当教员，那时才 27 岁。油画教室里的同学看来并不比我年轻多少……"多年以后，悲鸿师曾对我说过："我对我的学生是很严格的，作人和斯百留学回来，先聘任为讲师，一年后才升任教授，不是学识不够，而是逐渐培养教学能力。"作人师少年英俊，平易可亲，我们初进艺术系，还以为他是助教，而有位老助教打着黑色大领结，我们倒以为他是教授。

吴先生很愿意和同学们在一起，他没有 "老师" 的架子。1937 年间，在重庆望龙门吴先生家里就有 "晚画会"，1946 年到北平后，在洋溢胡同他的宿舍又有晚画会。到 50 年代，在水磨胡同他寓所的晚画会可称鼎盛时期，经常参加的有王式廓、董希文、李宗津、李斛、戴泽和我。萧淑芳当然也参加这个活动，她又是晚画会的主人，大家埋头作画，高谈阔论，她可还得亲自照料茶点，为我们做出了不少牺牲。到那里画过的人很多，老中青都有，外地来京的画家也闻讯而至。许多文艺界的朋友到那里就被抓住当模特儿。艾青、丁玲、朱子奇、张仃、张谔等都曾坐上半小时或一刻钟，让大家写生，有的作素描，有的作水墨、水彩，那情景真是热火得很。许多美术界的同行到晚画会可以会见老朋友，探讨业务，交流信息，把那里作为联系工作的地点。关山月、黎冰鸿等从外地来，都操起速写本即兴挥笔。只因吴先生的客厅不够大，许多想参加的不能如愿以偿。有时吴先生要接待外宾，我们就到前院萧淑娴家中作画，我至今还保留着淑娴先生弹钢琴的速写。

有人问晚画会是否有名称，吴先生开玩笑说，一晚上每人大约画十张速写，就叫"十张纸斋"吧！不料玩笑惹出了麻烦，在"文革"中被列案说它是裴多斐俱乐部．因为吴先生与邓拓同志在《北京日报》上发表过不少"诗画配"，和"三家村"又扯上了瓜葛，勒令我们这些"黑帮"都要老实交代罪行。又因《北京日报》派记者把劳动模范请到会上画肖像，还为此在报上编排过几期画刊，本来这都是好事，受到北京市委的表扬，还指示中央美院党总支要支持晚画会，并要求统战委员和民盟支部加强联系，推动画家们团结进来进修业务。岂料这一切都被"四人帮"视为"黑线专政"，把我们这帮"臭老九"斗得不可开交，有的甚至挨了毒打。

1980年，曹达立、吴作人与王路在人民大会堂前合影。（曹达立提供）

我至今还很怀念"十张纸斋"。当时教学工作、行政工作都很繁忙，加上开不完的会，只有在晚上可以抽点时间练练手。吴先生一再说，我们别无他求，但愿手指头不要长了锈。吴先生爱好音乐，晚画会曾请音乐家指导欣赏交响乐，讲解作曲原理。有些外宾看到这个情景，不无羡慕之意，认为中国美术家的艺术生活极为丰富。趁着晚画会增进艺术修养，确也是吸引人们参加的原因。

1962年，洪瑞生在工作室上临摹课。（洪瑞生提供）

吴先生认为绘画基本功不是一劳永逸的，一方面需要巩固，一方面需要在绘画语言上探索新途径。他在晚画会上常用中国画工具作人物速写，把西法素描和勾勒相结合，追求鲜明的民族美术审美情致。

这种学术空气，境遇可怜，"反右"运动掀起，晚画会只得停止。40多年后的今天，"十张纸斋"成为追念吴先生艺术生涯中的一首余音绕梁的小夜曲。

一场急风骤雨过去，对于这个政治运动吴先生不无纳闷。不管怎样，既已雨停风散，应该踏踏实实地尽心尽力工作了。然而"大跃进"又是一阵紧张，他不幸患了心脏病。正在此时，1958年国务院任命吴作人为中央美术学院院长，他感到责任重大，心情沉重而又激荡。在"十张纸斋"晚画会上，我们早已就"双百方针"讨论过教学改革问题，吴先生认为请苏联专家办研究班、做顾问是促进美术教学的一个方面，但中国的美术教育要靠自己。1954年成立油画系时，我们就讨论过实行工作室制，现在时机已到，事不宜迟，于是1959年油画系率先成立了三个工作室，吴作人领导第一工作室（又称画室）。由于他身体欠佳，商定方案后由我协助课堂教学。每星期我必到吴先生家一次，汇报并研究工作，吴先生定时到课堂授课。

1960年，山东大鱼岛实习。左一：马树培。右二：倪绍舜。右一：冯怀荣。（倪绍舜家属提供）

吴作人工作室的教学大纲，概括为"严与宽、博与专、放与收"，这是相通互联的三对矛盾，在教学中求其辩证统一。他的教学原则首

1963年，在教室。后排左一：阿曼。左二：马树培。
右一：洪瑞生。前排右一：冯怀荣。（洪瑞生提供）

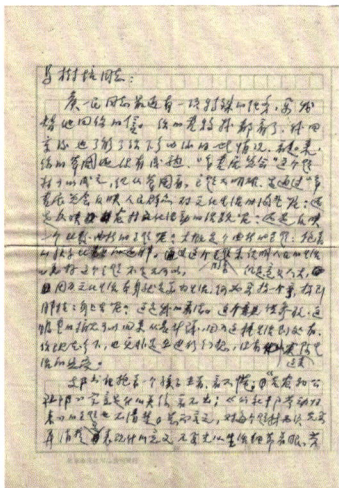

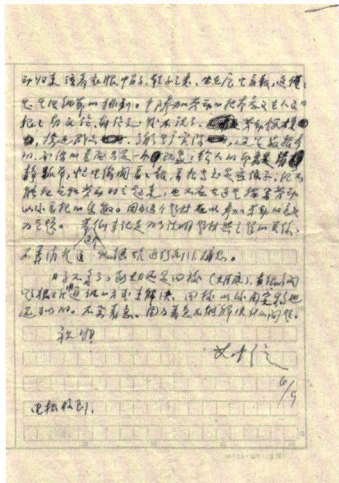

先是"不当保姆"，教师不给学生"当拐棍"，不主张教具体的方法，不给同学改画，反对所谓"师承"。因为技术的循循相因只会使艺术枯萎，所以教学必须放手，启发同学独立思考、自学钻研并树立自强不息的精神。他说："所谓'师承'或'传人'是仅仅局限于微观的理解，缺乏从中国几千年文化的发展、延续、变化等方面总的继承的宏观思考。"他还说："没有我的生活经历，没有我对客观世界的细微、具体的感受，怎么能学到我的技术？"所以琉璃厂早有人说，吴先生的骆驼没法学，造不了假，造假者必然破绽百出。吴先生有一句名言："应当做自然的儿子。"他告诫同学们要做自然的"儿子"，到现实世界中去辛勤耕耘；转手得来的东西，就成了自然的"孙子"了。如果一传再传，成了自然的"重孙"，那就完全"无我"，这样的"私淑弟子"，其作品是谈不上艺术创造的。

吴作人工作室的教学计划，在基本练习上要求"立意"，要"简练"，因为这些因素是中国绘画上很突出的特点，到创作时才去要求就晚了。画习作也要反复研究对象，才能画出自己的感受，抒发自己的情意。脑子里常常出现别人的东西是画不好的。他说"举要治繁"是画家必须毕生服膺的原则，只有在写实的基础上提炼取舍，才能避免谨毛失貌。在学习绘画的第一天，就必须建立这个观念，从而培养自身的艺术气质。要研究民族的传统艺术，包括传统文化的各个门类。学的是油画专业，但必须有广博的素养，油画的民族化的基础也就在此。

吴先生说："授法，不能授变。"他是怎么授法的呢？他的授法也是启发式的，他从不具体教你怎样画。同学们要我讲讲这方面的体会，我举了一个例子。我问吴先生画的芍药花，那粉红色的花瓣很鲜嫩，是用什么颜色调出来的，他说："红里有绿。"只说了四个字，让我自己去领会（这里包含着油画用色的基本原理，不细述）。有人说这是宣扬不可知论，其实这才是真知灼见。另一个例子：我在初学素描时画《斗士》的头部，耳朵画不出立体感，我问吴先生怎样画，他说："你怎样把他的鼻子画出了立体感的？"他要我仔细地去观察形体在特定光线下的现象和实际情况。他就是这样点到为止，让学生自己去观察、思考。所以当他的学生不容易，要用脑筋，不能偷懒。这正是他的教学目的。

工作室试行一年以后，总结出十大优点，主要是：有利于发挥教师的艺术特点和教学特长；有利于调动学生的学习积极性，并达到因材施教的效果；有利于建立美术教育学派；有利于发展油画风格……总之，有利于百花齐放，百家争鸣。但是，在"文革"中，十大优点却成为推行资产阶级自由化的十大罪状，它和"十张纸斋"一样，受

1963年，艾中信给马树培的信。（马树培家属提供）

到了无休止的批判。然而实践检验了真理，这种教学体制有着旺盛的生命力。可喜的是近年来各个工作室在改革开放中得到了发展，放出了绚烂的异彩。

原载于 1997 年 7 月《中央美术学院院报》第 3 期

怀念艾中信先生

MEMORIES OF MR. AI ZHONGXIN

王征骅

1983年，艾中信在王府井中央美术学院展览馆参观展览。（翁乃强提供）

1960年，山东大鱼岛实习。左二：马树培。右一：王裕安。（马树培家属提供）

　　还是在我十几岁的时候，初学美术，看到过艾中信的油画《通往乌鲁木齐》，一位令人敬仰的大画家，入学之后，知道他就是我们的系主任。他个子高高、四十多岁，戴着眼镜，带江浙口音，是高年级的导师。一次全校去西山春游写生，他在许多学生的包围之下，从容地对着风景作画，示范学生，我真羡慕高年级，没想到进入二年级时，艾先生就来教我们了，真是幸运。他讲课语言生动，平易近人，善以生动的比喻启发学生。那时，学制五年，一周六天课，我班人多，有时他几乎天天都要跑来教室给学生看画。有次画一个全身着黑衣裙的女模特，为打破色彩沉闷，还特意叫人去买了一条绿松石项链。还有次同学问及关于"三大面，五调子"，他用"面的分析与归纳"的辩证观点，对表现形体的方法作了极好的解释。但是，好景不长，到了三年级，全国搞起"大跃进"运动，那是1958年，学校不上课了，去"炼铁"、办"工厂"，后来又搞"开门办学"。回想那时他身为系主任，要上下协调，是很作难的。次年，1959年，混乱过去了，教学恢复正轨，我们已升四年级了，美院开始实行画室制教学，艾先生积极推行，油画系成立了以吴作人、罗工柳、董希文三位艺术大师为主导的三个工作室，由四、五年级学生选入，它们后来又分别被称为第一、二、三工作室。我入了吴作人工作室，艾先生协助吴院长组织教学，班上同学们都非常高兴。吴先生在教学上提出"民族化""师造化"的艺术主张和"意在笔先"的艺术方法，同时认为学生应注重修养和艺术上的追求，这对我们当时的水平来说，可谓高难度。两位教授在教学上的配合很是默契，吴先生艺术修养很高，但教学语言则以少而精为其特色，艾先生则以健谈的姿态从不同的角度耐心讲解，启发学生。他从剖析吴先生的作品入手，让大家来认识他的艺术主张，讲解他是怎样画出齐白石肖像来的，他对人物的理解，对色调的处理，他的笔法，以及在他的风景和静物画中又是如何融入了中国画的精神。吴先生对"意在笔先"作过通俗的解释，就是"想好了再画"，而不是"看一笔画一笔"。艾先生比喻说：画画如下棋，不会下棋的人只是急着吃子，会下棋的是先从布局开始，而赢在最后，真是太精彩了！在讲到调色板的运用时，他说好的厨师总是先要配料，而不是在烹调的火头上搞得自己手忙脚乱。他说一个真正的艺术家其修养之丰厚应像老人，而气质的纯真应该像小孩。他还说画家不能一天到晚只是画画，"不读红楼梦，哪里晓得什么叫人物啊"！他强调吴先生关于教学中要尊重学生个性的原则，不主张把问题讲得太死，反对用一个模子教育学生。对此，艾先生曾强调说：工作室里也要百花齐放的。记得那时吴先生身体欠佳，艾先生主动付出更多的时间和精力关注教学，做了大量工作，但是他始终把自己放在对吴先生辅佐的地位，每次吴先生来授课他总是陪在其身旁，为吴先生的教学作必要的补充。记得一次同学们与导师拍合影照，吴先生站定之后大家都争相靠近，而艾先生则是选择站在画面的最边沿。艾先生的这一举动给我留下极深的印象，告诉我们应该怎样谦虚做人。那时，如果说吴先生是工作室的一面旗帜，艾先生则扮演了那个旗手的角色。

大学毕业后我留校成为青年教师，在第一次参加系里的工作会议时，几位新任的青年和多位老师平坐一起，不免感到自己身份的变化。就在那次会议上艾先生及时地讲到"对老师要永远尊重"的思想，他用谦虚的口气说："我们自己年轻的时候也往往会有随着自己的成长，感觉老师的形象好像慢慢矮下去了，但是对老师是应该永远尊重的。"他的话在我后来的生活中不断提醒着我，尊重老师，不仅是感恩，更是尊重历史。艾先生不仅是我的艺术导师，也是我做人和为师的楷模，在我后来的教学工作中，关于因材施教、启发式教学以及学术上的兼容精神，都是最早从艾先生那里开始领悟的。

这样好的老师，也逃不过历史的劫难。工作室开办没有多久，1963年中国就开始了"社教运动"，1964年"工作组"进驻了美院，教学变成了天天开会搞运动，系主任艾先生开始受到批判。在"史无前例"的"文革"时期，他和吴先生一样，也被关进了"牛棚"，推行画室制成为他的走资罪状。老一代师长们在那个时期所受的冤枉和无辜是我们这些后来人永远无法体会的。历经十五个年头，那个时代也终于过去了，艾先生又成为我们的副院长，但他年事已高，他曾经说过希望在他的后半生"大画风景"，但是看来愿望始终未能实现。他对这一切仍处之泰然。后来听说他曾经推辞了对他作为院长的任命。当我在海外奔波的时候，看到他晚年所画的《踏雪》，从安详的背影上，我却仍感到人生的感慨。艾先生已经离开了我们，如今每回想起来，就如同怀念自己已经去世的父母亲一样，总是怀着无限的爱恋与思念，又怀着无限的遗憾甚至内疚的心情——他们的一生给我们的关爱很多，而我们给他们的关爱却很少。时间不可逆转，在我们的第一工作室与时俱进的今天，我们怀念艾先生，他不但给我们留下了画作与文著，

1982年，王征骅留学归来后与学友拜访吴作人。后排左起：文国璋、吴小昌、汲成、翁乃强。前排左起：詹鸿昌、萧淑芳、吴作人、艾中信、娄付义、王征骅。（翁乃强提供）

1961年春节，在美院校园内合影。左起：王秉智、艾民有、张海峰、詹鸿昌、史云漫、石寒松、马杰生、颜铁铮、温葆、于良国、吴燕生、李泽旅、向西观、费正。（向西观提供）

1960年，美院大门口合影。后排：颜铁铮。前排左起：张海峰、史云漫、詹鸿昌、向西观。（向西观提供）

1960 年，山东大鱼岛实习。左一：唐惟藻。左二：倪绍舜。（倪绍舜家属提供）

成为我们后人的财富，也给我们留下了他的人格与治学精神，愿它也能得到永远的延续和发扬。

2013 年 6 月

我的导师艾中信先生
MY MENTOR MR. AI ZHONGXIN

卫祖荫

20世纪60年代初，中央美术学院实行了以著名资深教授命名的不同风格画室制，油画系第一画室为吴作人先生挂帅，第二画室为罗公柳先生挂帅，第三画室由董希文先生挂帅。我们油画系本科的十多位同学，经过三年基础训练后分别进入三个画室。我当年有幸成为第一画室的学生，吴作人先生因当时身体不太好，每周到画室为同学们讲评一次（也有时同学们到吴作人先生家聆听他的专题讲座）。艾中信先生时任油画系主任，德高望重，他主动退居二线负责系里的教学、组织工作，并主要负责第一画室的教学、辅导。他几乎每天都来画室为同学们指导、讲课。他的讲解风趣幽默，对吴作人先生的教学思想举一反三，深入浅出地给了全面的诠释，无所不谈，使大家受益匪浅。总的感觉是到了画室，艺术的视野宽阔了，除了低年级所掌握的基础练习，更领悟了很多人生哲理、为人师表的学养。

一、和蔼可亲，循循善诱

曾记开学时吴作人先生第一次与画室同学见面，吴作人先生与画室同学了解完基本情况，艾中信先生又单独将同学们留下座谈，他谈到："吴先生的作品简练、含蓄，他的素描是大块文章，你们一定要好好领会。到了画室对自己必须有一个更高的要求，包括你们附中上来的一些同学，绘画基础都不错，今后学习不能眉毛胡子一把抓，不是要求大家面面俱到，要有重点，有突破。记住一句话，有所不为才能有所为，学会放弃和取舍，艺术语言才能精练……"这一精辟的点拨半个多世纪过去了，我至今记忆犹新！艾中信先生在课堂讲课，从来都是启发式的循循善诱，他博学多才、无所不谈，使学生潜移默化地丰富了艺术修养。这一层对于一个画室是至关重要的。现将他的一些精辟见解回忆如下。他谈到："吴先生讲意在笔先，要立意，意是有意境，绘画是无声的乐章，一幅杰出的作品必然有诗情画意，这些意境有时候是只可意会不可言传，一言难尽……建筑是凝固的乐章，古罗马的建筑两个窗户一根立柱，柱窗窗，柱窗窗，这是什么，这正是音乐的节奏，看到古代建筑，使人浮想联翩……油画是架上画，挂在墙上和观众有

1957年，南口马庄子下乡。左起：张自申、黄金声、曹达立、艾尼、李秀实。（曹达立提供）

1953年，老师合影。左二：李斛。右一：韦启美。右二：戴泽。（韦启美家属提供）

1960年，画室学生下乡实习时合影。后排左起：王征骅、谢培邦、蒋仲兴、曹达立。前排左起：龚乃昌、娄溥义。（曹达立提供）

1960年，在老美院校园内合影。左一：娄溥义。
左二：单英桂。左三：王征骅。左五：张自申。右四：
李秀石。右三：潘世勋。右二：曹达立。（曹达立提供）

1958年，邓家驹参加中央美术学院社团活动，
演出京剧《豆汁记》。（邓家驹提供）

一个距离，不能无休止地去细抠，太细则失掉了绘画的生动性。细腻画、细腻画，过分的精细当然会腻的……你们现在很喜爱俄罗斯灰色调的油画，其实灰色调是个中间色，无论多么微妙的中间色其实不是紫灰就是绿灰的大类。画女人体，更要找出皮肤在光的作用下其中一些紫灰或绿灰的细微变化……中国画讲笔墨，西洋画也讲用笔，画是用笔画出来的，叫塑造，不是磨洋工磨出来的……徐（悲鸿）先生就反对将一大把铅笔削得很尖，像针一样，然后磨洋工……这样画出来的东西必然呆板，失去了绘画的生动气韵！"

二、言传身教，事必躬亲

艾中信老师解放初绘制巨幅油画《通往乌鲁木齐》以后，他又画了《红军过雪山》《夜渡黄河》等大型革命历史画。在当年，他是一个很有名气的大画家。但他却很少提到自己的创作经验、成就，一心投入系里的教学、组织工作。1960年，他带领我们画室同学到山东大鱼岛实习，取道青岛、大连，最后到达山东荣成大鱼岛。离京之前安排好系里各项工作，到了山东，发现个别同学带的颜料不多，又缺画布，当即写信给系秘书单淑英，让她准备锌白和画布寄给我们。在大鱼岛，我和班长向菖观与詹鸿昌同艾中信老师睡在一个大炕上。每天一大早我们起床时，中信老师已经背了画箱到村口写生，常常是当我们一起吃早饭时，艾中信先生已经完成一幅精美的写生，有海景、渔船或村舍，画幅不大然用笔简明生动，晨光柔和美丽……他还带着我们为渔民画肖像，或是家访。短短月余，结交了不少渔民朋友…… 后来回京后，他的几幅写生和渔民肖像，发表在几个大型美术刊物上，用实际行动说明了写生的珍贵和重要。背了画箱写生，是我几十年锲而不舍的习惯，我以后有几幅效果好的创作，都是从写生的精品整理、加工后完成的。

艾中信先生在渔村与我们同吃同住，无话不谈。提及徐悲鸿在中央大学的教学、生活详情，提到吴作人先生在比利时留学、青海写生等等，使同学们对徐悲鸿写实主义的思想、吴作人先生的教学理念有了全面系统的认识，然后再结合课堂的辅导，巩固了教学效果，提高了画室同学们的绘画基础和艺术修养，为大家以后走上工作岗位树立了信心和资本！

三、承前启后，桃李满天

艾中信先生除了为同学们讲解世界名作的绘画技巧、不同风格，还经常结合实际介绍分析当时有成就的油画家的技巧、思想，使同学们既能听到讲解，又能看到原作，收获颇丰。他常说徐（悲鸿）先生作画更认真严谨，学到了欧洲最高超的写实主义技巧，加以概括取舍，达到了完美的境界。他的人体素描在法国和苏联展出，受到了国际友人的一致好评，应该说，他的人体素描是世界级的。有时他在灰色的纸上寥寥数笔完成一张人体，然后用白粉略点高光，显得格外精彩。他用白粉点高光像炒菜放味精一样，画龙点睛，恰到好处，妙不可言……吴作人先生作画，同样强调概括含蓄。他的人体素描，大块文章以少胜多，动物速写更是堪称一绝，而静物写生，常常用刮刀刻画物体的质感，写生鲜花又是用笔巧妙自如，精美无比……董希文先生画《开国大典》，融入了装饰性的风格，使得画作宏伟、庄重、壮观，他在构图中大胆删掉了近处一根柱子，梁思成看过后说，刚刚好，这样一来领袖更突出，视角更开阔。他还在地毯的颜料中加入了沙子，效果很好……他画宋庆龄、郭沫若等人，先用毛笔勾了轮廓，然后着以油色，达到了神形兼备、惟妙惟肖的效果，说明素描功底深厚，得心应手。某画家吹得很神，他的油画像用浆糊画出来的，没有油画感！

1961 年，在美院校园。后排左起：郝岚、翁乃强、曹德兆、向西观。前排左起：詹鸿昌、卫祖荫、唐惟藻、史云漫、王征骅、艾中信、韦启美。
（向西观提供）

　　艾中信先生在教学之余，书写了很多美术评论文章，热情讴歌了建国以来我国美术事业的蓬勃发展。他非常强调教学相长。他曾在课堂上和我们说："我教你们，也向你们学，这样才能随着时代进步而不落后。"一代又一代的学子们在他的门下毕业后走上了社会的大舞台，成为知名画家、艺术院校的骨干。这与导师的辛勤培养是不能分开的。但凡他教过的学子，过目不忘，如数家珍。他经常说：蔡亮小精灵，素描头像画得精彩，画创作点子不少；尚沪生如何、如何……；葛维墨、王乃壮是解放初我去上海招生时把他们招上来的……

　　95 年从法国回京后申报高级职称，我带了几幅画作、创作的照片找艾中信先生写评审鉴定。当时他已耄耋高龄，行动不便，谁料看了几幅油画的复印照片及印刷品非常高兴，连声称赞，写毕后转到人事处，后来听人传说先生给了我很高的评价。近日我将先生的评定由人事处借来，现摘抄如下：

　　"卫祖荫同志受业于中央美术学院吴作人工作室，学习刻苦，素描及油画基础都很扎实，并深得吴作人先生油画色彩造型的简练清新。其毕业创作《太湖》《华灯》达到了出色的造诣。80 年代赴法国访问，在巴黎吕霞光画室深造期间所作的塞纳河等风景，吸收了巴比松画派的优点，天光水色，透明清澈，浮云飞动，气韵自如，是忠实于客观景物的写生力作……1985 年创作的《兴安岭松林》，构图、设色、用笔，都表现出中国气派……"

1957 年，南口马庄子下乡。左一：谢家槐。左二：王征骅。左三：黄金声。右三：刘秉江。（曹达立提供）

　　看了先生写的评语，我万分感激和敬佩。他不但详知我半个世纪前的学习态度、学业成绩，还关注着我多年以来的创作经历。而今，老一辈的恩师已相继仙逝，当年我们这一代学子，亦都已过古稀之年。

中央美术学院已从一所专科院校成为全国知名的综合艺术大学，由建国初期每年毕业四十余位学生发展成每年上千人走进走出这座高等艺术殿堂，可谓千军万马。我们一定要继承中央美术学院的优良学风，为国家培养更多的合格人才！

2013 年大暑难忍，写于北京西单宏汇园

回忆导师
REMINISCENCE OF MY MENTOR

詹鸿昌

　　1957 年我十分幸运地考上中央美院。我来自南方的小城市，美术基础差，只是从小爱画画，什么都不懂。油画系十名新生中，有七名是美院附中首届毕业生，另两名是北京中学生，看见他们画得好，很着急，心慌意乱。当时政治运动十分频繁，上课时间少，画不好，经常挨批评——说画不好是有思想问题，政治觉悟有问题，要向党交心。我十分苦恼，经常独自寻思，几乎绝望。到了四年级，被分配在第一画室上课。从此，我有希望了！

　　第一画室是吴作人工作室。

　　吴作人先生是院长，工作繁忙，工作室的教学是艾中信先生主持。艾先生曾是徐悲鸿和吴先生的学生，在教学中时刻介绍徐先生和吴先生的画，讲解他们的艺术思想。首先把吴先生在国外留学的油画和素描放在教室里，让同学观摩学习，讲吴先生作画的技巧和过程。艾先生见到我们的调色板什么颜色都挤在上面，就告诉我们，吴先生作画常用土红、赭石、群青、土黄、熟褐之类的颜色，很少用鲜艳一类的颜色。一切的色彩要靠观察和对比调配出来。常说用色要含蓄，色调要沉着，有微妙的冷暖对比和变化。艾先生经常提醒我们"画的色彩，是说不出来的"。艾先生常带我们去拜访吴先生，看吴先生在东北林区和内蒙古草原的油画写生。尤其在"文革"之后，还带外地来京的画室老学生看望吴作人先生和萧淑芳先生。

　　吴先生来画室看同学的作业，艾先生一定陪同。我记得有一次在教室里见到一位同学画的一幅日出风景写生，吴先生十分幽默地说："你画的太阳离地球太近了。"大家都笑了。吴先生十分生动地让我们懂得任何对象都存在一定的空间之中，我们作画必须准确地再现。

　　后来我留工作室当研究生，艾先生经常提醒我要去拜访吴先生，说吴院长很忙，去之前一定要事先约好。有一次我独自去了，吴先生

1962 年，油画系教师合影。左起：董希文、许幸之、吴作人、罗工柳、艾中信。（向酉观提供）

1980 年，吴作人夫妇翻阅从江苏太湖带回北京的画稿。（萧乃强提供）

1960年，山东大鱼岛实习。左一：倪绍舜。右一：李喆生。（倪绍舜家属提供）

1960年，山东大鱼岛实习。左一：倪绍舜。（倪绍舜家属提供）

画室学生在人民英雄纪念碑前合影。左起：王文斌、艾民有、温葆、史云漫、吴燕生、李泽旅、王秉智、卫祖荫、马杰生、詹鸿昌、张海峰、于国良、颜铁铮。（向西观提供）

热情接待，特地拿出当年他在敦煌临摹的壁画给我看。他说敦煌壁画体现的东方色彩与西方的不同，它不是固有色的表现，是一种不远离客观的主观意念表现。先生的指点，使我对过去认为东方是重固有色表现，而西方油画是重条件色的表现，有了一种新的认识。还有一次，他拿出印度古代艺术的画集，让我看古印度阿旃陀石窟艺术。我当时有些奇怪，为何让我看这些？顿时觉得学画的人，似乎不只是要懂画，还要了解和学习更多的东西。我开始关注东方的艺术了。后来我、费正和翁乃强专门去看云岗石窟，拍了不少照片回来。以后的几十年，每到一处，都要去看当地博物馆的艺术藏品，还经常到各地去拜读古代石刻艺术和古代的壁画艺术。东方的艺术常激发我的创作灵感和作画的热情。

吴先生后期画水墨画，甚有风格和创意，自成一家。"文革"结束后，我和夫人陈行去拜访吴先生。他和萧淑芳先生心情非常好，拿出一些每天试笔的书法和水墨画给我们观赏，让我们自选喜欢的画。当时我们要了一小幅熊猫和几张书法，萧淑芳先生还主动送了一幅墨彩花卉给陈行。我们去看吴作人先生在美术馆开画展，他说要送我一幅画，问我喜欢什么画，我赶紧说很喜欢吴先生画的西藏牦牛。后来他还真送我一幅牦牛，并题了款，我感到十分珍贵。

最后吴先生病重，住在东单的人民医院，我和翁乃强到医院去探望。他坐在轮椅上，精神很好，我们还一起合影。我们走的时候护士说："今天你们来了，吴先生很高兴，和你们说了不少话。"这是我最后一次见到吴先生。我很喜欢吴先生的画，上学时曾多次认真临摹他的油画作品，我非常敬仰吴作人先生。

艾中信先生是一位平实温和的导师。

艾先生在教学中，始终是因材施教，善于引导和激励学生学习和作画。至今我永远忘不了艾先生在教室里第一次看我的课堂习作。他指着我画架上的画说这里画得还不错，那里也不错，不过这地方没画好，告诉我为何没画好，应该怎么画。他说在画人的手臂时，要先画好两头，再连带画中间部位，不画两头，先画中间是无法画好的。看完画，既温和又亲切地一笑就走了。当时我感到无比兴奋，从来没有老师这样细致看我的习作。过去有些老师看我的画时，总说你没有画好，这里也没有画对，似乎一无是处。我也不知道怎么才好，怎么才画对，一时更不知道怎么画下去了。如今在老师眼中总算有被肯定之处，深感自己可以努力画好。（这张人体素描画成后留在系里。）

从此以后我开始知道怎么画画了，对前途很有信心。更令人难忘的是艾先生曾经在教室里对我说："你入学考试时的创作画什么内容我还记得很清楚。"我的天啊！这已经是四年前的事了，艾先生还这样关心和记住一个学生。我到第一画室真是来对了！可惜已经是四年级，我才刚刚上路，没有多少时间学习就要毕业了。后来，在填写毕业志愿时，其他同学都写了自己的志愿，或写服从国家分配，唯独我写的志愿是不想工作，我想继续学习。最后真是老天保佑，艾先生把我留下，让我当研究生了！

1959 年，画室学生在农村写生。（曹达立提供）

有一次我们在画一位老妇人，艾先生说你们别看模特满脸皱纹，好像不好看，又不好画，如果你们想到核桃壳的皱褶就觉得老模特有意思了！他常说作画用笔，不可能一笔成功。要像下棋一样，先走好几步棋，最后来一步棋，就能把对方的棋子吃掉。画画也一样，先安排画好几笔，最后一笔或高光一点，就把对象画出来了。这些教导也成了我后来作画的一贯手法。

艾先生在教学中从来不拿自己的画到工作室，只让学生看吴先生的画，只讲吴先生的画，但我每次到艾先生家总想看他的画。他给我看过出访东德时写生的油画及速写。到他家总要久久欣赏挂在大房中间墙上的《雪中送炭》。画中描绘老北京、大雪地、雪中赶车送炭，情调非常浓郁、淳朴、温心。我很喜欢艾先生画的《红军过雪山》《东渡黄河》《夜渡黄河》《通往乌鲁木齐》等画。这些画都是大场景、大气势，有些东方绘画的意味。尤其是《通往乌鲁木齐》一画，有些像传统的长卷画。看这些画犹如站在远方的高处，观赏和感受那宏伟的气势。艾先生喜欢用刮刀作画，画面厚重又洒脱，很有表现力。我后来常学艾先生用刮刀作画，画中经常会出现意想不到的效果。

50 年代，大跃进，大改革，教育也在改革。油画系搬到石景山模式口乡下办学，学生上课以后有时还要参加劳动。老师和同学同吃同住，生活比较艰苦。晚上，同学和老师在一起画速写，请来当地农民做模特。老师除了给学生上课，还在那里搞创作。王式廓先生的《血衣》、詹建俊先生的《狼牙山五壮士》、闻立鹏先生的《闻一多先生就义》等素描稿就是在那里画的，我们学生可以去观看学习，在城里就根本没有这机会。詹建俊先生的音乐讲座讲贝多芬，我们在一起欣赏聆听《田园交响诗》。附近山上有一座大庙，有很好的古代壁画，我们还去上欣赏课。在乡下教学的内容十分丰富，教学与生活、老师和学生的距离拉近了。

1961 年，画室学生在人民大会堂前合影。后排：阿曼。前排左起：吴燕生、唐惟藻、詹鸿昌、冯怀荣、向西观。（向西观提供）

1962 年，艾先生亲自带我们去山东大渔岛深入生活。轮船到了码

1962年，第一画室老师在画室合影。左起：戴泽、
韦启美、梁玉龙。（韦启美家属提供）

头后，用板车拉行李步行十多里进村。年近半百的艾先生和我们同住
渔村的农舍，同睡在一个土炕上，吃玉米混合面做的饼，咽红薯叶煮
成的菜。白天同渔民一起出海打鱼，早出晚归，还向老渔民学补网。
艾先生出海不晕船，补网一学就会。我出海又晕又吐，补鱼网怎么也
学不会，渔民老师傅都发火了，骂我太笨了。其实艾先生的身体并不好，
他说耳朵里好像开了个工厂，机器在耳朵里整夜不停地嗡嗡叫，不能
入睡，但白天依然和我们在一起活动。他每隔两三天就给我们看写生
的作业，还一起画渔民，画渔村海边的风景。

搞毕业创作，我到内蒙古草原深入生活，带回不少速写和一些小油
画写生，他看后也是和蔼地笑了笑。我又给他看三幅为毕业创作准备的
小草图，希望先生能帮我确定一幅，但他什么也没说，拿出一张内蒙古
民歌的唱片，用留声机播放给我听。听完后，问我有何感想。我说这歌
声所描述的情景，正是我在内蒙草原上感受到的：辽阔无边的草原、蓝
天上白云飘，歌声从远方传来，又传到远处。他说："这就对了！不管
画哪一幅构图，都要把草原的这种感觉画出来。"回来后，我反复画草
稿，改构图，一遍又一遍，尤其画了四五张色彩稿我还想再画。最后基
本确定的画稿也反复修改。内蒙草原色调与树林花草茂盛的南方色调根
本不同。我不断试用蓝色、黑色和各种黄色调出草原的绿色调，最后完
成了毕业创作《开会去》。从此以后，我不知不觉地、自然而然地很注
重感觉了。一切都从感觉出发，又以感觉在画中的体现为终结。

60年代初，党的文艺方针政策有些宽松了。第一画室强调学习欧
洲古典传统写实的绘画。第二画室由留苏回来的老师执教，他们主要
是苏联俄罗斯学派。第三画室董先生主持教学，强调艺术个性和民族
化。当时有些同学开始关注西方现代艺术，但对西方的绘画比较陌生，
看不懂。艾先生在工作室经常启发引导我们如何看西方现代艺术。他
说你们不要以为他们随心所欲，他们那样主观作画，或者想入非非，
似乎心血来潮想怎么画就怎么画，其实是有其道理的。毕加索画他夫
人的肖像，把手画得像鸡爪，难看得不得了！如果把他画的那只手，
看成是一朵兰花，再和那双大眼睛一起看，就会感到很美，很有表情
了。他还说马蒂斯用色彩很讲究，既主观，又对比强烈，看似大胆用色，
其实画中用了某种色彩，总要相应地用另一种色彩与其对比，并形成
特别的色调。艾先生这一启发，使我在画毕业创作的色稿时，也不断
地尝试，甚有收益。我逐渐懂得现代艺术的主观、夸张、变形为何物了！
慢慢看懂他们在艺术中所追求的意味。我也开始关注西方的现代艺术
了。我和费正常到美院图书馆内部，借毕加索和马蒂斯的画册看，还
看了蒙的格里阿尼和里维拉的画册，翻拍一些画。这样一来有人说我
是第一画室的叛徒了。"文革"时期的大字报说我们开地下黑印刷厂，

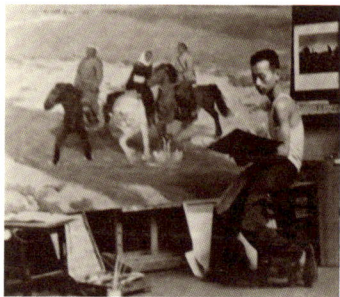
1962年，詹鸿昌在画室画毕业创作《开会去》。
（詹鸿昌提供）

翻印反动资产阶级的艺术。其实艺术无论何种派别，自古到今其艺术的基本精神都是相通的。我不管别人怎么看，自认为骨子里是重感觉，艺术要来自生活。这难道不是第一画室最基本的艺术精神吗？

　　艾先生对待学生，如同对自己子女一般关爱。在苦日子里，除了三餐吃不饱的饭以外，什么都没得吃。我们到艾先生家，他给每位同学冲了一杯果汁，说是没有什么可以招待大家。大家喝了果汁，甜在嘴里，暖在心中。有一次，艾先生要我去他家，我不知道有什么事情，原来是要我同他们全家一起去西单吃全聚德烤鸭。艾先生知道我是归国侨生，在北京没有家，没有一个亲人，他把我当成家里人了。

　　1964年春，湖南建毛主席革命纪念馆，派专人来北京中央美院要人去画历史画。艾先生把我找去，他说能专门搞创作，机会难得，希望我能去。我舍不得离开学院和老师，也很珍惜留工作室继续学习的机会，但是我听艾先生的话，去了湖南，从此告别了北京，告别了美院和老师，一去就二十八年，最后又到了上海。

　　艾先生在"文革"期间，被整为党内资产阶级反动学术权威。有个别忘恩负义的人，怀着不可见人的目的到处寻找所谓黑材料整艾先生。艾先生十分坚强，没有被整垮。"文革"后，我去拜访艾先生，拿出一些在湖南写生的画照去请教。他看后对我说："你原来画的色彩感觉很好，现在的画不如以前。"最后看到两幅大笔触、粗线条、色彩主观的画，他马上说这些很好。几年后，艾先生去世了。那是我最后一次见到艾先生，当时他的身体已经衰老虚弱，但他仍然热心认真地指点我的画，他最后的教导又一次指明了我的努力方向。

　　艾先生一生平实温和，主要从事美术教育，他继承发扬了徐悲鸿、吴作人先生的艺术教育事业，桃李满天下。在五六十年代的艺术创作很丰盛，大量优秀作品问世。在理论研究方面，也不断有文章发表。他在中国油画艺术发展过程中，承前启后，发挥着巨大的作用。他辛苦了一辈子，不争名利默默地工作。逝世后，要家人把他葬在南方家乡的大树底下，最后一个人静悄悄地走了。学生和老师都喜欢艾先生，大家都喜欢他，我们忘不了平实温和的艾先生。

　　我永远怀念吴作人先生和艾先生，他们是我的恩师。

1983年，艾中信教授在画徐悲鸿院长肖像
（翁乃强提供）

1961年，美院油画系北京磨石口办学。后排左一：冯怀荣。右一：李泽旅。前排左三：唐惟藻。左六：吴燕生。中排左三：苏高礼。（翁乃强提供）

詹鸿昌

2013年8月6日于上海

改革开放以后的中央美术学院

CENTRAL ACADEMY OF FINE ARTS IN THE YEARS AFTER THE REFORM AND OPENING UP

靳尚谊

"文革"结束后，中央美院的院长先后是江丰（1979—1983）、古元（1983—1987），我是从 1987 年到 2000 年做的院长。

改革开放以后的美院跟以前徐先生、吴先生他们的教学体系相比有些变化。徐先生的教学体系是一个很完整的体系，但最体现他的教学思想的，还是他在国立北平艺专当校长的时候。解放以后，他的想法需要跟解放区来的思想进行融合。解放区的教学主要是增加了创作课。国立北平艺专的时候只有构图课，没有创作课，1950 年以后才加的创作课。

徐先生的素描教学实际上是非常完整的，一方面吸收法国以来的经验，同时还有他自己的发展：他把中国艺术的部分观念和他自己的理解融汇在一起。他有很多理论，或者一些说法，像"宁方勿圆""宁脏勿净""致广大，尽精微"等等，都是很对的。这是中国的说法，很精辟，但不是一种科学理论。这说的是素描本身应具备的特质，是一种表现性的说法。

1998 年 10 月，油画系集体合影。（翁乃强提供）

解放以后，美院引进了苏联的教学方法。苏联教学的影响在我二年级（1951年左右）的时候就有了。那时候，留苏的同学从苏联传过来的一些信，还有从苏联美院附中带回来的一些素描作品，对教学都有影响。以前美院的素描教学主要是用木炭画，很概括，是法国的做派。苏联的素描多用铅笔来画，画得比较细致，要求突出物体的结构，对人的刻画很深入。这个要求是到马克西莫夫来的时候才逐渐开始完善，并在素描和创作教学中变得完整、具体。苏联教学体系在1957年以后对美院的教学产生了很大的影响，我、詹建俊、侯一民这些马训班毕业的，和留苏回来的学生像罗工柳、林岗、李天祥、伍必端、冯真、邓澎、苏高里等合在一起，就形成了一个完整的创作教学和素描教学的体系。

2003年，内蒙古呼和浩特武川县农村，朝戈与2000级同学及村民合影。左起：张恒、徐斐、当地居民、苏楠、朝戈、夏理斌、胡昌茕、朱磊。（朱磊提供）

苏联的经验主要是创作课和素描课的经验，当然也有油画课，油画课主要是色彩规律问题。徐先生、吴先生他们的系统保留的是素描里头的一些好的东西。新中国成立以后到"文革"前，要发展创作，苏联的教学经验是唯一可具体借鉴的。但是要清楚一点：苏联的经验也就是欧洲的经验，它们是一样的，只是稍有不同。苏联的油画的色彩继承了印象派的经验，创作课的基本原则跟西欧是一样的，这个原则从文艺复兴达·芬奇画《最后的晚餐》的时候就开始了。创作模式就是情节性绘画，由一个主题或情节组成画面。所以苏联的经验也就是整个欧洲的经验，我觉得没有什么差别，或者说差别很小。差别就是素描教学上关于结构的说法可能跟西欧不一样，但是它们的原理都是一样的。苏联的特点是对人物的内心刻画得比较深刻。这种创作思想是批判现实主义的，并形成了造型上的特点。其实这种方法，法国也不是没有。法国的肖像画也是刻画人物，但是它早转型了，像安格尔的肖像，刻画人物已经不是很重要了，而是要有一种审美的东西在里头。法国的东西很生动，很好看，很有绘画性。但是两者大的原则都是一样的，这些不同都是小的，在风格上有点不同而已，因为油画是个欧洲的品种。欧洲的所有国家都是一个传统，就是基督教、天主教的传统。苏联是东正教，是分支，所以它们都是一个传统。俄罗斯美术学院在两百年以前从意大利请来教员，把意大利整个教学系统照搬过来，所以它们之间没有根本性的差别。

我看到了这一点。我从徐先生那儿、从马克西莫夫那儿、从很多人那儿吸收了好的东西，从而更深入地知道了欧洲的体系是怎么回事。在"文革"之前的这17年（包括"文革"），美院的教学应该说还是一个进一步引进西方的状况，并不成熟。当然，这个时期出现了一些革命历史画，还算不错，创作上来说很好，但技巧上还存在很多问题。总的来说，还是属于学习阶段。那个时期，整个美术学院，无论年轻

1987年，靳尚谊、闻立鹏与油画系毕业生合影。后排左起：周斌、郭力、张群、尹齐、孟禄丁、孙为民。前排左起：马刚、蒋海燕、热西丹、靳尚谊、闻立鹏、龙力游。（张群提供）

靳尚谊在家中与学生们交流。左一：靳尚谊。左二：孙楠。左三：汪辉。左四：杨澄。左六：武小川。左七：田海鹏。（孔繁程提供）

的还是老的教员，都在研究油画和素描。马克西莫夫来了以后，大家都开始进修，因为整个中国的油画水平稍微弱一点，虽然在某些方面不错，像徐先生、吴先生都是大师，都是很好的。吴先生的特点是，他的艺术非常生动，他在欧洲学习的东西达到了欧洲的博物馆的水平。他的静物、肖像以及一些人体都非常好。他跟徐先生风格不一样，表现更加自如，而且画面有浑然一体的感觉。

改革开放以后，美院发生了很大的变化。80年代，美院的教学特点是注重技巧的恢复和发展，素描、色彩方面都还继续沿着原来的那个路子走。另外就是在创作上有了很大变化，主要是引进了一些现代主义的创作思想，这就要求形式风格的多样化。这集中体现在第六届全国美展上，创作开始有了变化，比以前活跃了，风格也变得多样了。

古典主义在"文革"以前是没有的，大家并不清楚，又没看过原作，就是在画册里见过，也不喜欢。"文革"前，中国引进的只是西方19世纪末这一段，对它的前后两个时期都不了解，仅仅是看过老先生的几张画，很难得到发展。那个时候都在学习多人物的油画创作，现实主义历史画到50年代才有。所以，中国油画创作是一个从无到有的阶段。到了80年代，因为政策宽松，思想开始活跃。当时很多人都研究古典的东西。那时候国外的展览还没有进来，还很少，所以一有古典作品出现，很多学生都开始学着这么画。我1981年底到1982年底去美国一年，从美国回来以后，1983年画了《塔吉克新娘》。画好以后一展览，这种古典的形式慢慢就在创作上产生了影响。同时，在教学上，我教了好多进修班的学生。我在画习作的时候就画成了这种风格，学生就跟着我学，跟着我画。这一批进修生都是当时的年轻画家，他们毕业后，对当时的美术界产生了影响。

"八五新潮"只是一个思潮，并没有对美院教学构成影响。美院教学上直接受到的影响是古典主义，还有怀斯的影响，其实都是偏古典主义的一种写实风格，这样就出现了杨飞云、王沂东、朝戈等。

80年代在教学上还有一个争论，就是批判契斯洽柯夫。那是从"文革"刚结束的1979年的第一次素描教学会议的时候开始的。但是改革开放以后，美院的素描教学还是用契斯洽柯夫的方法，强调结构。

从1981年开始，美院恢复了三个画室的教学。在我出国回来画了《塔吉克新娘》以后，一画室才形成了古典画风。那时候，艾先生他们都不教学了，而由我来主持一画室。二画室是李天祥，后来是林岗。再后来，林岗分出去，成立了四画室。二画室有点印象派的味道，强调苏联的现实主义，是李天祥、赵友萍主持。三画室是詹建俊，那时候董希文先生也去世了。80年代中期以后，林岗和闻立鹏成立的四画室主要搞现代（风格）。这就是整个80年代的状况。

90年代以后，中国经济进一步发展，绘画的风格也在逐渐发展、变化，这主要体现在创作教学上。其他的（教学上）没什么变化，因为基础课，像素描、色彩的规律都是永恒的。我1979年到德国考察的时候，就专门问了他们素描教学有什么变化，他们说："我们跟200年以前一样，没什么变化。素描就是一个结构造型，原则没有区别，但是每个人有每个人的风格，有些小变化是存在的，但是整个教学没有什么变化。"

1990年，北京民族文化宫，参观"内蒙古油画展"。左起：刘永刚、闻立鹏、靳尚谊。（刘永刚提供）

从90年代初期开始，在现代思潮影响下，基础课教学开始出现对个人风格的要求。这是一种思潮，有的教师这样主张。我就不这样主张，我认为基础课就是打基础，是一个基本规律的问题，基础掌握了以后，就有水平，风格是自己的事，是一种慢慢的自然流露，不能强迫学生有风格。当然，美院的大多数基础课程还是主要研究结构，以写实为主。

现在中国的美术教育非常缺现代主义这样一个阶段，就是从后印象派开始，一直到抽象主义的这个中间阶段，也就是西方19世纪末到20世纪上半叶这一阶段的东西。它的核心问题是研究形式规律，研究造型色彩，用不同的形式语言来表达内心的情感，而不考虑画得像不像。这个问题在八九十年代美院的油画教学中还没有人提，那时候根本顾不上，因为写实还画不好呢。到了90年代，开始有了风格的变化，但还没来得及研究这方面的问题。90年代末，后现代的观念艺术就开始影响中国画坛。到了现在，中国绘画实际上是把现代主义这个阶段给跳过去了。我们油画学会要搞一个中国油画现代性研究展，这是我提出来的，目的就是在我们美术界提倡一下现代主义的画风。我认为在基础教学上，应该提倡研究形式规律，这跟写实不矛盾。实际上，徐悲鸿那时候就认为一张好画不单是造型准确不准确的问题，更重要的是整体的生动。这就是抽象美。

改革开放有一个时期强调形式，有人在美院搞了一个构成课，是一门教给学生一些形式规律的基础课，人为地教学生几种套路，最后形成了很死的概念，后来就办不下去了。因为大家对美的要求是不同的，虽然大方面上规律相同，但是每个人的风格都不同，所以这个课就取消了。

2009年，靳尚谊来工作室指导学生毕业创作。左起：靳尚谊、孙逊、范晔、孙为民、王钧、李想、张今我。（王钧提供）

要学生有自己的风格不能只靠教几种套路，重要的是要靠写生，要用素描课研究造型、研究人，包括风景，要写生，画外光、色彩、研究造型规律和色彩规律。基础打好以后，怎么变都可以。以前徐先

1990 年，靳尚谊在中央美术学院展览馆会见法国画家克劳德·依维尔。（胡建成提供）

生教的时候，对形式美的追求是自发的、偶然的。他的修养很高，他用好画、坏画来评价绘画的时候，形式美的格调就已经存在于其中了。知道了形式规律的重要性，就要在现在的基础课教学里，让学生主动通过写生掌握形式规律。在教学上，就要强调一些形式美的探索，让学生通过写生研究对象，观察这方面的东西，总结经验，比较早地悟到这一点。在八九十年代的时候，还要求画得准确。我觉得现在应该更多地探索形式美了，因为中国美术教学已经发展到了这个阶段。

90 年代我当院长的时候做的最重要的一件事，就是在美术学院增加了设计专业。设计专业正式成立是在 1995 年，但是酝酿了很多年。我 1979 年到西德考察的时候，注意到所有的美术学院里，设计都成了一个大专业，纯艺术在衰弱，这是发达国家一个普遍的现象。1979 年的时候我就知道了这个情况，但是在我国实现，却要到 90 年代。设计专业的设立跟现代经济的发达与否有直接关系？西方也是在工业化以后才有这个专业的。我在 80 年代的时候并没有提出在美院建设计专业这个想法，因为那时候时机还不成熟。那时候绘画都还没做好，市场经济还没有确立，大家还都在研究绘画的基础问题，以及风格多样化的问题。但是设计的问题在 80 年代已经提出来了。当时，我们产品的包装设计得不好，造成出口商品被退货，影响了出口。国家了解到这个情况之后，发展了中央工艺美院（注：清华大学美术学院的前身）的设计专业。中央美院 1956 年把实用美术系分出去成立了中央工艺美院以后，就没有了设计专业。到了 90 年代，邓小平南巡讲话之后，中国经济飞速发展。这个时候，我觉得必须得恢复了。到了我任期的第二届，我开始跟大家商量要成立设计专业。但是当时有很多不同意见，认为美院是绘画最强，没必要搞设计。后来在我的说服之下，才慢慢接受。一开始是在壁画系里设环境艺术专业，我调了两个搞建筑的人来主持这个专业。环境艺术是 80 年代以后才出现的一个比较虚的专业，其实大家也没搞清楚什么叫"环境艺术"。最先这么做的，还有工艺美院。但是把设计专业放在壁画系是不行的。后来到 1995 年，美院正式成立了设计专业。

设计专业一开始是两个方面：建筑和平面。建筑是龙头，因为建筑是一个难度很大又非常重要的专业，它把什么都囊括在里面了，包括室内、家具，甚至跟园林都统一起来了，并带动了现在的城市建设，是一个非常大的体系。

2001 年，王府井老美院展览馆 1998 级研究生毕业展。左起：胡建成、杨飞云、靳尚谊、张晨初。（张晨初提供）

我们的设计专业与其他院校的同类专业在原则上都一样，原理、课程全有，不同的是，我们强调艺术，因为现代设计和以前不同了，最关键的是要有艺术修养。学生的艺术修养很重要，要强调他们都得会画画，懂得造型的美和色彩的美，这些懂了，搞什么设计都会很好。当时我没有从别的学校调老师，因为我认为设计好坏的关键在于要懂绘画，懂审美，而中央美院从徐先生开始就奠基了非常好的审美修养的基础。

设计专业一开始有两个建筑老师，后来，我从版画系调本校老师去组建设计系。谭平老师是从德国留学回来的，他懂得现代艺术。德国包豪斯建立的设计专业全是搞现代艺术的画家。以前没有设计这个专业，全是工人自己设计，能用就行了。西方工业化以后，大家生活水平提高了，审美要求提高了，社会对产品设计的要求也就高了。所以，西方到了现代主义时期，设计就是由懂得现代艺术的艺术家来做了。

另外，美院还有一个变化。"文革"后，江丰办了年连系、连环画专业，这是为了搞美术普及工作。五六十年代的时候，画大量连环画、年画，大多卖给农民、儿童。到了 80 年代末，连环画突然滞销了，因为外国的动画片传过来了，小孩不看连环画了，这个年连系就没法办了。我当院长以后，也就是 1987 年，调了靳之林、杨先让来，把年连系改成民间美术系。

民间美术系在地方上考察了民间剪纸、民间刺绣、民间雕塑，甚至拴马桩、一些小的石雕等。这个系包含基础课程、创作课程等。后由于考虑不够成熟，就把民间美术系改成了民间艺术研究室，收集了很多民间的东西，建立一个小展览馆，让大家看。老师们给所有学生上课，讲民间美术史，成了共同课，他们再带些研究生。

潘公凯当了院长之后，建立了四个学院：造型学院、人文学院、建筑学院、设计学院。整体规模扩大了，学生有三千多。美院要不断地吸收新的东西，要适应经济的发展，要不断地培养出适合社会新的需求的学生。

2008 年 7 月 15 日

2010 年，靳尚谊在课堂指导作业。左起：殷嘉贺、陈文骥、靳尚谊、杜飞。（陈文骥提供）

2001 年 7 月，1998 级研究生毕业答辩。（张晨初提供）

持守正脉 弘扬学术
——靳先生的艺术与教学

MAINTAINING POSITIVE VALUES PROMOTING ACADEMIC SPIRIT

杨飞云

1996年，杨飞云与靳尚谊。左起：杨飞云、靳尚谊。
（杨飞云提供）

2003年，杨飞云带领学生在安徽黄山宏村下乡写生。前排左起：徐斐、苏楠、胡昌荣。中排左起：杨飞云、薛堃。后排左起：夏理斌、张恒。后排右一：朱磊。（朱磊提供）

百年前，第一代留学画家带回西方油画与美术教育体系，为中国油画事业奠定学术根基。百年来，油画作为一种外来文化形态，在与中国文化的相互碰撞中发展，经过几代艺术家的努力，成就了今日多元并存的大格局。

靳尚谊先生是新中国油画的践行者、见证者、引领者，是第三代油画家最重要的代表人物之一，在当今美术界德高望重。50年代初，靳先生受教于徐悲鸿、吴作人、董希文、王式廓、艾中信诸位先生，其后进入苏联专家马克西莫夫训练班进一步研究造型结构与油画色彩，学习现实主义绘画的观察方法及创作方法，为他日后的诸多艺术实践建立了雄厚基础。靳先生的现实主义绘画《登上慕士塔格峰》与革命历史画《长征》《12月会议》，展现出他经营驾驭多人物大场面的才能，同时所创作的气势磅礴的一代伟人肖像《毛主席》，也展露出他对肖像画的热情与天赋。

20世纪80年代，改革开放，中国油画艺术家重新归回西方正脉，以19世纪至20世纪初的现实主义与印象主义前后时期为界，分两路继续探索：一路走向现当代，求新求变；一路则走向600年博大精深的欧洲油画传统中寻源问道。自1979年开始，靳先生游学欧美，一面追溯原典，一面回望东方传统，选择肖像画为自己的探索方向。起初，他尝试结合中国古代壁画与西方肖像艺术，创作了《探索》《黄永玉》等具有形式美意味的作品。随后，靳先生又从形式美转回古典绘画，继续探索光影与形体空间、边线与结构的概括表现，他这一时期的代表作《塔吉克新娘》是中国新古典油画的典范之作。靳先生的探索之路是循序渐进的，在新古典主义之后，他又融合形式美与古典主义两个时期的研究经验，借助宋代山水画和现代新女性形象，创作《青年女歌手》。这是靳先生以自己的方式进行油画民族化与欧洲古典油画融合的最成功之作，既保持欧洲油画艺术的本质特性和表现力，又将油画语言和中国文化精神进行创造性的深层融合。

综而言之，靳先生 80 年代的女性肖像系列跳出社会与政治的限制，纯粹从绘画性与油画语言出发，达到一种典雅、宁静、和谐、永恒的境界，从文化角度回应社会对美好理想的呼唤与向往，把中国油画推到了一个新的高度。

肖像艺术最终通过创造形象来表现理想之美，如果说靳先生的女性肖像系列表现了一种东方神韵的典雅平正之境，那么《黄宾虹》《八大山人》《髡残》等文人画家肖像系列则是靳尚谊先生对油画中国化命题的再探索，寄托了靳先生对民族文化灵魂的纪念，对东方艺术血脉的延续。80 年代以来，靳先生的肖像艺术把纯粹的油画语言和中国山水的写意性进行深层次的融合，作品虽然并不巨大，但是所探索语言却极其明确，传达出中国绘画的意境和中国文化精神，达到了形式、内涵、意境、情感的高度契合，蕴含着深沉的人文张力。

1996 年，酒仙桥美院教室合影。左起：田海鹏、武小川、杨飞云、杨澄、汪楚雄。（孔繁程提供）

靳先生担任中央美术学院院长，主持中央美院油画系第一工作室之时，正值中国以惊人速度全方位发展与拓展之时，艺术家、教师和学术带头人的多重身份，使靳先生不断地与时代发生关系，不断地面对新问题。置身于时代大潮之中，靳先生始终都保持清醒的认知和理性的判断，从容应对，调整中央美院，组建设计系，增添建筑专业和平面专业。作为研究型的艺术家，每一时期的油画创作靳先生都理性地为自己找到研究的课题，他一生不断地研究和解决油画本质问题、具体问题、基础问题：边线问题、侧光与平光问题、结构的问题、线和体积空间的关系、古典与现实关系等，在不断触碰油画本质问题、油画现代性与现实问题当中寻找到自己的表现风格，严谨而有效地步步深入。学术至上的态度使得靳先生在艺术道路与教学上都具有非凡的定力，既能面对时下的变化去思考，又能坚守学术立场去践行。

他深知风格是天生的，因此他不教样式而是传授绘画的本质和规律。他重视示范，使学生得到直接启发。他以实践推进教学，又以教学成果激活实践。他的教学风格朴素平实，却极为有效，培养出众多优秀油画家。他对学生从不轻易批评也不空泛鼓励，而是帮助学生找出问题，言简意赅，切中要害。记得有一次我在研修班作肖像示范，人物部分画得不错，可是画完背景却觉得人物不对劲了，正苦恼而不知所措，靳先生一看就说背景颜色稍微紫一点，暖一点就好了，我如此调正，果然和谐，因此对这件事印象极深。记得大学期间，靳先生曾修改朝戈的人体习作，那一种倾向柠檬黄的绿色调并非靳先生习惯的色调，但靳先生竟能够以朝戈原来的色调改了一遍，他用大笔整理和归纳造型，下笔异常肯定，顿时改出一幅好画，极有效地启发我们去理解造型和色彩的关系。有一次素描课画摩西石膏像，夏小万正在犹豫腿的长短，靳先生一进画室就说

1995 年，酒仙桥美院教室，杨飞云为学生指导
创作。左起：武小川、杨澄、杨飞云。（孔繁程提供）

1996 年，靳尚谊为学生指导作业。左起：武小川、
李里、孙楠、汪辉、杨飞云、靳尚谊。（孔繁程提供）

摩西的腿画短了，这件事让夏小万特别的叹服。靳先生做学问的精准态度，让我们真切感受到何谓"差之毫厘，失之千里"。记得大学二年级时，我们受到潮流冲击，对绘画研究的专注产生了犹豫徘徊，靳先生把我们叫到他家里看画册，聊艺术问题，使我们在研究绘画本质的同时建立学习的兴趣，不再徘徊。好老师如再造父母，影响人生。靳先生为人、为艺、言传与身教，无不使我受益深远，往回望，遇到这样的先生是人生之大幸运。

靳先生的性格正如他笔下的知识分子，平静，淡定，理性而严谨，置身度外，同时他的感觉又极为敏锐细腻，感性与理性的统一使他具有准确的判断力和稳定的表现力，因此他的绘画有着坚实的结构，精准的造型，灵动的笔法，和谐高雅的色彩，而他每一时期的艺术探索亦都是稳健而卓越，鲜明而有新意。

从艺 60 余年，靳先生的艺术实践跨越现实主义、油画民族化、形式美思潮、古典主义与现代主义等时期，他的绘画风格多变，而又始终具有温文尔雅的品质。多年来，靳先生潜心锤炼绘画语言，并且深入到中西文化之中，故而能够在多种油画艺术形式当中游刃有余，他各个时期的代表作都已成为新中国美术史的重要经典。

靳先生是中国本土成长起来的第三代杰出油画家，兼艺术家、教育家和领导者、学术组织者于一身，他承传与发扬了中央美院的精神——对学术的不懈追求与担当，而这也是他得以不断前进的最大动力。他让我们看到清醒的力量。在艺术与教学上，靳先生始终坚守正脉，弘扬学术，培养了众多一流的油画家，让中国油画朝着纵深推进，在中国当代油画艺术的创作与油画教育事业上有着广泛而持久的影响力。

杨飞云

2013 年 9 月

靳尚谊先生的教学理念

MR. JIN SHANGYI'S TEACHING PHILOSOPHY

孙为民

70年代末，我在中央美术学院附中教书。那时教员人数很少，特别注重进修，不间断地画写生习作，素描、油画、人像、人体都有。为了能有效地提高眼界和画的水平，于是想办法请最崇拜的先生来画室讲课，作示范。

当时，我们请到了靳尚谊先生。素描写生男人体，靳先生画了三个半天，我站在身后看了全过程，如饥似渴，饱览无余。写生进行得特别稳、直接，几乎不涂改。不知不觉中对象便从空间中浮现出来，具体而生动，极具造型力度。虽然只画三个半天，但在造型上达到的深入、完整令我惊叹。但由于当时自己的眼力感触多是直接的表面的，对深层的奥妙还不能完全理解。

1992年底，在靳尚谊家中。左二：靳尚谊。左三：李昕。左四：孙为民。左五：耿琳。（李昕提供）

1982年，我参加了中央美术学院第一届油画进修班，有两个教学一段是素描，一段是油画，给我留下了极其深刻的印象。从1984年到1987年的三年研究生学习，我更直接更系统地得到靳先生的指导。后来我留在一画室工作。在美院学习和在一画室工作的数年间，使我有更多的机会受教于靳先生，更充分地了解和认识了靳先生的品格、境界，他的艺术思想和教学理念。

中央美术学院是一个美术人才的聚集地。在美术学院我曾得到过很多先生的教导，可以说那是一个高素质的知识分子艺术家群体。他们的思想境界、艺术追求、为人师表、人生态度都令人敬佩。这个群体的力量，在现当代的中国美术教育中是举足轻重的，他们创造的成果在中国美术史上留下了辉煌。几十年来，中央美术学院正是由这样一个群体支撑和运转着其教学体系。

从一个完整的教学体系的运行中认识靳先生，能更为清晰地看到他在中央美术学院发展历史中的独特作用。

2007年，孙为民指导毕业创作。左起：颜振立（马来西亚）、刘宇、孙为民、薛堃、刘钧、杨力。
（薛堃提供）

靳尚谊先生的艺术思想、教学理念是系统的、体系性的，对历史的经验作出科学的总结，对随着时代不断发展变化的文化现象和教育变革有敏锐的判断，对新的社会需求及学院在当代的美术教育中如何发展提出鲜活的思想见解，这些对中央美术学院的发展都是至关重要的。靳先生正是在关键时期、关键问题上发挥着关键的作用。

中央美术学院建立了完整的中国美术教育体系，在油画教学中体系独特价值体现得尤为突出。这个体系，注重本土文化研究，注重吸收外来文化、欧洲古典主义绘画传统、俄罗斯的现实主义绘画经验、印象派以及西方现代艺术中有益的成果，讲中西融合，讲民族精神，讲时代性，讲为社会服务。一整套训练方法，从理论到实践，有明确的人才培养目标，有完整的教学结构，有可行有效的运行机制。1966年以前，学院稳定发展，这个体系不断地完善，培养出很多美术精英人才，创作新成果不断涌现。

靳先生常说在动荡变化中，要始终保持清醒的头脑。无论是看历史，还是看现实，都要讲科学，讲理性。

靳先生珍视几十年形成的传统，科学地理性地分析了东西方文化，清晰地梳理学术思想。"文革"之后，靳先生主持油画系第一工作室，明确提出，第一画室始终把对优秀传统文化的研究和继承放在首位，特别是研究从 15 世纪文艺复兴到 19 世纪印象派这 500 年欧洲的写实绘画传统，并进一步指出研究欧洲绘画传统的必要性，在于认识对客观物象作直觉的科学性的深入细微的描写，创造写实美，真实美的意义。重视研究抽象出那种纯粹的、绘画的审美特点：体积的、空间的、富有震撼力的厚重性和丰富性。靳先生在总结这个体系时明确地说它是以明暗为手段，研究和表现处在空间中的物体和造型体系以光源色为研究对象所形成的真实的、和谐的色彩体系。这种造型体系的核心是体积，即表现物体与物体之间的构成关系和他们形成的厚重而丰富的黑白关系。这种色彩体系的形成则是通过写生和研究光源色所形成的色彩的和谐美。这两方面的结合形成油画的体系性特点，有别于以线为主的东方绘画体系。

靳先生在总结油画体系的同时坚持并完善了第一画室的教学理念和教学原则。

靳先生教学很有特点，朴素、自然、实在，从不说虚词，不说令人费解或是让人摸不到头脑的话。他的判断极其敏锐，对学生的优点、长处及时予以肯定，对存在问题、不足的批评一针见血、切中要害、

2009年，靳尚谊来工作室指导下乡写生作业。左二：王翔。左三：张今我。左四：孙为民。右三：靳尚谊。右二：万力。右一：林笑初。（张今我提供）

鲜明、直接。在敏锐地判断、清晰地分析之后，总是给予有价值的建议，那些建议让学生能领会，能实际操作。实践一再证明，其结果是引导学生从被动的作画局面走出来，打破沉滞，发生突破性的进展。

1993年，王府井老美院校庆合影。左起：贺羽、袁元、孙为民、耿琳、赵利军、孙逊。（袁元提供）

记得在油画进修班学习时，有一次我正在画素描，是男人体的背部，两周的作业已经进行了一半时间。素描男人体背部当时画面大的关系都可以，再怎么往下画，心里没底，已经出现磨的现象。靳先生看了一会，明确地说，从边线做起，从上往下画，每一处边线都交代到位，该强的强，该弱的弱，实实在在，不含糊。我认真做了，果然出现了奇迹，一改以往的平淡甚至套路的混沌状态，素描呈现出锐利、清新、力度。这个建议对我后来的发展是具有决定性意义的，看似这个建议只是一个画的过程中的具体指示，但它的意义远不止于此。摆脱浮躁情绪，不满足于表面的一知半解，要从体系去认识。靳先生曾反复地讲解，强调全面地理解欧洲造型绘画传统的核心的重要性。他认为：造型的核心问题是素描，造型的基本问题是研究"处于空间中的主体构造"。一切物象都是主体的、有结构的，都是处于空间之中而相互关联，都是处于不同光线下、不同的色调、不同的气氛里。这就概括了绘画造型的本质。同时靳先生强调在素描训练对规律进行研究的同时，要注重表现性，在认识表达客观对象的同时，还必须认识表达自己的感受和艺术追求。

靳先生在教学中耐心、冷静、扎实地把握深刻地影响着第一画室的教员和学生。在他的教学中，始终贯穿着清晰理性的人文精神。他尊重人，爱学生，有家长般的亲和感。他常常在轻松随和的谈笑中将深入思考的信息自然地传达给学生。他强调以朴素、自然、积极的态度去感受现实，注重培养学生的观察力和思考能力。他鼓励学生大胆地做有真情实感有艺术构想的探索，但不主张故作新奇。

我在多年的学习和教学工作中，从靳先生的教学主张、教学把握，及时常听到的他对各种艺术现象的精辟见解，能充分地感受他宽阔的艺术视野和科学严谨的教学理念，是体系性的。这个体系的精神核心是艺术、社会、人生。他对传统文化精神的理解，对欧洲绘画精髓的把握，对当代中国油画和美术教育的思考，以及对贯穿于整个教学过程的每一个重要环节的把握，都体现了艺术思想、教学理念的系统性、体系性。

2013年10月

跟靳先生学习

LEARNING FROM MR.JIN SHANGYI

高天雄

2009 年，油画系第一工作室毕业答辩。左起：
孙逊、高天雄、孙为民、胡建成。

意外的轻松

1988 年，为了报考研究生我决定从部队转业回来。离开生活了
十九年的大西北，回到北京爸爸妈妈身边，虽然是自己的家，却是一
个新环境。一切都还不那么方便，没有模特，我就对着镜子画自己的
脸和手，做素描练习。

记得我第一次去靳先生家拜访求教是在一个晚上，他让我到大概
是书房的一间屋子里，仔细看了我带来的几张画。出乎意料（因为我
有思想准备，在他的面前，我的画会满是问题），首先给我的是肯定："还
不错嘛！"使我的心情一下轻松下来。"只是这个地方不好，稍微（用
手指）蹭一下就好了。"

下一次再去，他又说："好，不错！这个地方再好一点儿就好了！"
就是这样，我很愉快地在一点点进步。

其实，我的画面上问题是很多的，但他首先肯定优点，然后审视
画面上诸问题最突出或当前最有条件解决的加以指出。这样，首先使
学生对自己有信心，头脑不混乱，也自然能冷静、乐意地听取进一步
的批评意见，这也是我以后开始教学时用来面对同学的方法。

靳先生面对一张作品，首先审时度势，像一个高级军事指挥员来
到下属的指挥所，站在标明决心和部署的地图面前，马上就能明了和
体察下一级指挥员的意图和思想活动，进而指出要想达成这个意图，
目前在动作中的不协调之处，所作指示简练而清晰，紧紧扣住关系全
局的枢纽，拨动一下，调整一下，全局就可改观，或使原来已趋于形
成的对敌包围完全合拢。

好的高级指挥员尤其注重调动、调整下一级指挥员的思维，在指
出具体问题的同时，伴随着对问题背后深层的思维判断方面的分析，

中央美术学院
油画系第一工作室文献集

这样，下一级指挥员在纠正错误的同时也就成长起来，并在这一过程中始终使下一级指挥员的思维处在主动的态势上。

好的教师面对学生，不是作为一个班长在逐个纠正新战士的单个具体动作，而是作为高级指挥员探讨战略思维和战术思考，进而由他去自己指挥自己。

这样的教学就变得很有魅力了，一种指挥艺术的魅力使你可以体会到当决心正确，收到效果，战役顺利向前发展时指挥员的一种快感。徐悲鸿先生说"我能辨别好坏"，这正是一个大智慧者。

冷静的态度

追溯到 1985 年，我当时正在解放军艺术学院美术系学习，学校专门请来靳尚谊先生做讲座，听着听着，我却大感失望和不解。靳先生说我们中国的油画还刚刚起步，需要几代人的努力才能达到接近西方传统的水平，他说："我自己只不过是一块铺路石，你们也是！"他这样的态度让我灰心和困惑，心里有很强的抵触情绪，很不接受。在徐悲鸿先生他们老一代人努力的基础上，我们五六十年代不是创作出了那么多的好的作品吗？难道都不算吗？

讲座后，他来到我们的画室，看了我们布置在墙上的作业。我们当时是干部专修班，学员都是从各军兵种和大军区来的专业创作人员。靳先生很热情而细心地看了我们的作品，热情地鼓励我们，同时也根据每个人的情况鲜明地指出问题。我在速写本上迅速地作了记录，一直保存到了现在。

尽管说很意外，有抵触，但慢慢地，靳先生的这种态度还是一点点地在我的心里发生作用，产生影响。

面对只有两年的学习，大部分同志都倾向于迅速地形成个人的面貌，舍此无其他的途径，我则心里越来越倾向于正视客观实际，缺课早晚得补，不如尽早地现在就开始。这个思想比较长期地一直对我发生着影响。

2010年，高天雄指导教学。左起：李玉川、高天雄。
（李玉川提供）

看问题力求透过事物的表面

靳先生在谈到对作品的欣赏、判断时说："看出（风格的）不同来容易，看出（每一种风格的）好坏不容易。"

他说："啊！这是表现的，那是古典的，这是一般观众都能做到的。

2009年，靳尚谊来工作室指导下乡写生作业。左一：张今我。左二：孙为民。左三：王立朝。左四：靳尚谊。右二：徐紫迪。右一：高天雄。
（张今我提供）

但是看出每一种风格下作品的质量的不同，就需要水平。"

联想到我们以往长时间的纷争和强调，常常是在形式、样式上的比较多，比如，这个画种和那个画种的特别需要，这个风格与那个风格流派的区别。从50年代起在全国第一届素描研究会上就有这样的问题：有没有版画的素描？有没有雕塑的素描？

而靳先生斩钉截铁地说：都是一样的！

为什么说是一样的呢？明明从事实上来说不同的专业的素描确实有一些面貌、特点的区别，教学要求也会结合本专业有所侧重。

我后来理解，表面形态的差异和不同，是不同专业对素描所抱希望的侧重，这样的现象靳先生不是看不见，这样明显的现象和一般人都会注意到的事实，难道靳先生却看不到吗？不是，而是在这样的情况下，他要引导人们去注重另外一个更本质更主要的事实，体积、结构、空间，这是不是风格素描中都不可回避的，都包含其中的？不是风格、样式，也不是画黑一点还是淡一点，用线多一点还是明暗多一点，而是在基本要素的认识水平上是检验你素描质量的高低。不要因为对附加、延展因素的关注，干扰、影响我们对核心问题的牢牢把握和解决问题，尤其是在中国，在这样一个借鉴西方艺术经验才一百多年的历史阶段。

他的这个论断，结合他在其后的论述，谈具象与抽象的关系，思考建立基础部，实行统一的基础教学都无不包含这种睿智和坚定。

具有历史的眼光

一般人都会认为，靳先生注重学习西方，是一位古典画家。

一次，他在1号楼办公室里谈话，他从在美国的中国艺术展说到苏联的艺术表现工人、农民，而且由于工人、农民的生活，又赋予了艺术家从对象吸收来的很多前所未有的品质，如结实、强烈有力。"这难道在美术史上不是发展、进步了吗？这不前卫、现代吗？最前卫！"他的话一出，使人迅速地从对苏联艺术很多作品和艺术家的喜爱上升到更概括地看到这一艺术现象的总轮廓和在题材、画风的种种变化后面所包含的一种核心的东西。而这个东西只有熟悉中西方美术历史，善于不断地从历史发展的角度进行审视才能得出。

在如何看待一画室，如何认识一画室的教学宗旨上也同样。一般人看待一画室，把它等同于古典，画得细腻，而靳先生从来都不这样看。从他自己的学习经历看，先是师从徐悲鸿先生等老一辈从西欧、北美学习归来的老师学习素描领会格调，然后是参加油画训练班，向马克西莫夫老师学习，学习素描中结构的意识，学习外光，学习多人物的主题性创作，向留苏回来的同事学习色彩分析。到了80年代，第一次出国看到博物馆中那么多优秀作品的时候，又领悟到形体边缘的丰厚体积的重要性，使他获得了坚实、丰富的造型，被人们看作古典趣味，给予人们意外的惊讶。他的艺术面貌是广泛吸收中西方造型艺术认识营养而形成的，因此只追摹其后的效果是不会得其精神的。一次，靳尚谊先生兴致勃勃地在东三环一家新开的大酒店请我们几位画室老师吃自助餐讲画室传统，他针对这种情况强调指出，一画室是研究从欧洲文艺复兴到印象派的全部现象和成果的，要能认识到不同阶段、不同流派的变化中始终存在的一条线索和这一线索的不断发展和丰富。我想，唯有这样的认识，才能使画室的教与学健康发展。

2013 年 10 月

第一工作室

THE FIRST STUDIO

胡建成

2009 年，吴作人夫妇合影。（曹达立提供）

2001 年，曹达立看望吴作人夫妇。（曹达立提供）

2010 年，靳尚谊来工作室指导 2006 级毕业班毕业创作。左起：殷嘉贺、靳尚谊、胡冰、张今我、邓鑑、万力、刘浩岩、李想、许翔、庄元、鲍育伟。（李想提供）

在过去半年多的时间里，从联系第一工作室的所有毕业生开始，为画室每一位毕业的校友建立数据库、梳理画室文档到如今准备出书，有机会接触画室的老先生和历届毕业生，他们对画室、对师长的深情厚谊，他们对画室今后发展的殷切期望，常常令我无限感慨与感动。每遇困惑，总能得到他们的热情支持和指引，开心见诚，有求必应。读前辈艺术家写的书和与他们相关的书，许多的往事便在脑海中生成画面，如同一幅幅历史的画卷，那些我未曾经历但“似曾经历”的许多片断，渐渐连接起来，变得清晰。

从吴作人先生到靳尚谊先生，他们不仅在各自的艺术事业上取得了令世人瞩目的成就，在美术教育事业上，他们更是无私奉献，教书育人，尽心竭力，成为中国美术教育的中流砥柱，为中国的美术教育事业的不断进步与成长做出了卓越的贡献，成为一代名副其实的美术教育大家。正是因为有了他们矢志不移的努力与坚守，一代又一代画室人的付出与奋斗，徐悲鸿先生开创的中国近代美术教育，特别是近代中国油画教育的理念和理想才得以传承和弘扬，并在第一工作室的成长历程中得到了最为直接的验证和体现。这不仅体现在早年画室的教学中（许多老师都是徐悲鸿先生直接或间接的弟子），更体现在历经风雨，无论面对怎样的文化境遇，画室师生不改追求崇高艺术理想之初衷，不改对中国优秀文化传统的挚爱和信念，培养出许多中国当代油画和油画教育事业的中坚力量。

在新的历史时期，靳尚谊先生临高望远，见微思著，继往开来，将第一工作室的教学与创作水平推向了新的境界，并为画室未来的发展奠定了坚实的基础。

自第一工作室成立以来，师生相互关爱有加，同德一心，历精更始，发愤图强，画室所取得的成就和影响是所有师生共同奋斗的结晶。《春华秋实》一书尽可能翔实地展现了画室教学发展的历史，希望能够成为一本研究第一工作室成长历程的重要文献。

第一工作室的由来

1956 年 6 月至 7 月，艾中信先生访问了当时的德意志民主共和国即前东德。其间，他先后参观了包括德累斯顿美术大学在内的四所美术院校，并接触了六十多位当地的院士、教授、画家等不同职业的人，细致地了解了当时东德艺术教育的实际情况和影响。艾先生认为："从四所美术大学的特色联想到我们的美术学校的走向清一色，是值得注意和研究的。教学体制、专业设置、教学方法都应根据学科的性质、办学条件，区别情况来制订方案。"其实从那时起，艾先生将中国当时的学院美术教育与德国的美术教育相比较后，对油画系教学进行调整并建立画室的思考便在心底里形成了。艾先生当时是油画系主任，他将自己的想法与吴作人等先生们进行了交流，他坦诚地表述了自己的看法："目前我们的情况是没有分工，又少争鸣，所有的美术学校都大体相仿。其实，学术思想，教学体制，教学方法，只要言之成理，行之有效，不必勉强统一。教学上也可以有不同的学派。""至于教学的体制，也可以不同。如果师徒制好，就采用师徒制；如果认为近代的或者称为欧洲的教学体制好，就用欧洲的；如果两者可以兼收并蓄，就想法把它们结合起来，产生一种新的教学体制。"随着时间的推移，艾先生的想法得到了越来越多的认同和支持。

经过认真的思考和精心的筹划，1959 年 9 月，正式成立了由三位教授名字命名的工作室。它们分别是：吴作人工作室，董希文工作室，罗工柳工作室。据潘世勋先生的回忆，在最初的讨论中，准备成立四个工作室，除了前面三个外，就是王式廓工作室，但由于王先生当时病得很重，因此只成立了三个工作室。首批进入画室的学生是从六〇和六一届两个班的三、四年级的同学中自愿报名，由画室教授优选的双向选择方式来确定的。

吴作人工作室一九六〇年改称吴作人画室。

1961 年，由吴作人先生提议将吴作人画室改名为第一画室。

一代风流

吴作人先生于 1928 年（年二十岁）由上海南国艺术学院入读南京国立中央大学艺术系，师从徐悲鸿先生，因其才学和为人，深得恩师器重。在徐先生的亲自安排和支持下，于 1930 年去欧洲留学。在国外留学期间，吴先生于生活克勤克俭，于学习奋发向上，才华横溢，成绩卓著，获得了金质奖章和桂冠生的荣誉。1935 年应徐悲鸿先生函约

1956 年，艾中信与德国风景画家克莱斯·欧玛教授交谈。（艾中信家属提供）

20 世纪 80 年代，吴作人在北京花园村华侨公寓。
（翁乃强提供）

回国，其时正值民族存亡之际，他一面随恩师教书育人，坚忍不拔，另一方面，积极投入文化救国图强的运动浪潮，精忠报国。1950 年中央美术学院成立，徐悲鸿先生为院长，吴作人先生任教务长。1958 年，吴作人先生担任中央美术学院院长。历任中国美术家协会主席、名誉主席、中国文联副主席、中央美术学院名誉院长、全国人大常委、全国政协常委。

画室成立之初，吴作人先生作为院长，工作十分繁杂，身处当时的文化环境，要坚持自己的艺术思想和教育理念其艰难可以想见。面临重重压力与困难，为画室的开创与成长，吴先生虚怀若谷，竭力尽能，奠定基础，描绘蓝图。他每周一来画室安排和讲解课题，并回答同学们提出的问题。他为人平和温雅，博学睿智，幽默开朗，才艺卓绝。他格外注重基础教育，注重学生的文化素质和艺术修养等诸多方面的均衡发展，启发和引导学生关注事物间存在的内在联系和规律，提倡"严而后放""师造化""变才是常"；主张在现实生活中汲取灵感和营养，进而在艺术上"法由我变，艺为人生"。为保持和提高教师的艺术水平，吴先生倡议组成了被后来称之为"十张纸斋"晚画会（1953 年—1957 年）的"业余绘画小组"。他身体力行，切问近思，会聚了众多名家。虽困难和干扰不断，但参与的艺术家们专心致志，受益匪浅。其影响深远，成为许多艺术家终生难忘的美好记忆。

"徐悲鸿美术教育学派对素描基础的训练的要求，总的就是严格、严谨，吴先生更加重视艺术的简练，'举简治繁'是他的座右铭，在素描基本训练上也要体现，当然程度不同。严谨和简练是统一的，写实主义并不要求逼真，简练其实是严谨的极致。""他认为不给学生讲具体画法是一个很重要的原则，至于学生怎样去领会，那是他们自己的事情。把一些现成的方法教给学生，特别是教没有经验的青年学生，势必会束缚他们的手脚，妨碍独立钻研的精神。"

1982 年，在吴作人先生工作室。左一：吴作人。左二：李迪。左三：热西丹。左四：刘永刚。左五：郭有明。左六：晏明。左七：萧淑芳。左八：恩和。右一：油画系老师。右二：金日龙。（晏明提供）

吴作人先生在艺术上全面传承和发扬了徐悲鸿先生的艺术理念和教育方针，坚持和弘扬源于欧洲绘画中写实主义的优秀传统，并坚定不移地将之与中国文化的精髓相融合。吴先生的艺术以概括、含蓄和抒情而别具艺术品貌和感染力。他的油画既得欧洲传统油画的技巧之妙，亦得中国优秀绘画传统之精髓；无论人物还是风景，无论人体还是静物，纵笔驰骋，浅尝辄止，收放有度；《黄河三门峡大坝》《负水女》等作品色调清雅、笔意通畅，尽显中国情韵；《齐白石像》更具水墨画细润高妙之笔致，实为中国油画肖像精品中的精品。吴先生的中国画毫无西画造型法则的约束，尽极简，惜墨如金，成竹在胸，挥毫驰墨，似有神助。《凌立图》《任重道远》《双熊猫》，博大精深，无出其右。细心品味他的画作，高唱如江河奔涌，低吟似小溪淙淙，意在言外，气象万千，开一派艺术新天地。

吴作人先生和恩师徐悲鸿先生在人生与艺术上有着较为相近的特质：他们都在欧洲接受过严格正规的油画教育，但他们都始终坚信，作为中国的艺术家，坚持和发扬中国文化的优秀传统是其重要的历史使命和责任。他们也是中国艺术家中为数不多同时进行油画和中国画创作的画家，并在油画和中国画的创作上都取得了令世人瞩目的艺术成就，直接影响了中国近代美术与美术教育的进程，成为一代艺术伟人。

为了促进东西方文化的相互了解和交融，吴先生以耄耋之年，鞠躬尽瘁，壮心不已，坚持出国举办展览，作学术报告，让世界上更多的人了解中国文化和中国绘画发展的历史和今天，传达中国艺术家对待艺术的见地和理想。他的艺术博得了国际声誉，先后获得了法国政府和法国文化部颁发的"文学艺术最高勋章"，比利时国王博安多一世授予的"王冠级荣誉勋章"。

吴先生着眼未来，为进一步扩大中国绘画艺术在世界上的影响，促进中国美术事业的健康发展与进步，他希望有更多的人，有更为切实的工作来推动和支持。同时，他情真意切地表示："我是过来人，深知在艺术的道路上有许多艰难困苦。我愿以自己的劳动筹集资金，为后来者提供一些机会和创造一些条件。"他于1988年决定以个人名义和自己筹集的资金成立吴作人国际美术基金会。经过两年时间的悉心筹备，吴作人国际美术基金会于1989年5月在北京正式成立。

作为一位中国杰出的美术教育家和艺术大师，他承前启后，知人善任，众望所归，继往开来，为中国艺术和艺术教育事业的发展建树了千载之功。

画室制教学的倡导者

自1962年开始，画室的教学工作明确由艾中信先生主持，但他始终遵循吴作人先生的教学主张和意见，勤勤恳恳，兢兢业业，体现了一代名师的高尚品格。

艾中信先生1936年（年二十一岁）进入南京中央大学教育学院艺术系，师从徐悲鸿、吴作人和吕斯百先生。1940年毕业后留校任教。1943年受聘为中国美术学院副研究员。1954年任中央美术学院油画系主任。1979年任中央美术学院副院长。

1982年，在吴作人先生工作室。左起：热西丹、吴作人、李迪、刘永刚、郭有明、晏明、金日龙。（晏明提供）

1986年，万里、习仲勋在中国美术馆参观吴作人画展。（翁乃强提供）

吴作人夫妇参加《吴作人作品集》新闻发布会。（翁乃强提供）

艾先生为人谦和宽厚，才高学富，诲人不倦。对待学生善如慈父，对待教学严为宗师。在教学上，他将徐悲鸿和吴作人先生的学术思想和教学理念一以贯之地加以弘扬。他循循善诱，旁征博引，深入浅出，教书育人。他珍爱和呵护有才华的弟子，言传身教。当他们际遇生活困境之时，他常常慷慨解囊。他的学识、他的为人和他在艺术上取得的成就，受到画室学生们深深的尊崇和爱戴。

身为油画系主任的艾先生，在繁杂琐碎的日常工作之余，挤出一切时间，画创作，写文章，笔耕不辍。他的油画，无论尺幅大小，写生还是创作，无不展示出他高超的绘画技巧，对生活现实的深入洞察和对题材在艺术上的从容掌控。画于 1947 年的《紫禁城残雪》，无论画作意境之高雅，把握历史时空之精准，还是油画技巧之精湛，就此一题材而言，至今尚无比肩之作。他的历史画《红军过雪山》《夜渡黄河》，从茫茫雪海、巍峨高山到波浪汹涌的黄河，人民军队威武浩荡，一往无前。这种以场景来表现具体历史事件的艺术特质，可谓品格独具，卓尔不群。这在他《通往乌鲁木齐》一画中体现得更为突出，他将生活中的现实场景加以凝练，用长卷的方式加以彰显，辽阔壮美，气势磅礴，将之提升到史诗般的艺术境地，因而具有了历史画般的承载和内涵。

2001 年，艾中信观赏图章。（翁乃强提供）

艾先生不但在绘画上取得了巨大的成就，他的文著更是才思敏捷，言之有物，体现出他在艺术上的远见卓识。2007 年由中国大百科全书出版社出版的《艾中信艺术全集》，全面地展现了艾先生对艺术与人生的真知灼见。许多文章今天读来，仍令人感叹他的才学和他严谨的治学品德。令人爱不释手，触景生情，浮想万端。艾中信先生对徐悲鸿、吴作人等前辈的敬重，对一代宗师的艺术成就、艺术思想和教学理念的深刻理解与深入研究，在他的文著中都作了详尽完整的阐述，为后人了解中国近代油画的发展和油画教育的历史奉献了独一无二的重要文献。而他对恩师始终不渝的推崇和爱戴，体现了艾中信先生的高尚为人，也体现了自国立中央大学教育学院艺术专科开始，徐悲鸿先生所提倡和建设的，以深厚中国文化学养为根基的西画教育所产生的深远影响。"不避子侄，形同父子，师生之间保持终生的信任与友谊，学生追随老师，以老师为人生的楷模，是两江师范学堂与国立中央大学的一贯作风与传统。老师对学生赏识有加，有知遇之恩，学生对老师的师德风范铭刻在心，转化成为对艺术事业的不懈追求。"

可以说，第一工作室自画室创建之初，便始终将徐悲鸿先生开创的中国近代美术教育的优秀传统加以拓展和发扬。画室制教学方式的建立和发展，促进了中国近代美术教育体制和框架的形成和完善，在画室制教学和油画教学的专业化建设上起到了带头作用，为中国油画教育事业的建设与进步做出了重要贡献。而艾中信先生为此所付出的不懈努力，他的无私以及他的人格风范，亦将成为激励青年艺术学子不断成长的精神财富。

这一时期的任课教师：艾中信、梁玉龙、韦启美、潘世勋、吴小昌、王征骅、靳尚谊、戴泽。

恢复招生

1977年，因为"文革"而中断了的正常招生工作得以恢复。1980年底画室制教学重新开始运作，1981年第一批学生进入画室，始称第一工作室，由靳尚谊先生任画室主任。随后，由原来从三年级进入工作室改为由工作室单独招生。1985年第四工作室成立，从那时起，油画系的四个工作室基本上是一、三或二、四工作室交互隔年招生，2000年之后改为每年招生。

开创新篇章

靳尚谊先生是个理性的人，高情远致，从容不迫，含蓄内向的性格不加矫饰地贯穿于他的艺术人生。作为艺术家，他是个追求完美的理想主义者，但他从不急于向人展现他的艺术期待和追求，不刻意炫耀技巧与风格，也从来不靠哗众取宠去吸引别人的关注，但他的艺术成就和人生注定成为焦点并被载入史册。作为美术教育家，他重视古今中外文化传统之融会贯通，重视人的文化素养与艺术之优良品质，重视艺术基础与规律性的深入研究，重视学生艺术个性的自然发挥，真知灼见，开创新风。

靳先生于1949年（年十五岁）考入北平国立艺专，最初教他基础课的先生有：孙宗慰、李瑞年、戴泽和李宗津先生。1953年本科毕业，留校继续在绘画系油画专业做研究生。1957年毕业于马克西莫夫油画训练班，创作完成《登上慕士塔格峰》。1983年担任中央美术学院副院长。1987年任中央美术学院院长。历任中国美术家协会主席、名誉主席，中国文联副主席，全国政协常委。

80年代的中国文化，呈现出更加自由多元的新景象，新的艺术追求，新的艺术思潮，新的艺术期待，以各大艺术院校为核心不断放大，可谓万象更新。洞开的改革开放之门，也打开了艺术家心底里集聚多年的焦灼和渴望追寻艺术梦想的闸门。了解世界，寻求艺术上的超越与自由成为当时许多艺术家们的重要理想和目标。

靳尚谊先生于1981年底到达美国，此行成为他艺术人生中的一次重要转折。靳先生在美国的生活，与当时许多出国的中国艺术家不同，

1983年，与导师合影。前排左起：艾中信、吴作人、萧淑芳。后排左起：汲成、吴小昌、王征骅。
（王征骅提供）

1995年，校尉胡同68号院门前合影。左起：刘伟平、朝戈、武小川、田海鹏、杨澄、徐萼、孙为民、靳尚谊、孔繁程、汪辉、杨飞云、孙楠、胡建成。
（孙楠提供）

1993年，工作室师生在北京法海寺合影。后排左起：靳尚谊、潘世勋、孙逊、孙为民、李靖、赵利军。中排左起：孟祥辉、贺羽、李宇、耿琳、朝戈。前排左起：李昕、袁元、李越峰。
（孟祥辉提供）

2009年，靳尚谊指导学生创作。左起：张今我、孙为民、王立朝、靳尚谊、万力、林笑初。
（张今我提供）

他并无意在美国寻求所谓的"梦"，与画廊或画商的接触都不是他的兴趣所在，但无论画廊还是美术馆，只要有吸引他的绘画作品，总会令他流连忘返，精品细读，温故知新。大师作品中蕴含丰富的语言技巧：严谨复杂的绘画结构，丰富厚重的色彩，光与体积间的精妙转换，边线与笔触的奥秘……他求知若渴，铭记在心。靳先生以一个成熟自信的中国艺术家的目光，以诚恳求实并尽可能全面的视角，思量着他新的发现和自己在艺术上未来发展的方向。怀着内心对油画新创造的期待与激情，他回到北京后便集中精力于新的创作之中，《塔吉克族新娘》《自然的歌》《双人体》《瞿秋白》《青年女歌手》，新作一幅接着一幅，关注和好评也一浪接着一浪地涌来。这是个突然袭来的必然，这场不是由他策划但却是由他引起的艺术革命很快由创作引向教学，由中央美院引向全国，一石激起千层浪。

80年代，相对风起云涌的中国现代艺术而言，去重新了解和认知欧洲绘画的优秀传统，就像对开的两辆列车，可谓大相径庭。靳先生以其对欧洲传统油画的深入了解和他对中国油画发展现实的认真考量，提出了解决油画的基础性问题是中国油画和油画教育发展之重要前提的主张。这看似平常的命题，其实就是引导人们去了解油画艺术的本质，那些历经时代考验，并为后人因熟视无睹而久违了的艺术规律和原则。这是对中国油画艺术特别是油画教育发展历程的深度总结，为当代中国油画艺术及教育的厚积薄发奠定了坚实的基础。对于经历长期沉闷、单调的文化环境中的中国油画和油画教育而言，对以风格、流派为特征的教学习惯和传统而言，实为冲破藩篱的号角，一次重要的突破和转折。"对于几十年在油画艺术上学习、研究、探索、追求，我的自我评价是什么呢？我觉得我只是在做打基础的工作，这种工作和徐悲鸿、吴作人等老一辈画家差不多，就是为中国油画艺术进一步发展打基础，也可以说是起着奠基的作用，让未来的年轻人有一个比较高的起点，并在这个基础上不断前进。"才高识远，德艺双馨。

在油画创作与教育上坚定不移地坚持和弘扬优秀的中国文化传统，是徐悲鸿先生、吴作人先生到靳尚谊先生一脉相承的艺术理念与追求。"目前，中国油画虽然出现了各种风格，但还不够成熟，主要问题是油画的中国特色不够鲜明。""没有中国特点就没有创造，在新时期对"中国油画"这一课题应该有更深刻的认识和直觉的探索，这是非常重要的 。""围绕'中国油画'这样一个大课题，中央美术学院油画系第一工作室将在教学与创作中加强中国文化的分量，特别注重研究宋代山水所体现的古典意境和明清以来文人水墨画的写意精神。前者体现了在中国传统文化中'天人合一'的哲学思想支配下所形成的人与自然的内在和谐，后者表现出笔墨语言抒写胸臆和形式上'似与不似'的东方特质。这两方面因素都体现了传统文化很深的内涵和很高的品味，通过研究和融合，希冀在保持油画的特性的前提下创作出具有中国文化传统和文化精神、体现中国人情感和精神风貌的中国油画作品 。"这为中国油画及其教育的健康成长指明了正确的方向，在崇洋的文化氛围仍然弥漫之时，实为在油画艺术上的高瞻远瞩，为新时期充满疑惑和期待的中国油画教育，融入了强有力的精神支持和明确的教学思想，时至今日仍然是中国众多美术学院油画教学的主张和共识，为中国当代油画教育做出了有口皆碑的重要贡献。

人们将他的油画归结为"古典"或"新古典"，"写实"或"新写实"。但无论怎样，用"古典"来描述靳先生的作品，只会在"表"的层面即语言技巧的层面来定义，他作品中强烈的中国精神，鲜明的时代特征，与西方艺术传统意义上的"古典"显得格格不入。然而，靳尚谊先生在艺术上的突破，正在于他将优秀的欧洲传统油画语言技巧与古典主义艺术中庄严宏大、严谨永恒的精神品质与当代中国文化进行了卓越的结合，这是许多中国油画家的梦想。他是拓荒者，胸怀大志，开创未来。至于写实主义，或"新写实主义"，人们不断地用各种名称、主义或学派来解读他的作品，这正表明了靳先生的绘画博大精深之所在。必须说明的是，如今大江南北流行的"写实主义"，貌似古典，细如"数码高清"，甜腻如"月份牌儿"，与真正的写实主义传统怎可同日而语？所谓"写实主义"的日益平庸化是油画写实主义优秀传统的大敌。靳先生极为重视画的品格，他追求艺术上的完美，但绝不容忍低俗，这一点无论在他的创作还是教学上都表现得十分鲜明。在艾中信先生的艺术研讨会上，靳先生曾经讲过："这一代人教给我们的是欧洲的真正传统，特别讲究品位和格调，对画面中出现稍微有点庸俗的倾向就极其痛恨！这在教学上是非常重要的。"这对于一个坚持传统油画价值和现实主义原则的画室而言，着实弥足珍重。

因为没有功利和欲望的牵制，靳先生对艺术问题的思考和表述异乎寻常地坦诚直率。为促进中国文化艺术的繁荣发展，他先后向社会无偿捐赠五十多件自己的作品。2012 年，靳先生用自己的油画所得建立了专项基金，旨在推动中国油画事业的学术进步，扶植和培养青年油画艺术家在艺术探索和创作方面的发展。山高水长，大师风范。与靳先生商讨教学或谈论艺术，他才思敏捷，博物多闻，触类旁通，不觉中时间好像快了许多。先生身兼无数职务，关注国内外时政要务，但丝毫没有影响他对艺术的专注和潜心创作，艺术硕果丰厚，桃李满天下。

靳尚谊先生胸襟宽广，高风亮节，在艺术上全无门户之见，为促进中国油画与油画教育事业的健康发展竭忠尽智，公而忘私，德高望重，

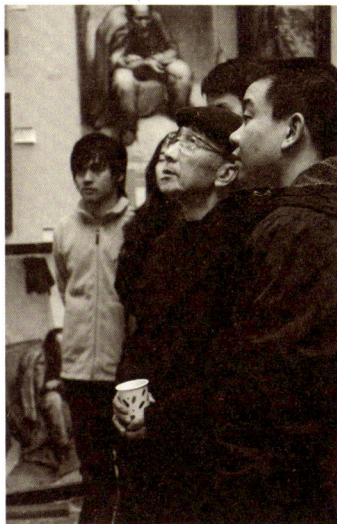

2010 年，靳尚谊来工作室指导 2007 级毕业班毕业创作。左起：许翔、林笑初、靳尚谊、孙逊。
（李想提供）

堪称一代楷模。

这一时期的任课教师：潘世勋、王征骅、梁玉龙、韦启美、吴小昌、陈丹青、杨飞云、孙为民、朝戈、胡建成。

温故而知新

孙为民先生是一位对艺术和教学都极为严肃认真的艺术家，对中央美院的艺术教育传统有着较为深入的理解。1961年（年十五岁）考入中央美术学院附中，1967年毕业。1987年油画系硕士研究生毕业并留校任教。1993年担任油画系主任。1996年任中央美术学院副院长。

孙为民先生的油画，在传统油画厚重结实的造型基础上，将光和色的表现进行了巧妙而又自然的提升。他作品的选材往往来自于北方农村生活的直接体验，真情实感于他而言是至关重要的。从重造型、重绘画技巧上讲，他是典型的写实主义一派，但他并不拘泥于形体上的酷似，因此，在他的笔下，生活中朴素甚至略显沉重的情境，得到了艺术意味上的升华。如《金色季节》明快的色调，耀眼的阳光，使人在不觉中感受到了劳动的温馨。这在他较早的作品《庄稼人》、《腊月》中亦能体会得到。"在创作中，有一个东西让我常为之振奋，那就是光。处于不同的光线中，特别是阳光下，人、景、物格外有一种生机，那是只有用色彩才能表述的生命力。"

在对待中国文化与文化传统的认知上，他与画室前辈艺术家们的态度一样坚定："经历了几十年的风风雨雨，亲身感受到中国社会的进步，感觉到中国之所以在民族之林里面能显示出独特的力量和独特的价值最根本的是因为中国的文化。中华民族非常优秀的品质，是能在动荡曲折中不断地往前走。从1985年以后，特别是到90年代以后，西方现代文化对中国的冲击越来越大，中国画坛对西方现代的东西反映特别敏感，而对自己传统的东西，越来越看淡。我们在许多画展里面也能感觉到，真正能表现生活中的、表现中国人生存状态的、表现中国人真实情感的东西数量越来越少，质量也越来越差。在这样一种文化发展态势中，中国人特别需要增加尊严感。'一方土地养一方人'，要喜欢自己的民族，喜欢自己的生活状态。"

在第一工作室的教学上，孙为民先生保持了第一工作室的优良传统，特别是靳尚谊先生的教学思想。"一画室的教学，靳尚谊先生特别地强调教理念，教规律，不教风格，这是一画室的主张。欧洲写实油画的传统在从文艺复兴到印象派诞生这五百年里铸就了它的绘画的经典，各个流派、各个时期的代表作，让我们永远都感觉有学不完的东西。实际上在素描教学和色彩教学中都不断地强调那些具体的因素，

2010年，孙为民指导毕业创作。左起：王立朝、邓鑑、范晔、孙为民、张今我、刘浩岩。（张今我提供）

强调最基本的规律，强调最有研究内容的学术课题，不教样式、套路，不强调具体方法，这是一画室的一个特点。" 他注重造型的严谨并特别注意发现与推动学生的个性发展，善于引导学生在较为接近的色彩差别和色调差别中寻找丰富的色彩关系。追求艺术上的朴实、优雅和厚重是他教学上很重要的特色。在创作上，他勉励和倡导学生关心时代，深入生活，坚持和发扬现实主义的优良传统，使学生的创作水平得到了普遍的提高，取得了优异的成果。

这一时期的任课教师：杨飞云、朝戈、胡建成、高天雄、孙逊。

1992 年，陕西霍去病墓前合影。后排左起：孙逊、赵利军、谌河、孙为民。中排左起：袁元、耿琳、李靖、贺羽。前排：徐晓东。〔李昕提供〕

任重道远

胡建成，1977 年（年十九岁）考入鲁迅美术学院油画系，1982 年毕业，获文学学士学位并留校任教于师范教育系。1985 年考取油画系硕士研究生，创作油画《梦》《土地·黄色的和谐·蓝色的和谐》（与韦尔申合作）。1988 年研究生毕业，获文学硕士学位并任教于油画系。1988、1990 年两度参与邀请和组织法国画家克劳德·依维尔在鲁迅美院举办的材料技法班。1993 年调入中央美术学院油画系第一工作室。

在鲁迅美术学院的十多年里，度过了我人生中学习与成长的重要阶段，留下了许多刻骨铭心的记忆。我从进入大学开始便深受写实主义绘画传统的影响，先是俄罗斯巡回展览画派，而后是苏联时期的油画令我痴迷。在研究生的学习期间，开始对欧洲文艺复兴前后时期的绘画格外倾心。80 年代后期，中央美院油画系在教学和创作上的不断发展，对当时国内各大美术院校产生着巨大的影响，特别是靳尚谊先生的油画，让我心动、向往。这种关注欧洲油画的优秀传统但不拘泥于表面，坚持优秀的中国文化精神但不造作于样式的艺术追求与境界，和我当时在艺术上的憧憬很相近，这也是我调来美院工作的重要原因。但能直接进入第一工作室工作，实是超出了我的预期。自一九九三年由鲁迅美院调入中央美院油画系第一工作室至今已有二十多年了。在画室，能够经常直接受到靳尚谊先生的指导和教诲甚为幸运，获益良多。同时，从画室同事和学生那里也学到了许多宝贵的经验，心存感激，无以为报，唯有认真教书，努力创作。

2010 年，工作室师生合影。后排左一：王诗坤。左二：范晔。左三：王钧。左四：王翔。左五：王彦博。左六：杨逸威。左七：欧阳石乾。左八：白冰洋。右八：汪细飞。右七：徐紫迪。右六：何鑫华。右五：殷嘉贺。右四：司博文。右二：葛大伟。右一：边涛。中排左起：姜子叶、邓鑑、王一、刘浩岩、李想、许翔、王立朝、鲍育伟、庄元、万力、周末、胡冰、张今我、孙瑛、张超、王红刚。前排左起：孙逊、林笑初、胡建成、靳尚谊、孙为民、高天雄。〔油画系提供〕

在艺术上我始终追求真、善、美。我喜欢有真情实感、有深厚艺术学养和技巧的油画，更喜欢技艺精湛并充满中国情怀的油画。因为我坚信没有中国文化内涵的油画，无论国内国外、无论今天与将来都成为不了真正的"中国油画"，更不要说成为中国的"名画"。追求艺术上的崇高、完美和中国情怀是我的艺术梦想，虽然实现梦想的路仍然遥远，我将继续努力。

2013年，胡建成主持克劳德·依维尔的讲座。左起：胡建成、杨铎、克劳德·依维尔、徐紫迪。（蔡昊坤提供）

2013年，中央美术学院毕业典礼，许载舟作为学生代表发言。（中央美术学院宣传部提供）

2013年，学生在工作室上课。（王一提供）

如何让第一工作室能够在保持优秀传统的前提下有所作为，绝非一蹴而就的易事。保持画室教学的高水平和高品质是画室当前工作的重中之重，以不变应万变形同坐而待毙，但教学的调整必须本着对学生负责、严肃认真、慎重务实的原则，集思广益，富于远见，脚踏实地，勇于担当。我深知重任在肩，定当努力尽责，不负画室师生的期望。相信有院领导的支持，有老一辈艺术家的指教，有院、系同仁的扶植和画室师生的共同努力，第一工作室定会健康成长。

现任教师：胡建成、孙逊、林笑初。

第一工作室的今天

中国改革开放的三十年来，飞速发展的中国经济，为各项事业，特别是文化事业的繁荣发展提供了巨大动力和支持。与此同时，中国文化在世界上的影响力也在不断提升，为中国艺术走向世界拓展了无限广阔的空间。正是在这样的时代背景下，当代文化的迅猛兴起，外来文化的巨大冲击，商业文化的势不可当，凡此种种，对优秀的中国文化与传统的继承发展，正产生着日益强烈的影响和压力。身处这个日新月异的时代，第一工作室正面临着难得的机遇和前所未有的挑战。

仍在进行中的第一工作室文档梳理、建设工作，使画室师生更加全面客观地了解了画室的成长历史，抚今追昔，倍受激励。文档工作的开展和深化对研究和展现画室的教学理念与艺术风貌必将发挥积极的作用。第一工作室网站的筹划与准备工作也已就绪，与画室文档工作相辅相成，将为画室的发展提供更好的交流平台。除了《春华秋实》一书外，画室还计划出版油画和素描画册，以便更加全面系统地总结评估画室的教学工作，为今后的教学发展奠定基础。

画室将邀请在艺术上取得成就并热爱油画教学工作的艺术家与新秀，来画室教学或讲座，继续已经开始了的有关中国传统文化的讲座与讨论。有计划地聘请不同的油画艺术家参与画室毕业生的油画创作与论文工作，开通思路，努力开创画室教学的新局面。我们将继续遵循靳先生的主张，扎扎实实地把教学与创作工作的基础打牢夯实。于画室可持续稳定的发展，养精蓄锐，厚积薄发。于学生得到学习上更多的收获与进步，胸怀志向，实现梦想。

如何将画室的写实主义优秀传统发扬光大，并使之在当下的文化环境中与时俱进，保持第一工作室教学的艺术品格与价值，承前启后，继往开来？同时，如何让画室教学成为培养适合未来中国文化发展所需艺术人才的新平台？客观、自省和自信地开拓进取，发愤图强。我们需要加倍地努力，需要所有关心中国油画事业和油画教育事业的人们的关心和支持。以我们不懈的奋斗，让画室的明天更加灿烂辉煌！

2013 年 9 月于北京龙湾

2013 届毕业生合影。左起：鞠煜林、陈雪飞、郑巧思、蔡昊坤、宋若熙、姚瑶、韩墨馨、许载舟。
（宋赫提供）

附录
APPENDIX

艺术系的过去与未来

PAST AND FUTURE OF THE ARTS DEPARTMENT

吕斯百

中大艺术系自成立以来，整整十六年，但是我个人和本系发生关系，却有十七年。因为艺术系第一班同学原属于江苏省立第四师范艺术专修科，可称见其短长，受其养育，又效慈乌反哺，到如今不觉匆匆十年。所以徐悲鸿师要我说几句过去的与未来的话，实是义不容辞。

本系十六年来是繁荣的，学风是一贯的，在艺术教育上的贡献也总是站在前面的。我觉得本系幸运之至，就是呱呱堕地时，能得到徐悲鸿先生为导师。直到现在，系与先生竟不能分开。系的精神抱负与成就，亦就是徐先生的精神抱负与成就。这是中国艺术教育上的一个特点，足以赞美。我们相信，我们开始并非盲目崇拜大师，我们开始接受徐先生的教育，就是"非天才主义"的教育。徐先生在学生时代自己是忍苦主义者，他到中大施教，原则很简单，就是："若要工夫深，铁杵磨成针。"自然徐先生奋斗的精神，实足以感情愚鲁，而警惕天才的。至于本系同学，无论已毕业与未毕业，在技巧上的修养，即或稍有成就，未尝敢自夸自大。"学无止境""好学不倦"，这是为学精神的维系与传统。

在欧洲的艺术教育上，有所谓"学院派"，这是中大艺术学系往往被人误解指摘的名词。其实我们虽然有愧，倒亦不愿加以否认。就如法国学院派乃凭上时期严格的传统，在欧洲艺术教育上至今未失去重要的地位。"学院派"可以说是在学校里有一种严整的作风，不是落伍者所做的抄袭与因循，我们向后者宣战而嗤之以鼻；又有一批人对于工整的艺术作品往往加以"古典派"的头衔，而恭维草草不恭的作品为"新派"。艺术创造的趋向，固然随时代而变迁，可是艺术品的价值，并不在作品头衔的新旧。本系平时注重基础培养，顺个性的发展，无所谓派，更无派别。

唯其我们严格地采取学术的立场，无门户之见，才能融全国各家各派于一炉。过去我们聘请教授，没有放过一位艺坛巨擘，吕凤子先生、汪采白先生、高剑父先生、潘玉良先生、张大千先生（曾一度讲学）、张书旂先生、唐学咏先生、马思聪先生、庞薰琹先生等，力量何等雄厚。至今学生融会贯通，各尽其长，影响所及，怎能不感谢！

至于现任教授徐悲鸿先生、陈之佛先生、吴作人先生（在假）、黄君璧先生、傅抱石先生、黄显之先生、李瑞年先生、谢稚柳先生、许士骐先生、费成武先生、周崇淑先生、王孝存先生、何作良先生，助教曾宪七先生、艾中信先生、倪则和先生、康寿山先生，更

中央美术学院
油画系第一工作室文献集

用不到再介绍。他们来中大不是为了束薪，而是为了学术上的共鸣。

十六年来本系在创作方面，不论绘画、音乐还是雕刻（本系虽没有雕刻组，但亦有研究雕刻的），都不无贡献。而且大多数毕业同学还是在美术界与音乐界服务，他们的热心奋斗与成绩永远成正比例。虽则人数不到二百，服务的范围却遍及全国，今后在数量上当然会不断地增加。

十六年，很快过去了，在中国整个的新兴艺术史，只不过薄薄的一页。抗战军兴，又划一时代。我们要如何继承过去，而开发未来？我们在徐悲鸿先生和各教授们的十多年领导之下，关于"教"与"术"方面，可说已上了纯正的轨道。归纳起来，有几点足为未来的指标：

一、我们对于艺术最高的目的何在呢？
是"崇高伟大"！

艺术是一个民族文化的最高表现，甚至我们常说：艺术是时代的领导者。证诸过去伟大的作品，其完成，决非一朝一夕之功，其表现，更足以惊天地而泣鬼神，至少令人优游忘情。中西艺术，实同其超越、同其深刻，中国人并不是不了解艺术，亦不是看不起艺术，而是把艺术估价太低，看得太容易了。稍有笔墨趣，便捧为上品。因此漫涂几笔，便自得意，避重就轻，竞尚写意。这样使中国艺术永远跳不出小情小趣的水平，实在是中国艺术的危机。

抗战七年，胜利在望，凡我艺人，何以表现民族性的伟大牺牲壮烈？如何激发志气而垂示子孙？如何领导时代？如何创造一件艺术作品？凡此种种，不是难能，亦不是轻易便能，徐先生提示我们："尊德性，道学问；致广大，尽精微；极高明、道中庸。"——短短十八字，亦就是我们求学的鹄点。

二、我们的教学方式如何呢？
在"尊师敬业"。

师道不尊，于今为甚，这是现世可悲的事实。同时文凭主义，亦是学术前途的致命伤，这都不希望出之于我们艺术系。我们十六年的传统是值得自豪的。我们不主张随便读书。我们觉得教授当以身作则，以导为本。我们所希望于学生的是充实修养，融会贯通，自树面目。好的先生决没有不爱学生如子弟的，好的学生也没有不爱先生如父兄的。美的最高级是至善，我们把修养安置在最高级。

三、我们对于艺术的见解如何呢？
致力"新兴艺术"，亦就是"民族艺术"。

中国画与西洋画有不同的见解，当两个民族性格不同时，似乎永远会存在的。可是我们赞同"艺术无国界"，中国艺术不能故步自封，和中国人不能闭关自守一样。现在，尤其抗战时代，中西文化交流，盛极一时，中国艺术消沉了几世纪，自身已在摇动，接受一点外来文化影响，是不免而且必要的。所以我们两种艺术并重，我们站在同一的出发点而分道扬镳。亦可说，由不同的技巧和工具材料，由不同的形式，来探讨适合于我民族性的内容与途径。将来必有一天，会发现未经古人所走过的道路而可以表现东方簇新的艺术。

以上是我们对于艺术上一点志趣。可是一桩学术的成功，绝不是闭门造车可以合辙，所以良好的环境的造成是异常重要的。我们展示欧洲艺术学校和大学所有的艺术环境和设备，不独相形见绌，我们的所有简直等于零了。我们了解，中国近数百年来艺术的落后，与政治经济有密切的关系。现在正是存亡的紧要关头，一切因陋就简，孤陋寡闻。我们希望本系逐渐成为研究艺术的最高学府，就有最低限度的要求：

第一，生活集团化。大学教育，尤其艺术教育，不能以上课呆板的方式为满足，常要体会师生间的接触传授，同学间的观摩切磋，而后意志方能集中，兴趣方能增高。现在我们教学是散漫的，功课是零乱的，上课既忙于奔走，课后亦难得修养之处。这是我们希望能在单独环境的理由，希望抗战完了，可以实现。

第二，增设研究部。近年各大学先后成立了许多研究部，如文学、哲学、政治、经济、心理、卫生、教育、物理、地理、生物、生理、天文、农艺……艺术是专门学术的一种，决不是在短时期内所能成功。艺术系四年毕业，四年中不过得到一点基础，出了校门，很容易受环境的支配，不久便会被淘汰、埋没。如此下去决不能提高艺术的地位，亦谈不到艺术创造的发现，所以研究部之设立，实在急不容缓。

第三，增设雕刻组。艺术的进步是多方的，凡艺术发达的国家，有绘画必有雕刻，这是造型艺术的两大部分。中国雕刻史上如敦煌、云冈和龙门的石刻早有光辉的篇幅，可惜正如昙花一现，却让欧洲尽量地发展了。目前我们需要雕刻艺术的大前提，时机不可失，我们当早作准备。

第四，成立小型美术馆。上文已说过，研究艺术的人，不能闭门造车，可是说也可怜，中国一般学生不独从未见古人伟人的作品，就是现代名人作品，看到的亦很少，更不必说欧洲各国各派的东西了。试问如此何能发扬光大？根本连自己作品的成就，也在怀疑之中。我们且不论欧洲普通大学对作品的收藏何等丰富，在中国这贫弱的环境里，小型陈列馆的设立，实是研究艺术的重要的泉源。

第五，增设石膏陈列室，充实图书馆。我们主张添置石膏模型，目的并不是专为学生的基本练习。论雕刻艺术，当推希腊罗马以及文艺复兴诸大师为登峰造极，可惜我们不能把原作搬来，唯一的办法，只有购运翻造的石膏模型，自菲底亚斯以至米开朗琪罗，亦可令人瞻仰其万一，启发雕刻艺术的审美观念，利莫大焉。至于图书的必要充实，是人所尽知的。

广收旁听生。艺术教育的发达，并不是养成三五艺术家而已，势必也家庭艺术化、社会艺术化，有千千万万人普受艺术的洗礼，上至知识阶级，下至简单公民，均有审美观念。我们主张开放艺术的门户，成为普及艺术教育的园地。不过广收旁听生必须有大规模的设备，所望能达到我们要求的环境，就不难满足千万人的期望。

十六年来，我们最可慰的是上自校长下至同学，没有不对于艺术感到兴趣，或加赞助，或予同情，使得生长发展。音乐组最近就在我们校长提倡召示下恢复，从此东艺并扬，日进日新，我们顾前不能忘后，未来仍当负起更大的任务！

原载于 1943 年《国立中央大学艺术学系系讯》第一期。

历任教师简历（1959 年——2013 年）
TEACHER RESUME（1959—2013）

吴作人
1908 — 1997

1908 年生于江苏苏州，安徽泾县人。1926 年进入苏州工业专科学校建筑系。1927 年至 1930 年初先后就读于上海艺术大学、南国艺术学院美术系及南京中央大学艺术系，师从徐悲鸿先生，并参加南国革新运动。于 1930 年赴欧洲学习，先入巴黎高等美术学校，后考入比利时布鲁塞尔皇家美术学院巴思天教授画室学习。1935 年回国，在中央大学艺术系任教。抗战期间，随校西迁重庆。1943 年至 1944 年，赴陕甘青地区写生，临摹敦煌壁画。1944 年至 1945 年初赴康藏高原写生，举行多次展览。1946 年任国立北平艺专教授兼教务主任，并当选北平美术作家协会理事长。1947 年，先后在英国、法国、瑞士举办画展。1950 年任中央美术学院教授兼教务长，1955 年任副院长，1958 年出任院长，1979 年任名誉院长。曾当选中国美术家协会常务理事、副主席。1979 年当选中国文联副主席，1985 年当选中国美术家协会主席。曾连续当选第一至第六届全国人大代表。1984 年法国政府文化部授予他"艺术与文学最高勋章"，1985 年荣获比利时王国王冠级荣誉勋章。1997 年 4 月 9 日逝世，享年 89 岁。

曾任吴作人工作室、吴作人画室主任，中央美术学院教授，中央美术学院教务长、副院长、院长、名誉院长，中国美术家协会副主席，中国美术家协会主席，中国文联副主席，当选为一至六届全国人民代表大会代表和六届人大常务委员，第七届中国人民政治协商会议常务委员，中国民主同盟中央委员会常委、文化委员会主任。

《齐白石像》吴作人 布面油画 116cm×90cm 1954 年

艾中信
1915 — 2003

1915 年 10 月 15 日生于上海川沙县养正村。1936 年考入中央大学艺术系，
1940 年毕业后留校任教。1943 年任中国美术学院副研究员。1946 年至 1949 年
任北平艺术专科学校副教授。1950 年任中央美术学院教授。1954 年起兼任油画
系主任。1979 年至 1984 年任副院长。1986 年起任《中国大百科全书》编辑委
员会委员，《中国大百科全书·美术卷》编委会主任。2002 年 5 月获文化部颁
发的"造型艺术创作研究成就奖"。2003 年 8 月获中国文联与中国美术家协会
联合颁发的"第 2 届中国美术金彩奖成就奖"。2003 年 12 月 28 日逝世，享年
88 岁。

曾负责主持吴作人画室教学工作，曾任中央美术学院油画系教授、油画系主任、副院长、中国美术家协会理事、
《中国大百科全书·美术卷》编辑委员会主任，吴作人国际美术基金会理事长等职。

艾中信师从和追随徐悲鸿、吴作人等第一代油画大师，成为致力于绘画写实主义创作的一位传人，提倡写实
主义，主张艺术创作立足于生活，是参与推进中国现当代油画发展的先行者。

《通往乌鲁木齐》艾中信 布面油画 100cm×400cm 1954 年

靳尚谊
1934 —

1934 年 12 月生于河南焦作。1953 年毕业于中央美院绘画系并继续攻读研究生。1955 年进入前苏联专家马克西莫夫任教的油画训练班学习。 1957 年结业于马克西莫夫油画训练班，以优异的成绩完成油画专业研究生学习，并留校在版画系教授素描课。1963 年调入油画系第一画室任教。1980 年任油画系第一工作室主任。1983 年担任中央美术学院副院长。1987 年起，担任中央美术学院院长。1997 年起，担任中国文学艺术界联合会副主席。1998 年起，担任中国美术家协会主席、全国政协常委。2011 年，受聘为武汉美术馆名誉馆长。2013 年，任大都美术馆馆长。

曾任中央美术学院油画系第一工作室主任，中央美术学院副院长、院长，中国文学艺术界联合会副主席，中国美术家协会主席，国务院学位委员会艺术组评审委员，国家教育部艺术教育委员会主任。现任中央美术学院博士生导师、教授，中国美术家协会名誉主席，全国政协常委。

靳尚谊是中国当代油画的代表人物，是我国当代最具影响力的艺术家和教育家。作品多次获奖，并被中国美术馆等机构和国内外收藏家收藏。他将欧洲古典油画精髓与中国民族艺术传统相融合，开创了中国油画新古典主义学派。其艺术实践和主张，在 80 年代中期以来引发了我国一大批油画家向古典主义吸收营养的热潮。他执教近 60 年，培养了一大批中国油画艺术的中坚力量，对中国艺术教育的发展起到了重要的推动作用。

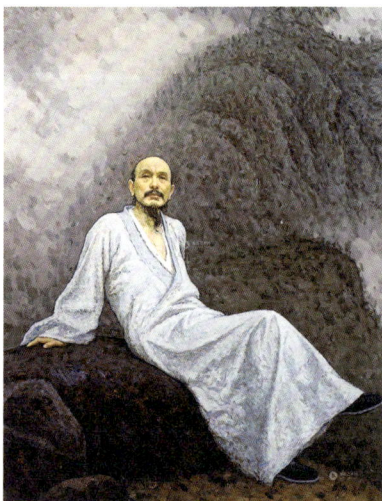

《髡残》靳尚谊 布面油画 150cm×114cm 1999 年

孙为民
1946 —

1946 年出生于黑龙江省。1967 年毕业于中央美术学院附中。1979 调回附中任教，1982 至 1984 年在油画系第一届研修班学习。1987 年油画系硕士研究生毕业。1998 至 2009 年任中央美术学院油画系第一工作室主任。1993—1999 年任油画系主任。1996 至 2003 年任中央美术学院副院长。

油画《腊月》参加 1984 年第六届全国美展获铜奖；油画《灯光下的人体》组画参加 1988 年北京人体艺术大展；油画《暖冬》参加 1989 年第七届全国美展；油画《绿阴》组画参加 1996 年在开罗举办的第五届国际造型艺术展；2006 年组织"现实主义之路 7 人展"，在中国美术馆举办，展览作品《苹果熟了》《两个年轻人》《农家十月》；2008 年，油画《生地》《北方农民组画》参加中国艺术研究院主办、中国油画院承办的"寻源问道"油画研究展。出版有《孙为民油画艺术》和《孙为民素描艺术》。

曾任中央美术学院油画系第一工作室主任，油画系主任，中央美术学院副院长。现任中央美术学院教授、博士生导师，中央美术学院学术委员会副主任，中国美术家协会油画艺术委员会副主任，中国美术家协会理事。

《生地》孙为民 布面油画 160cm×200cm 2006 年

胡建成
1959 —

1959年生于黑龙江省哈尔滨市。1982年毕业于鲁迅美术学院油画系，获文学学士学位，留校任教于鲁迅美术学院师范系。1982年考取鲁迅美术学院油画系硕士研究生，专修油画技法，并于法国当代写实画家克劳德·伊维尔在中国举办的油画技法训练班结业。1988年研究生毕业，获文学硕士学位。执教于油画系。1992年任该系副教授。1993年调入中央美术学院油画系第一工作室。

连环画《革命先驱夏明翰》（合作）参加第三届全国连环画展，获绘画三等奖；连环画《革命先驱夏明翰》封面，获全国连环画优秀封面奖；1987年，作品《土地·黄色和谐·蓝色和谐》（合作）参加首届中国油画展，获优秀奖；1989年获辽宁省省委省政府授予的"优秀文艺成果奖"；1990年油画《温馨》参加在杭州举办的"首届油画精品大赛"获银牌奖，浙江美术学院美术馆收藏。1993年，油画《折射》参加"'93中国油画年展"获银奖，中国美术馆收藏。1997年，油画《折射》参加威尼斯双年展；2011年随中国企业家、艺术家团队赴南极旅行、写生。2013年油画《雕塑家李向群像》于上海当代艺术博物馆参加"时代肖像——当代艺术三十年"展览。

现任中央美术学院教授、第一工作室主任，民进中央开明画院理事，享受国务院政府特殊津贴。

《自画像》胡建成 布面油画 208cm×77.5cm 2006年

戴泽

1922 —

1922 年 3 月生于四川云阳。1942 年考入国立中央大学艺术系，师从徐悲鸿等多位名家。1946 年毕业后，应徐悲鸿先生之邀任国立北平艺专学校助教、讲师。1946 年冬与齐白石、李可染等共同参加徐悲鸿主创的北平美术作家协会。1949 年 7 月中国美术家协会成立，成为第一批中国美术家协会会员。1950 年中央美术学院成立后被聘为首批讲师，创作油画《和平签名》《农民小组会》。同年《和平签名》与《马车》入选中国艺术展览会，赴苏联、民主德国、波兰展览。1953 年徐悲鸿去世后，协助廖静文整理徐悲鸿全部遗作，修复《徯我后》等多幅徐悲鸿作品。1954 年两赴朝鲜实地写生。1956 至 1961 年为军博创作油画《胜利的行列》，为国博创作油画《廊坊大捷》《太平军大败洋枪队》，同时还创作了《淝水之战》《南昌起义》《谅山大捷》等历史题材油画。1963 年赴西藏进行为期一年的写生并创作《三姐妹》《春耕》《林卡》《莎迦熊妹村》《播种》等作品。1972 年至 1973 年参加国务院宾馆绘画组，为政协礼堂及多处国宾馆进行创作。1982 年油画作品《巴颜喀拉山下》《紫荆花》《纳米湖畔》《金银花》等作品被中国美术馆收藏。1985 年协助廖静文创办中央美术学院徐悲鸿画室。

曾任教于中央美术学院吴作人工作室、油画系第一工作室，中央美术学院教授，中国美术家协会会员。

《农民小组会》戴泽 布面油画 130cm×160cm 1949——1950 年

梁玉龙
1922 — 2011

1922 年出生于湖南长沙。1947 年南京国立中央大学艺术系毕业；1949 年 6 月参加上海美协组织部工作；1949 年 9 月应徐悲鸿之邀赴北京协助田汉领导的戏曲改革美术工作；1950 年先后任中央美术学院油画系助教、讲师、副教授、教授；1963 年中央美术学院教师油画研究班毕业；1952 至 1964 年先后兼任中央工艺美术学院、中央戏剧学院、北京电影学院等院校的教学工作。2011 年 12 月 27 日逝世，享年 89 岁。

多次在国内外举办展览，如 1988 年中国美术家协会、中央美术学院联合举办《梁玉龙画展》在中国美术馆开幕；1988 年受巴西圣保罗保利斯达画廊之邀赴巴西举办个展；1988 年受美国纽约苏荷 ARIEL 画廊之邀赴美举办个展；1988 年赴法国巴黎参观、访问、考察；1995 年参加文化部中国艺术博览会举办个展；1999 年参加老教授协会画展；1999 年在上海，由中共上海市委宣传部、中国美术家协会联合主办"中央美术学院教授张德华、梁玉龙联合美展"；2000 年由中国美术家协会、中央美术学院、中国老教授协会文艺专业委员会、中国国际友人研究会、中国雕塑学会、中国美术馆主办"中央美术学院教授张德化、梁玉龙联合美展"。

曾任中央美术学院油画系第一工作室教授。

《献血》梁玉龙 布面油画 180cm×240cm 1956 年

韦启美

1923 — 2009

1923 年出生于安徽安庆。少年时代师从孙多慈学习美术。1942 年入重庆中央大学艺术系，受业于徐悲鸿、黄显之、吕斯百等人。1947 年，中央大学艺术系毕业，应徐悲鸿之邀任教于北平艺专。1950 年任教于中央美术学院绘画系。作品被中国美术馆、军事博物馆等收藏。1949 年油画《儿子立了功》参加第一届全国美展；1957 年油画《模范饲养员》参加第一届全国青年美展；1963 年油画《初春》参加"公社之春"美展；1976 年完成油画《青纱帐》，由中国革命军事博物馆收藏和陈列；1984 年漫画《运砖》获第六届全国美展银牌奖，油画《大坝的构思》参加第五届全国美展；1985 年油画《讲座》参加第一届全国油画展；1988 年《魔术师》参加中国油画人体大展；1989 年漫画《好奇》参加第七届全国美展获银牌奖；1991 年油画《附中的走廊》《独奏》参加中央美术学院"20世纪—中国"美展；油画《明大的风云》参加中国油画学会展；出版画册有《中国漫画系书·韦启美卷》《中国巨匠美术丛书·韦启美卷》（台湾）等。2009 年 7 月 7 日逝世，享年 86 岁。

曾任教于中央美术学院油画系吴作人工作室、第一工作室，曾任油画系教研室主任、研究生班主任、教授，中国美术家协会会员。

《初春》韦启美 纸面油画 128cm×205cm 1963 年

潘世勋

1934 —

满族，1934 年 10 月生于吉林省吉林市。1950 年于吉林省实验中学毕业后参军，在沈阳军区政治部美术组从事创作与编辑工作。1955 年考入中央美术学院油画系，先后师从吴作人、王式廓、董希文、艾中信等教授。1960 年以优异成绩毕业于中央美院油画系吴作人画室并留校任教。198—1986 年由国家文化部选派到法国巴黎美术学院进修，并游历欧洲各国。

创作以油画为主，多高原人物风情题材。油画之外亦涉猎书法金石和水墨作品。多次在海外举办个展和参加重要展出，有众多作品为国家美术馆和海外收藏家典藏。对于西方绘画技法材料学亦研究有年，公认是这一领域的专家和学术带头人。代表作有油画《我们走在大路上》《高原集市》，素描组画《翻身曲》等。

曾任中央美术学院油画系助教、讲师、副教授、教授和油画系主任、绘画技法材料工作室主任等职。现为中国美术家协会会员，中国油画学会理事。享受国务院颁发特殊贡献津贴荣誉。

《芒康牧民》潘世勋 布面油画 120cm×240cm 1982 年

王征骅
1937 —

1937 年生于河南省。1956 年入中央美术学院油画系。1959 年进入吴作人工作室学习。1961 年毕业并留校任教。

1959 年为中国革命军事博物馆创作历史画《徂徕山起义》。1961 年毕业创作为中国革命历史博物馆创作历史画《武昌起义》，并留校任教。1963 年成为中国美术家协会会员。1972 年为全军美展集体创作《毛主席铲土我来担》。1973 年为中国历史博物馆创作《氏族会议》。 1977 年集体创作《南昌起义》。1980—1982 年由中国文化部公派赴意大利留学，曾在米兰、比萨等地举办个展。1982 年在米兰获卡萨里科艺术机构所颁发的"米开朗琪罗的大卫"奖。1985 年在中央美术学院美术馆举办画展，作品《执扇女孩》为中国美术馆收藏。1987 年参加中国首届全国油画大展，作品《晚年》获"中国油画奖"，并参加在纽约举办的"中国现代油画展"。1988 年为北京市美术家协会理事，八幅作品参加在中国美术馆举办的"油画人体艺术大展"。1989 年参加日本第三届亚洲艺术展，作品《傻尼女子》为日本福冈美术馆收藏。1993 年在纽约联合国总部举办个人画展。1998 年参加中国美术馆"全国风景画展"。1999 年在纽约东方画廊举办个人画展。2000 年油画《武昌起义》参加中国美术馆"中国油画百年世纪展"。2009 年参加 第十一届全国美展，油画《看戏——昔日农村印象》为获奖提名作品。

曾任中央美术学院油画系第一画室副教授、第一画室副主任。中国美术家协会会员。

《**武昌起义**》王征骅 布面油画 190cm×255cm 1961 年

吴小昌
1940 — 1999

1940 年出生于山东寿光，自幼酷爱美术。1955 年春画作入选国际青少年美展。1959 年秋考入中央美术学院油画系吴作人工作室，毕业后留校任教。1999 年 3 月 7 日逝世，享年 59 岁。

1981 年，其油画《重庆雾》入选"中国现代艺术展"赴港展出。多幅作品被中国美术馆收藏，并于 1991 年作为中国美术馆藏品到俄罗斯展出，1992 年参加赴日、赴美展览，荣获特别大奖。他自称"爱的是中国画，而画的是油画"。吴小昌探讨一种清幽淡远、简约疏旷、禅意墨趣、写真性情的画风，走着一条中国写意油画的路。画似散文诗，淡雅明快，逸笔草草，充满情趣，意境邃远。作品有油画《重庆雾》《苏尼夜》《秋实》《一木诺》等。编著有《赵无极》。

曾任中央美术学院油画系第一工作室教授、油画系研究生班主任。中国美术家协会会员。

《苏尼夜》吴小昌 布面油画 60cm×60cm 1984 年

陈丹青
1953 —

1953 年生于上海。1970 年至 1978 年辗转赣南、苏北农村插队落户,其间自习绘画。1976 年创作《泪水洒满丰收田》,1977 年创作《进军西藏》,入选当时的"全军美展"、"全国美展"。1978 年考入中央美术学院油画研究生班。1980 年毕业创作《西藏组画》。1980 年毕业留校,任教于油画系第一工作室。1982 年移居纽约。2000 年受聘于清华大学美术学院。2006 年辞职。现为职业画家,绘画之余,出版文集八册。

《西藏组画·进城之二》陈丹青 纸面油画 70cm×45cm 1980 年

高天雄
1953 —

1953 年出生于北京。1969 年入伍，1973 年参加兰州军区文学美术创作学习班，同年参加全军济南美术训练班。1982 年任兰州军区政治部创作组创作员。1986 年毕业于解放军艺术学院美术系干部专修班。1987 年结业于解放军艺术学院军事历史绘画短训班。1988 年转业。1992 年毕业于中央美术学院油画系，获硕士学位，留校任附中教师。1997 年任附中校长。2003 年任研究生部首届造型类博士生班班主任，同时开始在油画系第一工作室任教。2004 年任造型学院基础部主任。2005 年任油画系第一工作室研究生导师。2006 年被评定为教授。2010 年赴法国巴黎国际艺术城中央美术学院画室研修，同年任院学术委员会委员。

作品《老乡》获"建军 60 周年全国美展"优秀作品奖（中国美术馆收藏）。2009 年参加"国家重大历史题材创作工程"，作《转战陕北途中》，由中国美术馆收藏。同年参加"中央美术学院素描六十年"展览策划。代表作品还有《斯诺在边区》《傍晚》《陕北的乡亲们》《我班里的同学》。1996 年出版《从眼睛到心灵》（素描四人合集）。

曾任中央美术学院附中教师、校长，研究生部首届造型类博士生班班主任，油画系第一工作室教师、研究生导师。现任中央美术学院教授、造型学院基础部主任，中央美术学院学术委员会委员。

《夏天教室里的女人体》 高天雄 布面油画 116.5cm×90.5cm 2004 年

杨飞云
1954 —

1954 年生于内蒙古包头市。1982 年毕业于中央美术学院油画系第一工作室。1982 至 1984 年任教于中央戏剧学院舞台美术系。1984 至 2006 年任教于中央美术学院油画系第一工作室。

作品《小演员》获"全国第三届青年美术作品展"铜奖；作品《北方姑娘》获第一届全国油画展优等奖；作品《唤起记忆的歌》获"第七届全国美展"银奖。
2003 至 2004 年在中国美术馆、上海美术馆、江苏美术馆、四川美术馆、台湾"山美术馆"、香港大学美术馆巡回举办"杨飞云绘画艺术展"。2005 年与陈逸飞、艾轩、王沂东等人共同成立"中国写实画派"。2005 年调入中国艺术研究院。2008 年，启动"寻源问道""油画课题研究"与"中国油画个案研究"等大型综合性学术项目。2009 年参与国家重大历史题材项目并创作作品《宋庆龄》。2011 年作为杰出艺术家获文化部颁发的"中华艺文奖"。

曾任中央美术学院油画系第一工作室教授、第一工作室副主任。现为中国艺术研究院中国油画院院长、博士生导师，中国美术家协会理事，中国美术家协会油画艺委会副主任，中国油画学会理事及副主席，北京市美术家协会副主席，第十一届全国人大代表。

《北方姑娘》杨飞云 布面油画 80cm×70cm 1987 年

朝戈
1957 —

蒙古族，1957 年 1 月 19 日生于呼和浩特。 1982 年毕业于中央美术学院油画系第一工作室，获学士学位。

1999 年至 2001 年曾在西班牙马德里原皇家美术学院学习，并在学习期间进行了重要的"十国之行"，主要对埃及、希腊以及欧洲进行了艺术考察，进一步形成了宏阔的艺术观。在这二十年间多次参加国际和国内的重要展览。1997 年参加威尼斯双年展。2004 年在中国美术馆举办"精神的维度——朝戈丁方画展"。2006 年应意大利政府邀请在罗马维多利亚诺国家博物馆举办"经典的重生——朝戈"个人展览，并取得成功。2006 年获"吴作人艺术基金会"中国油画艺术奖等奖项。2007 年获"意大利文化三千年"艺术奖。

1999 年至 2001 年任油画系副主任，曾任中国艺术研究院中国油画院学术主持。现任中央美术学院教授、博士生导师，中央美术学院学术委员会委员，中国美术家协会会员，中国油画学会会员。

《敏感者》朝戈 布面油画 60cm×50cm 1990 年

孙逊
1970 —

1970 年生于贵州麻江。1990 年毕业于中央美术学院附中。1994 年毕业于中央美术学院油画系第一工作室，获学士学位。1996 年毕业于中央美术学院油画系第一工作室，获硕士学位，任教于中央美术学院附中。2004 年担任中央美术学院附中常务副校长。2007 年毕业于中央美术学院，获博士学位。2009 年任油画系副主任，并被推选为中央美术学院青年教师协会会长，同时任中国油画学会理事。现为中央美术学院油画系副主任。

作品《中年》入选"第三届全国油画展"，并入选其精品展，获优秀作品奖。2009 年，《父母》入选第十一届全国美展并获优秀提名奖。2010 年《河边的房子》参加"研究与超越——第二届中国小幅油画展""油画艺术与当代社会——中国油画展"。2012 年在北京 798 亚洲艺术中心举办个人画展"这些年"。作品《水管，墙》参加"最绘画——中国青年油画作品展"并获佳作奖。2013 年在贵阳美术馆举办个人画展"平视 Homeland"。

曾任中央美术学院附中常务副校长。现任中央美术学院油画系副主任、副教授，中央美术学院青年教师协会会长，中国油画学会理事。

《父亲》孙逊 综合材料 180cm×200cm 2011 年

林笑初
1977 —

1977年生于浙江。1997年毕业于中央美术学院附中，并被保送至中央美院油画系。2001年本科毕业并考上油画系第一工作室研究生，师从靳尚谊、孙为民教授。2004年硕士毕业后，留校任教于中央美术学院附中。2007年考上中央美术学院油画博士，师从靳尚谊、邵大箴教授。2012年获得博士学位，同年调入油画系第一工作室任教。

主要艺术活动有：2000年受文化部委派，参加在文莱举办的"APEC青年艺术家邀请展"。2001年作品《眼睛3》参加中国美术馆"全国高等美术学院毕业生优秀作品展"。2004年作品《苦丁茶》等参加"中央美术学院研究生毕业展"。2006年《眼睛》系列在炎黄艺术馆举办个展。2007年受邀赴日本女子美术大学附属高等学校进行教学。2008年作品《奇境》等参加台北国父纪念馆"五岳之行——两岸师生作品交流展"。2010年作品《晚餐》等参加"中央美术学院博士生创作成绩观摩"，同年在香港中文大学艺术系举行教学讲座。2012年参加莞城美术馆"问学——唐寅、林笑初油画展"。2013年作品《下午茶》参加美国纽约艺术大学"来自北京——中央美术学院油画系教师作品展"。

主要出版物有：《中央美术学院油画系——林笑初的硕士之路》《剖情析采——换个角度画色彩》《林笑初》《林笑初油画作品集》等。

现任中央美术学院油画系第一工作室讲师。

《奇境》林笑初 布面油画 200cm×200cm 2008年

历届学生简历（1959 年——2013 年）
STUDENT RESUME（1959—2013）

（按姓氏首字母排序）

六0届

邓家驹

1935 年出生于江西黎川。1960 年毕业于中央美术学院油画系吴作人画室。曾任天津画院业务副院长、天津美术家协会副主席。现为天津美术家协会名誉副主席。毕业创作《开学第一天》被北京美术家协会收藏，收入中国美术全集。1996 年应邀在联合国教科文组织驻巴黎总部举办个人画展。其油画作品主要陈列于北京人民大会堂、解放军军事博物馆、中国驻法国大使馆等地。

潘世勋

1934 年生于吉林市。1960 年毕业于吴作人画室，并留校任教。曾任讲师、副教授、教授、油画系主任、技法材料工作室主任等职。北京市美协会员。1960 年因创作素描组画《翻身曲》饮誉中国画坛。1984——1987 年由文化部选派到法国巴黎高等美术学院进修。后在中央美术学院创建技法材料工作室，出版《欧洲传统绘画技法演进三百图》等著作。

乌勒格

1933 年 7 月生于呼和浩特市，蒙古族。先后就读于中央民族学院附中、中央美术学院。1960 年毕业于中央美术学院油画系吴作人画室。后任内蒙古大学艺术学院艺术设计系油画专业副教授，1993 年退休。作品多次刊发于美术杂志，部分被国家美术馆收藏。2003 年 10 月逝世，享年 70 岁。

六一届

曹达立

1934 年生于北京通县。1961 年毕业于中央美术学院油画系第一画室，1980 年进入北京画院工作。代表作有《爱晚亭》《巴厘魂》《达坂城厨师》等。2001 年赴欧洲意大利等地参观、旅游。2008 年在上海举办"归去来辞——曹达立油画展"。

蒋仲兴

娄溥义

王征骅

谢培邦

1937 年生于河北博野。1961 年毕业于中央美术学院油画系第一画室。现为河北师大美术学院教授，中国美术家协会会员。所绘大型油画《公社托儿所的早晨》《巴拉楚克起义》《梨花》《潘家峪》等被内蒙古博物馆、河北博物馆存展收藏。作品多次参加国家、省市级画展并被国内外机构收藏。

1932 年 9 月出生，浙江省余姚人。1961 年毕业于中央美术学院油画系第一画室。1982 年为人民大会堂甘肃厅创作壁画《陇原春华》，油画《晨星》入选第六届全国美术作品展。1986 年壁画《求索·奉献》（合作）入选第七届全国美术作品展。2002 年 12 月 10 日逝世，享年 70 岁。

1937 年生于河南。1961 年毕业于中央美术学院油画系第一画室并留校任教。1980—1982 年，被派赴意大利留学，在米兰获"米开朗琪罗的大卫"奖。后任中央美术学院油画系第一画室副主任、副教授。作品《晚年》获"中国油画奖"。1993 年，在纽约联合国总部举办个人画展。2002 年，任教于纽约美术学院。2009 年，参加第十一届全国美展，油画《看戏——昔日农村印象》为获奖提名作品。

1935 年 12 月生于广东省梅县悦末圩建新村。1961 年毕业于中央美术学院第一画室，被分配至北京美术公司创作室。1978 年移居香港，在香港无线电视台做饰景设计工作。1998 年移民美国，于美国去世。

六二届

张自申　　　　　史云漫　　　　　卫祖荫　　　　　吴燕生

1933 年生于上海。1949
年进入部队艺术学院。
1961 年毕业于中央美术
学院油画系第一画室。
毕业后任教于安徽师范
大学，历任安徽师范大
学讲师、美术教研室主
任、副教授。1985 年调
入上海大学美术学院工
作，先后任该院教授、
副院长、院长，并成为
中国美术家协会会员。
有多幅作品被收藏于中
国历史博物馆、中国人
民解放军军事博物馆、
中央民族博物馆和北京
人民大会堂。

1939 年出生，祖籍江苏
南京，曾用名史云幔。
1962 年毕业于中央美术
学院油画系第一画室。
1962 年 11 月起分配在
延边艺术学校教学。
1963 年 9 月起在延边
二中任教。1978 年 9
月调泰山学院美术系任
教，至 2001 年退休。
毕业作品《打麦场上》
现存于中国美术馆。

1937 年 5 月生于河南，
河南辉县人。1962 年毕
业于中央美术学院油画
系第一画室，留校任教。
现为中国美术家协会会
员、中央美术学院教授、
美国东方书画学会名誉
教授。作品多次入选全
国美展及国内外大型画
展，并被出版、收藏。
作品《王府井今昔》获
"世妇会中国艺术综合
大展"二等奖。作品还
有《出海》《柏林华灯》
等。

1938 年生于北京。1953
年毕业于北京女一中初
中。1957 年 毕 业 于 中
央美术学院附中。1962
年毕业于中央美术学院
油画系第一画室。毕业
后从事美术教育工作。
1979 年 至 1998 年，
任教于中央美术学院附
中。曾任中央美术学院
副教授、中国美术家协
会会员。

六三届

向西观

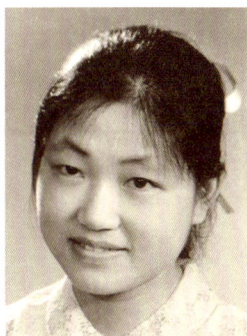

谢家模

詹鸿昌

曹德兆

1933 年出生，原籍上海市。 1962 年毕业于中央美术学院油画系第一画室，毕业分配到北京空军文化部创作室。1964 年调南京空军政治部文工团舞美组。1975 年复员到上海自动化仪表九厂技术描图，后搞政工工作至 1993 年离休。毕业创作《晨曲》。

1939 年生于泸州，祖籍四川内江。1962 年毕业于中央美术学院油画系第一画室。1972 年 9 月起，在北京师范学院美术系、首都师范大学美术学院任教，担任副教授，于 1996 年退休。中国美术家协会会员。代表作《翻身农奴爱北京》《阿姨像妈妈》《瑞雪》。现定居于美国。

1937 年出生于泰国曼谷，原籍广东饶平。1962 年毕业于中央美术学院油画系第一画室，并攻读吴作人的研究生。曾任湖南省美协副主席、湖南油画协会主任。1991 年于上海同济大学建筑系任教授。中国美术家协会会员。中国美术家协会壁画艺委会会员。中国油画协会理事。1984 年第六届全国美展荣获金奖。

1939 年生于天津。1963 年毕业于中央美术学院油画系第一画室。现为中国美术家协会理事、天津美术家协会主席。其作品曾在日本、韩国等国及香港、澳门、台湾等地区展出，部分作品获奖。曾 5 次访问日本进行文化交流活动，作品多为国内外收藏家收藏。

六四届

郝岚

1935 年出生于河北省遵化市。1963 年毕业于中央美术学院油画系第一画室，分配至吉林省海龙县教育局。1970 年调入遵化市高级中学并任教。

唐惟藻

1942 年出生于上海嘉定。1963 年毕业于中央美术学院油画系第一画室。师从艾中信、韦启美、林岗、戴泽等。1963 年—1974 年在福州军区空军政治部任美术创作员。1974 年—1982 年在中国人民解放军空军政治部任美术创作员。2002 年因病逝世，时年 60 岁。

翁乃强

1936 年生于印度尼西亚雅加达。1954 年起在中央美术学院附中就读。1963 年毕业于中央美术学院油画系第一画室。1964 年起在《人民中国》日文版杂志社工作。1980 年先后加入了中国美术家协会、中国摄影家协会。1988 年获香港国际幻影会荣誉高级会士。1993 年被中央美术学院评为教授。1996 年作为创会会员加入世界华人摄影学会，任会员资格评审委员会委员。

洪瑞生

1940 年生于福建省厦门市鼓浪屿。1964 年毕业于中央美术学院油画系第一画室。1985 年至 1993 年任厦门大学艺术教育学院美术系主持工作的副系主任、首任系主任。1989 年油画《五彩的集市》入选"第七届全国美术作品展览"。1994 年油画《傣家酒楼》入选"第八届全国美术作品展览"。

六五届

马树培

倪绍舜

吴小昌

陆允铨

1938 年生于北京市，祖籍河北。1955—1959 年在中央美术学院附中学习四年。1964 年毕业于中央美术学院油画系第一画室。1965 年初至 1970 年，分配到北京文化局后下放到大兴文化馆工作。1970 年 8 月 7 日病逝于北京阜外医院，时年 32 岁。

1942 年出生，家住上海市。曾学习于哈定画室。1964 年毕业于中央美术学院油画系第一画室。毕业后分配到湖南湘潭地区文化局，后调至湘潭地区专署花鼓戏剧团任美术工作。"文革"中于 1970 年 6 月 3 日去世，时年 28 岁。

1940 年出生，山东寿光人，1955 年就读于中央美术学院附中，1964 年毕业于中央美术学院第一画室并留校任教。曾任中央美术学院教授、油画系研究生画室主任。作品多次参加国内外大展，曾获中国赴日美术作品展特别大奖、中国首届油画静物展优秀作品奖、北京市第六届美展优秀作品奖。1999 年 3 月 7 日逝世，时年 59 岁。

1943 年生于江苏常熟。1965 年毕业于中央美术学院油画系第一画室。1965 至 1969 年，工作于新疆生产建设兵团农四师（伊宁市）宣传科。1969 至 1976 年，工作于农四师二牧场（尼勒克县）政工组。1976 至 1982 年，工作于农四师医院（曾改名伊犁地区人民医院）政工组。1982 至 1985 年，工作于四川广汉针织厂、广汉县二轻局科技股。1985 至 2003 年，工作于常熟印染总厂设计室。

六六届　　　　六七届　　　　七八级

文国璋

汲成

朝戈

高天华

1942 年生于四川江津县。1966 年毕业于中央美术学院油画系第一画室。1981 年毕业于中央美术学院版画系研究生班。中央美术学院教授、硕士生导师、基础部首任主任，2003 年退休。中国美术家协会会员、中国油画协会会员。代表作：《闺房里的新嫁娘》《塔吉克人叼羊系列首篇·入重围的英雄》《塔吉克人叼羊系列续篇·纠结》。

1942 年生于天津，云南石屏人。1962 年毕业于中央美术学院附中。1967 年毕业于中央美术学院油画系第一画室。1976 年从事教学工作同时参与北京油画研究会活动。现为画家。现定居于加拿大。

1957 年生于呼和浩特，蒙古族。1978 年考入中央美术学院。1982 年毕业于中央美术学院油画系第一工作室，获学士学位。现为中央美术学院教授。1999 年—2001 年任油画系副主任。中央美术学院学术委员会委员。中国美术家协会会员。中国油画学会会员。曾任中国艺术研究院中国油画院学术主持。

1960 年生于北京。1978 年考入中央美术学院。1982 年毕业于中央美术学院油画系第一工作室，获学士学位。毕业后分配至北京西城区月坛街道少年之家。现居国外。

八二级

   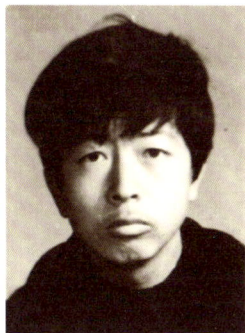

施本铭　　　　　　杨飞云　　　　　　阿不力米提·尼亚孜　　　恩和

1958 年生于山西太原。1978 年考入中央美术学院。1982 年毕业于中央美术学院油画系第一工作室，获文学学士学位。毕业后被分配至河北省群众艺术馆工作，1984 年辞职。2006 年至今为自由艺术家。曾任教中央美术学院油画系、壁画系。代表作《众生像》。

1954 年生于内蒙古包头市。1978 年考入中央美术学院。1982 年毕业于油画系第一工作室，获学士学位。现为中国艺术研究院中国油画院院长、博士生导师，中国美协理事，中国美协油画艺委会副主任，中国油画学会理事及副主席，北京市美协副主席，第十一届全国人大代表。1982—1984 年任教于中央戏剧学院舞台美术系。1984—2006 年任教于中央美术学院油画系第一工作室。

1961 年生于乌鲁木齐。1982 年考入中央美术学院。1986 年毕业于中央美术学院油画系第一工作室，获学士学位。1986 年 7 月分配到新疆艺术学院工作，任讲师，主要从事油画和创作课程教学。作品《老人》参加全国美展，多幅作品参加过国内外展出。1996 年 7 月 15 日病逝，时年 35 岁。

1961 年生于内蒙古自治区鄂尔多斯市。1982 年考入中央美术学院，1986 年毕业于中央美术学院油画系第一工作室，获学士学位。现任中国民族美术促进会理事、美国海外艺术家协会理事。油画作品曾获得世界华人艺术大赛金奖，同时荣获"世界杰出华人艺术家"称号，并载入《世界名人录》。创作《骆驼》系列油画作品，填补了世界油画史上"骆驼"题材的空白，因此被誉为世界唯一的"骆驼王"。

郭有明

金日龙

李迪

刘永刚

1961 年出生于内蒙古呼和浩特市。1982 年考入中央美术学院，1986 年毕业于中央美术学院油画系第一工作室，获学士学位。后于 1988 年在日本武藏野美术大学主修石版画。1998 年受聘于内蒙古大学艺术学院并组建版画专业。2004 年至今任浙江财经大学造型艺术研究所副所长以及东方学院副教授。曾获得武藏野美术大学毕业制作展研究室奖。

1962 年出生，籍贯吉林。1982 年考入中央美术学院。1986 年毕业于中央美术学院油画系第一工作室，获学士学位。2000 年获韩国国立首尔大学硕士学位。2005 年毕业于韩国弘益大学，获美术学博士学位。现为中央美术学院设计学院副院长。其作品参加"2008 中央美术学院建校 90 周年展"。

1963 年生于内蒙古牙克石市，祖籍山东潍坊。1982 年考入中央美术学院油画系第一工作室。1986 年毕业于中央美术学院油画系第一工作室，获学士学位。1990 年赴德国留学。1996 年毕业于德国布伦瑞克美术学院自由艺术系，获大师生学位。现生活工作在中国北京和德国。1985 年获得中央美术学院油画作品一等奖和"前进中的中国青年美展"银奖。

1964 年出生于内蒙古根河市。1982 年考入中央美术学院。1986 毕业于中央美术学院油画系第一工作室，获学士学位。1992—1997 年在德国纽伦堡美术学院学习，获硕士学位。现为中国美术学院特聘教授。油画《北萨拉的牧羊女》获首届中国油画展优等奖，《北萨拉的白月》获第七届全国美展铜奖。现工作、生活在北京、杭州、柏林。

八三级

晏明　　　　　郭力　　　　　热西丹·艾力　　　　张群

1958 年生于河北省保定市。1982 年考入中央美术学院。1986 年毕业于中央美术学院油画系第一工作室，获文学学士学位。毕业后，潜心学问，归隐于京南一隅。1985 年作品《新疆行》获"中央美术学院年度优秀作品"二等奖。

1962 年出生于安徽省阜阳。1983 年考入中央美术学院。1987 年毕业于油画系第一工作室，获学士学位。1987—1998 年在中央戏剧学院任教。1998—2003 年任北京天月轮投资公司董事长兼 CEO。2003—2007 年任深圳源政房地产公司执行董事，副总裁。2007 年创立北京麒麟网信息科技有限公司。2009 年创立麒麟网影视文化传媒有限公司。2009 年清华经管学院 MBA 在读。

1963 年生于新疆哈密。1987 年毕业于中央美术学院油画系第一工作室，获文学学士学位。曾任新疆画院画家、中国油画学会会员、中国少数民族美术促进会理事，现移居加拿大。作品曾入选"第十二届亚洲艺术节美展""多伦多国际艺术展""迈阿密国际艺术展"等大型美展。作品曾被编入《中国少数民族美术作品集》《中国画油画精品展画集》《多伦多国际艺术展画集》等大型画集。

1962 年生于内蒙古包头市。1983 年考入中央美术学院。1987 年毕业于中央美术学院油画系第一工作室，获得学士学位。1986 年作为中国青年艺术家代表团成员访问日本。1987 年执教于首都师范大学美术系。1993 年成为加拿大华人艺术家协会理事。作品曾在各报刊杂志发表，作品多次被国内外收藏和拍卖，并在国外画廊举办个人展览。

八四级

陈明

李贵君

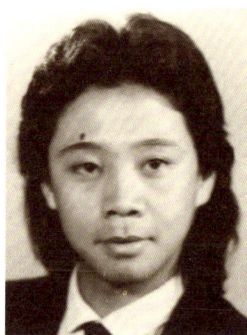

石良

夏星

1962 年出生于北京。1984 年考入中央美术学院。1988 年毕业于中央美术学院油画系第一工作室，获学士学位。现为中国美术家协会会员，职业画家，缤纷传媒出品人。

1964 年生于北京。1984 年毕业于中央美术学院附中。1984 年考入中央美术学院。1988 年毕业于中央美术学院油画系第一工作室，获学士学位。现为中国艺术研究院中国油画院画家，中国当代写实绘画重要代表人物。

1963 年生于山东。1984 年考入中央美术学院，1988 年毕业于中央美术学院油画系第一工作室，获学士学位。1996 年毕业于中央美术学院油画系硕士研究生课程班。2000 年就读于中央美术学院油画高级研究班。现供职于中国艺术研究院中国油画院，任副院长、学术委员会副主任。其作品被中央美术学院陈列馆、北京世纪艺苑、台湾长流美术馆、中国会等国内外机构广泛收藏。

1958 年 11 月出生于北京。1984 年考入中央美术学院。1988 年毕业于中央美术学院油画系第一工作室，获学士学位。现为职业画家。1991 年结业于法国写实主义画家克劳德·依维尔油画材料技法研究班。曾参加"国际青年美展""中国油画精品展"等。作品获国际青年美展铜奖。2005 年加入中国写实画派。

八五级

杨明炀

赵半狄

赵辉

陆阳

1965 年出生于山东省济南市，原名杨军。1984 年考入中央美术学院油画系。1988 年毕业于中央美术学院第一工作室，获学士学位。1985 年作品入选中国国际青年美术展，并被中国美术馆收藏。1997 年应济南东郊饭店之邀设计制作湿壁画，同年油画作品入选布雷西亚市国际艺术家邀请展。2002 年作品在北京国际艺苑美术馆展览。	1966 年生于北京。1984 年考入中央美术学院。1988 年毕业于中央美术学院油画系第一工作室，获学士学位。先锋艺术家。从 1999 年起一直用熊猫进行艺术创作，并且是中国唯一一位自始至终以熊猫作为全部艺术线索的艺术家。1999 年至 2005 年 6 年间，赵半狄与熊猫足迹踏遍世界各地。数年间在国际国内参加各种活动和展览。	1964 年出生于大连。1984 年毕业于中央美术学院附中。1984 年考入中央美术学院，1988 年毕业于中央美术学院油画系第一工作室，获学士学位。1988—1995 年任教于厦门大学艺术学院。1995 年，应美国马里兰大学艺术学院邀请，赴该校交流学习，获荣誉硕士证书。后移居纽约生活和工作。2008 年在北京宋庄建立工作室至今。	1965 年生于哈尔滨。1985 年考入中央美术学院。1989 年毕业于油画系第一工作室，获学士学位。现任教于中央美术学院附中。曾于 1989 年至 1993 年任教于北京服装学院。

八八级

张义波

1966 年生于河北保定。1985 年考入中央美术学院。1989 年毕业于油画系第一工作室，获学士学位。2000 年毕业于中央美术学院油画系研究生同等学历班。现为中央美术学院副教授、中央美术学院培训部城市设计学院办公室主任、中国美术家协会会员。

郝重海

1968 年生于内蒙古呼和浩特。1988 年考入中央美术学院。1992 年毕业于油画系第一工作室，获学士学位。1999 年创作《大连建市百年纪念雕塑》《王府井牌匾》《王府井井盖》。2000 年创作《中国人民抗日战争纪念碑》。2002 年创作《星海奥运风》（大连星海广场）。2008 年创作北京奥林匹克公园民族大道系列作品。

潘钺

1968 年生于北京。1988 年毕业于中央美术学院附中，同年考入中央美术学院。1992 年毕业于油画系第一工作室，获学士学位。2000 年于法国巴黎国立高等美术学院"绘画技术与材料工作室"进修 6 个月。2008 年举办"向大师致歉"个人影像作品展。2009 年于美国佛罗里达摄影艺术馆参加"中国当代摄影"群展。2009 年于"北京季节"画廊举办"红星照耀中国"个人摄影作品展。

徐晓东

1966 年生于北京。1988 年考入中央美术学院，1992 年毕业于油画系第一工作室，获学士学位。现为中国油画院画家。曾于 1995 至 2010 年任教于中央美术学院附中。作品《传唤使》由中央美术学院美术馆收藏。作品《微风》参加中国油画肖像百年展。作品《空间》参加中国油画风景大展。

九 0 级

杨小平　　　　　　　　**朱春林**　　　　　　　　**耿琳**　　　　　　　　**贺羽**

1964 年生于广西省桂林市，籍贯湖北监利。1988 年考入中央美术学院，1992 年毕业于油画系第一工作室，获学士学位。2005 年起为职业画家至今。曾于 1997 年 1 月至 2002 年 2 月于徐悲鸿私立美术学校任教。2002 年 3 月至 2004 年 12 月于北京 132 美术中学任教。

1968 年生于安徽桐城。1988 年考入中央美术学院。1992 年毕业于油画系第一工作室，获学士学位。2003 年就读于中央美术学院油画系首届高级研修班。曾参加"第三届中国油画展""北京写实画派首届油画年展""中国写实画派 2005 油画年展""第十一届全国美术作品展""中国写实画派 5 周年特展"。曾参加中国写实画派赈灾义拍《热血 5 月 2008》巨幅油画创作。

1970 年生于北京。1986 年考入中央美术学院附中。1990 年考入中央美术学院。1994 年毕业于油画系第一工作室，获学士学位，并于同年进入中央电视台动画部工作。参加工作后从事多部动画片的制作工作，先后担任央视动画片《马兰花》《种子的旅行》《小虫探》《中华面对面》《中华鲟历险记》《小济公》等的导演工作，还担任了《小鲤鱼历险记》《哪吒传奇》《小虎还乡》等动画片的美术导演。

1971 年生于湖南省株洲市。1990 年毕业于中央美术学院附中。1990 年考入中央美术学院。1994 年毕业于油画系第一工作室，获学士学位。1994 年考入中央美术学院油画系第一工作室，1996 年毕业，获硕士学位。2003 年考取中央美术学院首届美术学油画方向博士研究生。2007 年至今任教于中央美院造型基础部。曾参加第九、第十届全国美术作品展等展览。

李靖

孙逊

袁元

赵利军

1968 年 生 于 北 京。
1990 年考入中央美术
学院。1994 年毕业于油
画系第一工作室，获学
士学位。

1970 年生于贵州省麻江
县。1994 年毕业于油画
系第一工作室，获学士
学位。1996 年获硕士学
位。2003 年被录取为中
央美术学院首届实践类
博士生。2004 年任中央
美术学院附中常务副校
长。2007 年获博士学位，
调入中央美术学院油画
系一画室工作。2009 年
任油画系副主任、青年
教师协会会长。2009 年
《父母》入选第十一届
全国美术作品展并获优
秀提名奖。

1971 年生于江苏省南
京市。1990 年毕业于
中央美术学院附中，同
年考入中央美术学院。
1994 年毕业于油画系第
一工作室，获学士学位。
1997 年获中央美术学
院硕士学位，同年进入
中央美术学院壁画系任
教。现任中央美术学院
基础部副主任，副教授。
2003 年参加第三届中
国油画展。2004 年参
加第十届全国美术作品
展油画展、第十届全国
美术作品展壁画展。

1970 年 生 于 北 京。
1990 年毕业于中央美
术学院附中，同年考入
中央美术学院。1994 年
毕业于油画系第一工作
室，获学士学位。1998
年创办吴作人美术学校
至今。

九二级

李昕

1971年生于北京。1987年考入中央美术学院附中。1992年考入中央美术学院。1996年毕业于油画系第一工作室，获学士学位。1996年就职于中国邮政集团公司邮票印制局设计室至今。

李宇

1969年生于湖南平江，现居北京。1992年考入中央美术学院，1996年毕业于油画系第一工作室，获学士学位。毕业后从事绘画创作以及相关社会工作。现任广州例外服饰品牌执行副总经理、广东方所文化投资发展有限公司品牌顾问。

李越峰

1969年生，河北省深泽县人。1992年考入中央美术学院。1996年毕业于油画系第一工作室，获学士学位。2003年至今生活居住于北京通州。曾于1996年至2003年于河北省艺术学校工作。

孟祥晖

1973年出生于中国黑龙江省齐齐哈尔市。1992年考入中央美术学院。1996年毕业于油画系第一工作室，获学士学位。

九四级

孔繁程   **刘伟平**   **孙楠**   **田海鹏**

1971 年生于西安。1994 年考入中央美术学院。1998 年毕业于油画系第一工作室，获学士学位。现任中央美术学院设计学院摄影系商业摄影课程教授、孔繁程视觉战略研究所创始人、清尚设计集团空间视觉顾问、繁海盛金艺术投资咨询有限公司创始人、影像艺术家、导演、日本杂志摄影师协会会员。曾于 1999 至 2003 年旅居日本，从事专业摄影及设计工作。

1976 年生于山西省平遥县。1994 年考入中央美术学院。1998 年毕业于油画系第一工作室，获学士学位。现居北京，自由职业者。

1974 年生于黑龙江省哈尔滨市。1994 年毕业于中央美术学院附中，同年考入中央美术学院。1998 年毕业于油画系第一工作室，获学士学位。2000 年考取中央美术学院油画系袁运生教授研究生。现做美术培训工作。1998 年本科毕业创作《夏日——安闲的一天》被学院收藏。

1974 年生于河北石家庄。1994 年毕业于中央美术学院附中，同年考入中央美术学院。1998 年毕业于油画系第一工作室，获学士学位，并留校任教。现任中央美术学院副教授，中央美术学院城市设计学院副院长，中国美术家协会会员，中国美术家协会水彩画艺委会副秘书长。

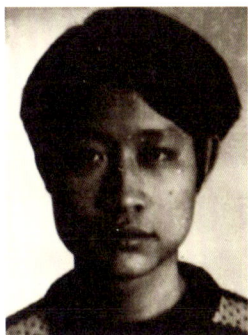

汪楚雄

1973 年生于北京。1994 年考入中央美术学院。1998 年毕业于油画系第一工作室，获学士学位。现为中国传媒大学特聘副教授，职业画家。曾任教于中央美术学院。作品在1997年"当代学院素描艺术展"（中国美术馆）获一等奖。

武小川

1973 年生于西安。1994 年考入中央美术学院。1998 年毕业于油画系第一工作室，获学士学位。1998 年起任教于西安美术学院油画系。2009 年任影视动画系副主任。作品曾入选中国第三届油画展、陕西第十届美展等。曾在巴黎、北京、上海等多地举办个展。出版《逝者如斯》《油画人物技法》等画册、专著。作品大量刊发于国内外艺术杂志。

徐莺

1975 年生于上海。1994 年考入中央美术学院。1998 年毕业于油画系第一工作室，获学士学位。深圳油画协会会员。1994 年毕业创作获得学院二等奖，并留校收藏。2002 年赴韩国参加国际艺术交流展。2004 至 2010 年多次参加关山月美术馆举办的展览。现居瑞士。

杨澄

1974 年生于新疆乌鲁木齐。1994 年毕业于中央美术学院附中，同年考入中央美术学院。1998 年毕业于油画系第一工作室，获学士学位。2002 年获美国纽约艺术学院硕士学位。2003 年至今任教于中央美术学院造型学院。2011 年《品石黄山》入选第四届全国青年美展并获优秀作品奖。2012 年《品石黄山》入选第五届北京国际艺术双年展。

九六级

贾鹏

林茂

刘欣

王光乐

1975 年生于北京。1996
年考入中央美术学院。
2000 年毕业于油画系第
一工作室，获学士学位。
2010 年毕业于法国阿
维尼翁高等艺术学院，
获硕士学位。现为法国
艺术家协会会员、法兰
西保护师和修复师联合
会会员、国际博物馆协
会法国委员会会员、法
国南部艺术家协会副主
席。2010 年在国内和
法国分别建立修复工作
室，曾修复众多国内外
著名艺术家作品。

1975 年生于四川。
1996 年考入中央美术学
院。2000 年毕业于油
画系第一工作室，获学
士学位。现为中国艺术
研究院副教授，中国艺
术研究院中国油画院专
职油画家，中国艺术研
究院中国当代艺术院院
长助理，《中国艺术时
空》杂志社社长。先后
任文化部中外文化交流
中心处长，中外博艺美
术馆馆长。

1974 年生于天津，江
苏江阴人。1991 年至
1996 年就读于中央美术
学院附中。1996 年考
入中央美术学院。2000
年毕业于油画系第一工
作室，获学士学位。
2008 年至 2010 年就读
于中国艺术研究院研究
生院，获硕士学位。现
为天津师范大学美术与
设计学院绘画系讲师。

1976 年生，福建人。
1996 年考入中央美术学
院。2000 年毕业于油
画系第一工作室，获学
士学位。2000 年毕业
创作获"院长提名奖"，
并获"王嘉廉油画奖学
金"一等奖。2004 年
获"中国新锐绘画展"
银奖。2008 年获"AAC
艺术中国·年度青年艺
术家奖"。2010 年获
"吴作人艺术新人奖"。
2012 年获中国艺术研
究院"中国青年艺术家
提名奖"。

九八级

王晓勃　　　　　杨力　　　　　　李霞　　　　　　李晓宇

1974年生于北京。1996年考入中央美术学院。2000年毕业于油画系第一工作室，获学士学位。2001年参加香港J·GALLERY画廊五人联展。2003年作品在爱尔兰现代美术馆展览。2009年作品在香港国际艺术博览会展出。2011年作品入选经典北京艺术博览会。2013年参加ART北京艺术博览会。作品多次出版于刊物。

1978年11月生于内蒙古包头市。1996年毕业于中央美术学院附中。1996年考入中央美术学院。2000年毕业于油画系第一工作室，获学士学位。2005年考入中央美术学院油画系第一工作室，2008年毕业，获硕士学位。2008年至今任教于北京国际艺术学校。

1978年生于北京。1998年考入中央美术学院。2002年毕业于油画系第一工作室，获学士学位。2010年7月，作品《后海》参加什刹海商会主办的"笔墨三海"书画展，并将该作品拍得的2万元捐赠给宋庆龄基金会。

1979年生于辽宁沈阳。1998年毕业于中央美院附中。1998年考入中央美术学院。2002年毕业于油画系第一工作室，获学士学位。2002年考入中央美术学院油画系第一工作室，2005年毕业，获硕士学位。2013年毕业于中央美术学院造型艺术研究所，师从靳尚谊教授，获博士学位。毕业后任教于中国人民大学艺术学院绘画系油画专业。

林晞

刘钧

王鑫

于明

1978 年 生 于 浙 江。1998 年考入中央美术学院，2002 年毕业于油画系第一工作室，获学士学位。2005 年毕业于德国汉堡国立艺术学院 (HfbK) 自由艺术系，获硕士学位。现任教于中央美术学院附中。作品《稻草人》系列参加德国汉堡"青年艺术家联名展"。2010 年，《简单游戏》系列参加"Room in 六人邀请展"。

1977 年生于北京。1998 年考入中央美术学院。2002 年毕业于油画系第一工作室，狄学士学位。2004 年考入中央美术学院油画系第一工作室，2007 年毕业，获硕士学位。2006 至 2009 年，任教于中央美术学院城市设计学院。2010 至 2012 年，任教于中央美术学院继续教育学院。2012 年任教于北方工业大学艺术学院。2008 年作品《关于青春的记忆》入选"2008 青年美术家提名展"。

1980 年生于内蒙古呼和浩特，又名江山春。1998 年考入中央美术学院。2002 年毕业于油画系第一工作室，获学士学位。现任教于解放军艺术学院美术系。作品被中国美术馆、中央美术学院陈列馆、中国坊茨美术馆、新加坡渣打银行、雪佛龙北京公司等机构和个人广泛收藏。

1977 年生于黑龙江齐齐哈尔。1998 年考入中央美术学院。2002 年毕业丁油画系第　·工作室。现为中央美术学院讲师，在读博士，北京油画协会会员。2012 年油画作品《远方来客》入选"2012 北京国际双年展"并被中国美术馆永久收藏。2013 年油画作品《无声的信笺》被厦门"中华儿女美术馆"永久收藏。

00 级

翟宏璐

1980 年生于山东烟台。1998 年毕业于中央美术学院附中。同年考入中央美术学院，2002 年毕业于油画系第一工作室，获学士学位。

张杰涛

1978 年 生 于 河 南。1998 年考入中央美术学院。2002 年毕业于油画系第一工作室，获学士学位。2008 年结业于北京电影学院文学系进修班。后担任《一九四二》等多部影视剧美术指导。

胡昌茕

1980 年生于湖南株洲。2000 年考入中央美院油画系第一工作室。2004 年考上研究生，导师朝戈，研究文艺复兴前期绘画。2007 年毕业，获硕士学位。2004 年本科毕业创作《生亦柔弱死亦坚强》被学院收藏，并作为优秀毕业作品代表赴澳门博物馆展出。2013 年著《一人之藏》一书。

苏楠

1981 年生于内蒙古呼和浩特。1997 年—2000 年就读于呼和浩特市铁路第一中学。2000 年—2004 年就读于中央美术学院油画系第一工作室，获学士学位。

夏理斌

1980 年生于浙江。
2004 年毕业于中央美
术学院油画系第一工作
室。2008 年获中央美
术学院油画系材料艺术
工作室硕士学位。2012
年毕业于中央美术学院
造型艺术研究所，获博
士学位。2012年参加中
国当代青年艺术家推荐
展。2013 年参加鼎新
华南油画邀请展。多幅
作品被美术馆收藏。

徐斐

1980 年生于北京。
2000 年毕业于中央美
术学院附中。2004 年
毕业于中央美术学院
油画系第一工作室。
2004—2008 年就读于
中央美术学院油画系第
一工作室，获硕士学位，
导师杨飞云。2006 年
至今，在中央美术学院
附中任教。2004 年本
科毕业创作《地铁印象》
入选第十届全国美展。
2007 年作品《窗前·凝
神》被今日美术馆收藏。

薛堃

1981 年生于北京。2000
年毕业于中央美术学院
附中。2004 年毕业于中
央美术学院油画系第一
工作室。2004—2007 年
就读于中央美术学院油
画系第一工作室，获硕
士学位。2007 年至今，
任教于西安美术学院油
画系具像表现工作室。
中国美术家协会会员。
2011 年作品《铁色记忆》
参加第四届全国青年美
展。2013 年《一千年以
后》等作品参加中国美
术馆举办的海峡两岸当
代艺术双年展。

张恒

1978 年生于黑龙江。
2004 年毕业于中央美
术学院油画系第一工作
室。现任教于哈尔滨师
范大学美术学院油画
系。2009 年作品《最
深邃的是表面的皮肤》
参加十一届全国美展黑
龙江地区优秀作品展。

0 一级

朱磊

蔡晶

高光

孔亮

1981 年生于山西省临猗县。2000—2001 年于中央美术学院油画系基础部学习。2001—2004 年于中央美术学院油画系第一工作室学习。2004 年毕业于中央美术学院油画系第一工作室，获学士学位。2005 年至今从事美术教学工作。

1981 年生于新疆。2005 年毕业于中央美术学院油画系第一工作室，获学士学位。

1981 年生于青岛。2005 年毕业于中央美术学院油画系第一工作室，获学士学位。2004 年《俚岛风景》系列获中央美术学院油画系"画室开放日"作品展"优秀写生奖"。油画《女肖像》获 2004—2005 学年度"本科在校生优秀作品展"二等奖。

1982 年生于沈阳。1997—2001 年就读于中央美术学院附中。2001—2005 年就读于中央美术学院第一工作室。2006—2009 年攻读中央美术学院研究生。2009 年至今，任教于中央美术学院版画系。2008 年参加"造型艺术新人展"（中国美术馆）。2010 年参加"学院力量——中央美术学院当代造型艺术展"并于中央美术学院美术馆及广州、武汉等地巡回展览。

林大陆

1982 年生于吉林省长
春市。2005 年毕业于
中央美术学院油画系第
一工作室。2006 年参
加 "精神与品格全国油
画展"。2009 年参加
"第十一届全国美展"。
2010 年参加 "亚洲艺
术博览会"。2010 年
参加 "艺术北京当代艺
术博览会"。2012 年
参加 "最绘画" 全国青
年美展。

刘斌

1980 年生于甘肃天水。
2006 年本科毕业于中
央美术学院油画系第一
工作室。现生活、工作
于兰州。

刘宇

1982 年生于北京。
2005 年毕业于中央美
术学院油画系第一工作
室，获学士学位。2005
年—2008 年就读于中
央美术学院油画系第一
工作室，获硕士学位。
2004 年作品被中央美
术学院美术馆收藏。
2005 年作品获得中央
美术学院本科生毕业创
作一等奖，私人藏。
2005 年作品获得中央
美术学院王嘉廉油画奖
学金二等奖，私人收藏。

彭天朗

1980 年生于黑龙江省
铁力市。2001 年考入
中央美术学院油画系第
一工作室。2005年毕业，
获学士学位。2005 年—
2010 年，任吉林动画
学院设计学院基础教研
室专业教师。

隋青

1982 年生于黑龙江省
大庆市。2005 年毕业
于中央美术学院油画系
第一工作室。

王晨光

1981 生于河南汝南。
2005 年毕业于中央美
术学院油画系第一工作
室，获学士学位。现为
自由职业者。

王瑾

1982 年生于北京。2001
年—2005 年就读于中央
美术学院油画系第一工
作室。2009 年 —2013
年为中国艺术研究院油
画院硕士研究生。2005
年作品《母亲》获中央
美术学院本科毕业展三
等奖。2008 年作品《动
漫美学百相》展览于北
京林大画廊。2008 年作
品《漫天动海》展览于
海林大画廊。2013 年参
加北京"艺盒子·游乐场"
当代艺术展。2010 年参
加新加坡"现代与当代
亚洲艺术"展览。

王龙军

1980 年生于吉林。
2006 年毕业于中央美
术学院油画系第一工作
室。2006 年至今在京
从事油画创作。2006
年参加"全国美术院校
优秀作品提名展"。
2011 年参加"成都双
年展"。2012 年参加
"2012 新写实油画展"。
2013 年参加"艺术中国
年度影响力巡回展·八
零画派提名展"。作品
曾多次出版。

0 二级

陈东阳

1981 年生于哈尔滨。2006 年毕业于中央美术学院油画系第一工作室，获学士学位。现任教于哈尔滨学院。

高思桦

1983 年出生于济南。2006 年本科毕业于中央美术学院油画系第一工作室。2010 年进入中央美术学院油画系攻读硕士。2010 年参加北京文化创意产业博览会中国油画展。分别于2005 年和2007 年参加上海青年美术大展。

郭伟

1980 年出生于山西省太原市。2006 年毕业于中央美术学院油画系第一工作室，获学士学位。2004 年至今参与多项艺术活动，作品与文字发表于《艺术新闻》（台湾）、《平遥国际摄影年鉴》、《首创馆群展》等。

李国栋

1982 年生于北京。2006 年本科毕业于中央美术学院油画系第一工作室。2009 年进入中国油画艺术研究院研修班学习。曾任教于吴作人美术学校。作品《女人体》《小敢》《鹅庄老人》入选鄂尔多斯文化节"寻缘问道"展览。

李亮

1981 年生于陕西咸阳。2001 年毕业于西安美术学院附中。2006 年毕业于中央美术学院油画系第一工作室。2008—2011 年就读于中央美术学院油画系第一工作室，获硕士学位。2008 年获得第二届"时代精神"全国油画作品展优秀作品奖。2011 年参加"成都双年展／首届百人会英才获奖作品展"。同年获得首届百人会英才奖。代表作品《周末》系列。

刘丰

1982 年生于辽宁沈阳。2006 年毕业于中央美术学院油画系第一工作室。至今一直从事美术基础教育工作。现生活、工作于辽宁沈阳。2011 年作品《祖国您好》获中国共产党成立九十周年书画艺术展一等奖。

刘涛

1984 年生于江西省。2006 年本科毕业于中央美术学院油画系第一工作室。2011 年进入中央美术学院造型学院攻读硕士。

刘忠凯

1978 年出生于山东胶州。2006 年毕业于中央美术学院油画系第一工作室。2006 年至今在山西省太原科技大学艺术学院绘画教研室任专业教师。

潘川

乔晓勇

王津

吴金河

1983 年生于山东。
2006 年本科毕业于中
央美术学院油画系第一
工作室。2011 年获中
央美术学院中国画学院
硕士。2011 年毕业创
作留校。作品《渔民系
列》参加第二届中国画
节。作品《风吹碧现浮
云尽》参展国家画院举
办的"荆浩杯"画展。

1980 年生于河北省石
家庄市栾城县。2006
年本科毕业于中央美术
学院油画系第一工作
室。从事艺术创作至今。
2006 年曾参加《失乐
园》系列消费时代萨特
空间展览，2010 年"向
往——乔晓勇个展"在
三木国际艺术举办。

1981 年生于河北省遵化
市。2006 年本科毕业
于中央美术学院油画系
第一工作室，狄学士学
位。从事艺术创作至今。

1979 年生于台湾。
2006 年本科毕业于中
央美术学院油画系第一
工作室。2010 年进入
中国油画院攻读硕士，
导师杨飞云。作品《坚
毅》获首届中国油画新
人奖。作品《红色空间》
《姿态》参加 2010 年"时
代杯"中国青年写实艺
术大展。

0 三级

章犇

张伟

鲍育伟

何婷

1984 年生于安徽黄山。2006 年毕业于中央美术学院油画系第一工作室。2009 年研究生毕业，获硕士学位。2012 年至今为中央美术学院在读博士。2009 年到 2012 年曾任教于湖北美术学院油画系。2008 年曾获"2008 造型艺术新人展"新人提名奖。2010 年获"时代杯"中国青年写实艺术大展优秀奖。2012 年于广州举办"渐行渐远——章犇油画作品展"。

1983 年生于内蒙古呼和浩特市。2006 年本科毕业于中央美术学院油画系第一工作室。同年进入北京吉利大学艺术学院任基础部教师。2009 年参与绘制《成吉思汗历史画卷》。

1984 年生于黑龙江。2007 年毕业于中央美术学院油画系第一工作室。2007—2010 年就读于中央美术学院油画系第一工作室，获硕士学位。现为哈尔滨师范大学美术学院讲师。2007 年本科毕业创作获本科生毕业作品三等奖。2011 年获黑龙江省首届绘画摄影教学成果奖一等奖。2012 年获黑龙江省青年油画展优秀奖。

1983 年生于辽宁丹东。2007 年毕业于中央美术学院油画系第一工作室，获学士学位。在校期间习作获校内一等奖。毕业作品《影子系列》获本科生毕业创作三等奖。

侯妍妍　　　　　　　　孟韵　　　　　　　　莫伟康　　　　　　　谢宜均

1983 年生于重庆。
2003 年毕业于中央美
术学院附中。2007 年
毕业于中央美术学院油
画系第一工作室，获
学士学位。2011 年参
加"ICAFE" 展览。
2012 年参加"自画像"
展览。2013 年参加"亚
洲当代艺术展"、"青
年艺术 100"。

1982 年生于北京。
2007 年毕业于中央美
术学院油画系第一工作
室。2007 年毕业创作
获中央美术学院王嘉廉
油画奖学金二等奖。
2009 年参加"挖掘发
现——首届中国油画新
人展"。2012 年作品参
展中国美协举办的"首
届全国中青年油画展"。

1977 年生于香港。
2007 年毕业于中央美
术学院油画系第一工作
室，获学士学位。2010
年毕业于中央美术学院
实验艺术系，获硕士学
位。2007 年和 2011 年
于香港举行"背后"和
"转身"两次个展。曾
参加多届"杰出亚洲艺
术奖入围展"等众多国
内外艺术展览。

1983 年生于北京。
2003 年毕业于中央美
术学院附中。2007 年
毕业于中央美术学院油
画系第一工作室。2007
年考入中国艺术研究院
研究生院，师从杨飞
云。2009 年作品入选
"挖掘·发现新人展"，
并被中国油画院收藏。
2010 年作品入选"寻
源问道——中国油画邀
请展"和"写生精神展"。
2011 年获"百人会"
奖学金。2012 年参加
"心灵与诚实"油画展。

杨帆

1983 年生于哈尔滨。2007 年毕业于中央美术学院油画系第一工作室。现居北京，从事职业油画创作。2007 年《画室系列一》《画室系列二》创作获中央美术学院优秀毕业作品一等奖。

袁媛

1983 年生于北京。2007 年毕业于中央美术学院油画系第一工作室，获学士学位。2007 年—2010 年就读于中央美院油画系第一工作室，获硕士学位。现生活、工作于北京。2010 年，于湖北省美术学院美术馆举办"焦躁的诗意"个展。2011 年，于湖北省美术学院美术馆举办个展"袁媛油画作品展"。2012 年，于宋庄举办个展"记忆的独白"。

张宇

1984 年生于安徽。2007 年毕业于中央美术学院油画系第一工作室，获学士学位。2013 年获得中国艺术研究院硕士学位。2010 年参加中国青年写实艺术大展，获优秀奖。2011 年参加先声画廊中国写实艺术展。2013 年参加大美生联展。

朱九谕

1983 年生于山东省青岛市。2007 年毕业于中央美术学院油画系第一工作室。2003 年 9 月至 2004 年 9 月就读于中央美术学院造型学院基础部期间，获素描二等奖，作品刊登于相关刊物。

0 四级

程竹

1983 年生于四川省。2004 年考入中央美术学院。2008 年毕业于中央美术学院油画系第一工作室，获学士学位。2011 年研究生毕业，获硕士学位。2012 年参加"中国近现代高僧大德人物油画肖像创作"活动和展览，绘制《明学法师肖像》，此作品永久收藏于奉化溪口雪窦山资圣禅寺弥勒大佛基座艺术馆。多幅作品被国内外个人及艺术机构收藏。

迟明

1984 年生于山东烟台。2004 年考入中央美术学院。2008 年毕业于中央美术学院油画系第一工作室，获学士学位。作品多次参加国内重要展览。

胡冰

1982 年出生于上海。2003 年毕业于中央美术学院附中。2004 年考入中央美术学院。2008 年毕业于中央美术学院油画系第一工作室，获学士学位。2008 年考入中央美术学院油画系第一工作室，2011 年毕业，获硕士学位。

黄启覃

1984 年出生于山东济南。2004 年考入中央美术学院。2008 年毕业于中央美术学院油画系第一工作室，获学士学位。2010 年至今就读于德国菲利普斯马尔堡大学造型艺术学院。2008 年本科毕业作品系列《空间内的光》获得毕业作品展一等奖。2012 年于德国马尔堡格林兄弟故居为作品《知白守黑》举办展览。2013 年于德国马尔堡 TTZ 中心为作品《静–影 空间，时间》举办展览。

刘丹

年新琦

王翔

谢娜

1985 年生于辽宁省大连市。2004 年考入中央美术学院。2008 年毕业于中央美术学院油画系第一工作室，获学士学位。2008 年考入中央美术学院油画系第一工作室，2011 年毕业，获硕士学位。2011 年《第 115 封信系列之十》入选第二届油画新人展。2012 年《镜像系列之太阳雨》获第三届油画新人展优秀奖。2012 年《镜像系列·印迹》入选"时代风采——2012 中国百家金陵油画作品展"。

1985 年出生于河北省唐山市。2004 年考入中央美术学院。2008 年毕业于中央美术学院油画系第一工作室，获学士学位。现生活、工作于北京。2011 年获中国学院派新生代"艺术与新生"联展入围奖。2012 年入选"大艺时代——首届中国学院青年艺术家邀请展"。

1986 年出生于湖南岳阳。2004 年考入中央美术学院。2008 年毕业于中央美术学院油画系第一工作室，获学士学位。现居北京。

1983 出生于北京。2004 年毕业于中央美术学院附中。同年考入中央美术学院。2008 年毕业于中央美术学院油画系第一工作室，获学士学位，师从孙为民、朝戈、胡建成、高天雄、孙逊。现为中国书画家联谊会会员，工作、生活于北京。2009 年在意大利世界博物馆参加联展。2013 年参与中央电视台春节联欢晚会歌曲《茉莉花》节目伴舞演员的人体彩绘工作。

0 五级

周础

范晔

蒋大伟

姜子叶

1983 年出生于吉林长春。2004 年考入中央美术学院。2008 年毕业于中央美术学院油画系第一工作室，获学士学位。2011 年至今任教于中央戏剧学院。曾参展全国十大美院优秀作品展并有作品入选《中央美术学院素描60 年》。

1987 年出生于天津。2005 年考入中央美术学院。2009 年毕业于中央美术学院油画系第一工作室，获学士学位。2011 年进入中央美术学院造型基础部攻读硕士。2012 年 9 月—2013 年 1 月在法国马赛高等美术学院交流学习。

1985 年出生于山东省。2005 年考入中央美术学院。2009 年毕业于中央美术学院油画系第一工作室，获学士学位。进行油画创作至今。

1985 年出生于河北省定州市。2005 年考入中央美术学院。2009 年毕业于中央美术学院油画系第一工作室，获学士学位。作品《大学时代》参加第四届全国青年美展并获优秀奖。2012 年参加第五届北京国际双年展。

李冉

1985 年出生于北京。2005 年考入中央美术学院。2009 年毕业于中央美术学院油画系第一工作室，获学士学位。同年考取英国伦敦艺术大学切尔西艺术与设计学院入学资格，次年进入英国伦敦艺术大学坎伯维尔艺术学院攻读硕士学位。2012 年多幅速写作品参加英国伦敦佛伊尔斯"伦敦速写挑战展"。

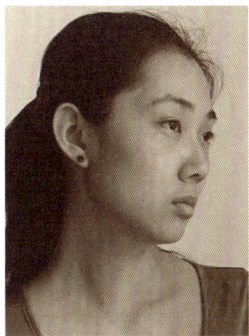

李璇

1984 年生于天津。2005 年考入中央美术学院。2009 年毕业于中央美术学院油画系第一工作室，获学士学位。2010 年参展"独立宣言—2010 巨人杯"大学生年度提名展。2012 年参展"未来"青年艺术作品展。2013 年参加第三届"挖掘·发现"中国油画新人展。

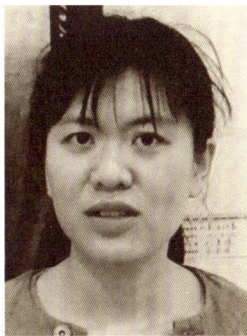

刘喜娟

1983 年出生于山西太原。2005 年考入中央美术学院。2009 年毕业于中央美术学院油画系第一工作室，获学士学位。2010 年进入浙江师范大学美术学院写意当代油画工作室攻读硕士学位。2011 年，作品《2011 年 1 月 6 日晨》入选"浙江省第五届青年美展"。2013 年，作品《混逐蔓延 -1》入选"视域江南——浙江省油画作品展"。

王红刚

1983 年出生于河北省定州市。2005 年考入中央美术学院。2009 年毕业于中央美术学院油画系第一工作室，获学士学位。2011 年，作品《再干一杯》参加第四届青年美术展览。2012 年，作品《在路上》参加英国举办的首届世界青年艺术节。作品《母亲》等被今日美术馆收藏。

王钧

1982 年出生于山东。2005 年考入中央美术学院。2009 年毕业于中央美术学院油画系第一工作室，获学士学位。曾获《纪念改革开放三十年全国名人名家书画邀请展》金奖。2012 年作品《南巡》被邓小平纪念馆收藏。2013 年参加"观致——新写实绘画展"。作品出版于《流动艺术——中国青年艺术家 2012—2013》。

王诗坤

1985 年出生于河南省。2005 年考入中央美术学院。2009 年毕业于中央美术学院油画系第一工作室，获学士学位。2012 年进入中国矿业大学攻读硕士学位。2012 年 12 月参加中国辽宁锦州博物馆举办的"王金明、王诗坤父女书画作品展"。

王彦博

1983 年生于山东。2005 年考入中央美术学院。2009 年毕业于中央美术学院油画系第一工作室，获学士学位。2010 年《金色的守望》《小秋肖像》参加"时代杯——中国青年写实艺术大展"并获优秀奖。2012 年参加"梦里梦外——当代写实作品展"。作品《静谧的时光》《梅》参加"艺术北京"当代精选收藏展。

张超

1984 年出生于河北省邢台市。2005 年考入中央美术学院。2009 年毕业于中央美术学院油画系第一工作室，获学士学位。2012 年进入中央美术学院油画系攻读硕士学位。油画作品《我们的一画室》入选 2011 年"第四届全国青年美展"并被收入《第四届全国青年美术作品展作品集》。

0 六级

白冰洋

1988 年生于山东莱芜。2006 年考入中央美术学院。2010 年毕业于中央美术学院油画系第一工作室，获学士学位。现为北京美术家协会会员。2009 年作品入选第十一届全国美术作品展览。2011 年作品入选第四届全国青年美展。2011 年作品入选第二届"挖掘·发现"新人展。2012 年作品入选首届全国中青年油画展。

边涛

1980 年生于辽宁省辽阳市。2006 年考入中央美术学院。2012 年毕业于中央美术学院油画系第一工作室，获学士学位。（2009 年至 2011 年休学。）

邓鑑

1985 年生于广东阳江。2006 年考入中央美术学院。2010 年毕业于中央美术学院油画系第一工作室，获学士学位。2010 年至今为中国艺术研究院在读硕士。《秋日的期盼》获 2010 交通银行"时代杯"中国青年写实艺术大展优秀奖。2011 年，《漫长的星期天》入选第四届全国青年美术展览。

李想

1986 年生于北京。2006 年毕业于中央美术学院附中，同年考入中央美术学院。2010 年毕业于中央美术学院油画系第一工作室，获学士学位。2010 考入中央美术学院油画系第一工作室，2013 年毕业，获硕士学位。硕士在读期间，到挪威奥斯陆国立美术学院交流学习。2013 年毕业创作《冬天——人物肖像系列》（之二）被中央美术学院美术馆永久收藏。

刘浩岩

1985 年出生于河北省廊坊市。2006 年考入中央美术学院。2010 年毕业于中央美术学院油画系第一工作室，获学士学位。2007 年获得学院优秀作品三等奖。获 2008—2009 年度优秀学生奖学金二等奖。

潘志杰

1988 年出生于湖南省宁乡县。2006 年考入中央美术学院。2011 年毕业于中央美术学院油画系第一工作室，获学士学位（期间休学一年），师从孙为民、胡建成、高天雄、孙逊等老师。毕业创作《画室》参加中央美术学院 2011 届本科生毕业展。

孙瑛

1988 年出生于湖南。2006 年考入中央美术学院。2010 年毕业于中央美术学院油画系第一工作室，获学士学位。2013 年获芝加哥艺术学院艺术绘画专业硕士学位。2009 年作品入选"第十一届全国美展油画作品展"。2010 年作品参加"中国油画与当代社会"展览。

王立朝

1985 年生于河北邯郸。2006 年毕业于央美附中。同年考入中央美术学院，2010 年毕业于中央美术学院油画系第一工作室，获学士学位。2009 年参加 798 艺术区首届绿色环保展。2010 年《老人像》等作品赴新加坡展览并被渣打银行收藏。2013 年参加"E京华·PART Ⅲ"雅昌艺术家联展。代表作品有《希望》《雕塑工作室》等。

0 七级

王一

张今我

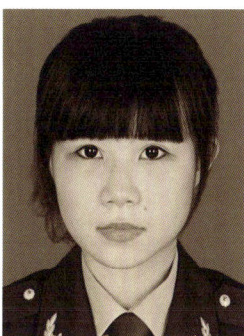

周末

何鑫华

1986 年 生 于 上 海。2006 年考入中央美术学院。2010 年毕业于中央美术学院油画系第一工作室，获学士学位。2010 年至今任教于央美附中。2009 年《新站》参加第十一届全国美展。2010 年《都市系列——新站、晨曦、萤影》获中央美院毕业创作一等奖并参加"千里之行"系列活动。2011 年《都市系列——晨曦》参加"挖掘·发现——全国油画新人展"。

1986 年出生于辽宁锦州。2006 年考入中央美术学院。2010 年毕业于中央美术学院油画系第一工作室，获学士学位。毕业后考取中国艺术研究院中国油画院研究生。现任教于中央美院附中。2009 年参与绘制建国 60 周年国庆大阅兵胡主席巨幅画像，并被评为"优秀工作者"。

1988 年 生 入 南 京。2006 年毕业于中央美术学院附中，同时获得中央美术学院与清华美院保送资格。2006 年进入中央美术学院。2010 年毕业于中央美术学院油画系第一工作室，获学士学位。现为中央美术学院油画博士、部队专业创作员。油画作品多次入选全国美展、全军美展并获奖。出版个人专著 11 本。

1987 年出生于山西大同。2007 年考入中央美术学院。2011 年毕业于中央美术学院油画系第一工作室，获学士学位。2010 年油画作品参加香港大学生画展。同年油画作品参加全国"第六届中国西部大地情"画展。2011 年油画作品参加中国首届青年画展。2012 年油画被保利公司拍卖。2012 年油画作品参加大艺网举办的大学生油画展。

欧阳石乾

1984 年出生于湖南。
2007 年考入中央美术
学院。2011 年毕业于
中央美术学院油画系第
一工作室，获学士学位。
2007 年获素描二等奖、
速写优秀奖。2010 年
获校三等奖学金。

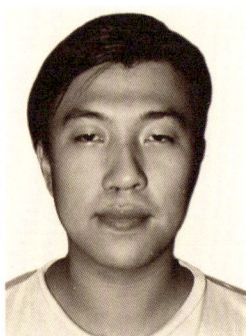

司博闻

1989 年出生于北京。
2007 年考入中央美术
学院。2011 年毕业于
中央美术学院油画系第
一工作室，获学士学位。
作品《双老人像》获
得 07 至 08 学年中央美
术学院造型学院优秀作
品展一等奖并留被校收
藏。2009 年作品获中
央美术学院"艺术探索
奖"，并获得"马爹利
赴法留学基金"。2010
年赴法国交流。

万立

1985 年出生于湖南。
2007 年考入中央美术
学院。2011 年毕业于
中央美术学院油画系第
一工作室，获学士学位。
同年进入中央美术学院
油画系第一工作室攻读
硕士学位，师从一画室
主任胡建成教授。2012
年多幅作品和论文发表
在《中华儿女·书画名
家》期刊上。

汪细飞

1987 年出生于广东韶
关。2007 年考入中央
美术学院。2011 年毕业
于中央美术学院油画系
第一工作室，获学士学
位。现为中央美术学院
基础部研究生。

许翔

1989 年生于安徽省马鞍
山 市。2004—2007 年
就读于安徽省马鞍山市
第二中学。2007 年考入
中央美术学院。2012 年
毕业于中央美术学院油
画系第一工作室，获学
士学位(期间休学一年)。

徐紫迪

1988 年出生于哈尔滨
市。2007 年考入中央
美术学院。2011 年毕业
于中央美术学院油画系
第一工作室，获学士学
位。2011 年免试攻读中
央美术学院硕士研究生
学位，进入油画系第一
工作室学习。在校期间
多幅作品被留校收藏。
2010 年留学于法国巴
黎国立高等美术学院。
2010 年获"马爹利艺
术奖金"，被法国巴黎
高等美术学院录取。
2011 年本科毕业创作获
优秀毕业创作二等奖。

殷嘉贺

1988 年出生于辽宁丹
东。2007 年考入中央
美术学院。2011 年毕业
于中央美术学院油画系
第一工作室，获学士学
位。作品曾获"足迹·青
春"中央美术学院庆祝
建党九十周年学生主题
创作展二等奖。作品多
次获得校内奖项。

庄元

1989 年出生于福建福
州。2007 年考入中央
美术学院。2011 年毕
业于中央美术学院油画
系第一工作室，获学士
学位。2010 年秋季前
往荷兰鹿特丹德库宁美
术学院学习，并获得法
国巴黎卢浮宫批准入馆
临摹油画的机会。2011
年作为中央美术学院油
画系代表参加香港中文
大学邀请展。

0 八级

陈文厦   杜飞   李玉川   魏颖

1990年生于湖北武汉。2008年考入中央美术学院。2012年毕业于中央美术学院油画系第一工作室，获学士学位。同年考入中央美术学院油画系第一工作室攻读研究生，师从胡建成教授。2013年获 E·LAND 优秀创作奖学金。	1988年出生于呼和浩特。2008年毕业于中央美院附中，同年考入中央美术学院。2012年毕业于中央美术学院油画系第一工作室，获学士学位。2012年任教于中央美术学院附中。现为中央美术学院油画系研究生。	1987年出生于江西南昌。2008年考入中央美术学院。2012年毕业于中央美术学院油画系第一工作室，获学士学位。现为中央美术学院油画系研究生。	1988年出生于山东。2008年考入中央美术学院。2012年毕业于中央美术学院油画系第一工作室，获学士学位。作品《黑沙发上的女人体》《厂》系列之一参加"2011香港中大艺术邀请展"。作品《厂》系列参展2013年中国油画新人展"挖掘与发现"第三届展览并获得优秀奖。

温一沛

夏婧

徐超

张蒙

1988 年出生于河北省秦皇岛市。2004—2008年就读于中央美术学院附中。2008 年保送至中央美术学院。2012 年毕业于中央美术学院油画系第一工作室，获学士学位。2012 至今就读于美国 Pratt Institute 绘画专业。2012 年作品《桌—1》《桌—2》出版于 2012 中央美术学院"千里之行"画册。2010 年作品《黄凳子》出版于《当代名家——中华儿女杂志》。

1988 年出生于浙江省。2008 年毕业于中央美术学院附属中学，同年考入中央美术学院。2012 年毕业于中央美术学院油画系第一工作室，获学士学位。2012 年考入中央美院攻读硕士学位。2012年 7 月作品《发》入选"UPSAPACE(升空间)青年艺术家群展"。

1987 年出生于黑龙江哈尔滨。2008 年考入中央美术学院。2012 年毕业于中央美术学院油画系第一工作室，获学士学位。

1988 年出生于山东日照。2008 年考入中央美术学院。2012 年毕业于中央美术学院油画系第一工作室，获学士学位。在校期间作品代表中央美术学院油画系第一工作室赴香港中文大学交流展览。2012 年作品《秒速零》入选"新视觉 2012：弥散的主体——第九届全国美术学院油画专业应届毕业生优秀作品展"。

〇九级

蔡昊坤

1992年7月生于河南郑州。2009年考入中央美术学院。2013年毕业于油画系第一工作室，获文学学士学位。现为中央美术学院油画系第一工作室研究生。在校期间多幅作品出版在《中央美术学院素描、油画人体》中。作品《男人体》曾获油画系优秀作品奖。

陈雪飞

1989年生于江苏省扬州市。2009年考入中央美术学院。2013年毕业于油画系第一工作室，获文学学士学位。

韩墨馨

1990年生于辽宁大连。2009年考入中央美术学院。2013年毕业于油画系第一工作室，获文学学士学位。同年获得免试保送研究生资格。现为胡建成教授在读研究生。本科期间连续三年获得优秀学生奖学金。2011年作品《直视》入选"香港中文大学·中央美术学院油画系一画室交流展"（香港）。2013年作品《1:1》参加"传承与前行——中央美术学院油画雕塑师生展"（无锡）。

鞠煜林

1989年生于吉林省长春市，满族。2009年考入中央美术学院。2013年毕业于油画系第一工作室，获文学学士学位。在校期间曾获中央美术学院优秀学生奖学金二等奖，七幅作品留校。2012年作品《餐桌》获油画系开放日三等奖、凤凰艺术奖学金二等奖。毕业创作《出租屋》系列获中央美术学院油画系毕业作品一等奖。

宋若熙

许载舟

姚瑶

郑巧思

1989年生于河南省洛阳市。2009考入中央美术学院。2013年毕业于油画系第一工作室，获文学学士学位。2013年至今为中央美术学院油画系一工作室胡建成导师研究生。2010年获优秀学生干部奖学金。2011年获优秀学生三等奖学金。2012年获优秀学生三等奖学金。2010年作品获校优秀作品二等奖、三等奖。2012年作品获校开放日最佳技法奖。

1990年生于辽宁大连。2009年考入中央美术学院。2013年毕业于油画系第一工作室，获文学学士学位。现攻读中央美术学院油画系第一工作室研究生。本科期间曾获国家奖学金、北京市优秀团员、中央美术学院优秀毕业生等。在校期间有多幅留校作品。毕业创作《觑》系列获得优秀作品奖，同时被中央美术学院美术馆收藏。

1991年生于山东。2009年考入中央美术学院。2013年毕业于油画系第一工作室，获文学学士学位。现攻读中央美术学院油画系第一工作室研究生，师从胡建成老师。

1989年生于辽宁省锦州市。2009年毕业于中央美术学院附中，同年考入中央美术学院，2013年毕业于油画系第一工作室，获文学学士学位。同年保送进入中央美术学院油画系攻读硕士，导师胡建成。

历届研究生简历（1994 年—2013 年）
PostGraduate Resume（1994—2013）

靳尚谊　　　　　　　　　孙为民　　　　　　　　　胡建成

靳尚谊（导师）

贺羽

孙逊

1971 年生于湖南省株洲市。1990 年毕业于中央美术学院附中，同年考入中央美术学院。1994 年毕业于油画系第一工作室，获文学学士学位。1994—1996 年就读于中央美术学院油画系第一工作室，获硕士学位。2003 年考取中央美术学院首届美术学油画方向博士研究生。2007 年至今任教于中央美院造型基础部。曾参加第九、第十届全国美展等展览。

1970 年生于贵州省麻江县。1994 年毕业于油画系第一工作室，获学士学位。1996 年获硕士学位。2003 年被录取为中央美术学院首届实践类博士生。2004 年任中央美术学院附中常务副校长。2007 年获博士学位，调入中央美术学院油画系第一工作室。2009 年任油画系副主任、青年教师协会会长。2009 年《父母》入选第十一届全国美术作品展并获优秀提名奖。

孙为民（导师）

高鹏

薛堃

1980 年生于山东省青岛市。2002 年毕业于山东艺术学院美术系油画专业，获文学学士学位。2004 年就读于中央美术学院。2007 年毕业于油画系第一工作室，获硕士学位。现为中央美术学院在读博士。2008 年，作品《寻常百姓家》参加第三届全国青年美展，由中国美术馆收藏。作品《冬末春初》参加第十一届全国美展。2011 年，油画《平淡生活》参加第四届全国青年展。

1981 年生于北京。2000 年毕业于中央美术学院附中。2004 年毕业于中央美术学院油画系第一工作室。2004—2007 年就读于中央美术学院油画系第一工作室，获硕士学位。2007 年至今，任教于西安美术学院油画系具像表现工作室。中国美术家协会会员。2011 年作品《铁色记忆》参加第四届全国青年美展。2013 年《一千年以后》等作品参加中国美术馆举办的海峡两岸当代艺术双年展。

靳尚谊、孙为民（导师）

陈晔

李晓宇

林笑初

刘明才

1980 年 生 于 北 京。1999 年考入中央美术学院。2003 年毕业于油画系第一工作室，获学士学位。2003—2006 年就读于中央美术学院油画系第一工作室，获硕士学位，并留校任教。现为中央美术学院附中专业教学部工作室主任。

1979 年生于辽宁沈阳。1998 年毕业于中央美院附中。1998 年考入中央美术学院。2002 年毕业于油画系第一工作室，获学士学位。2002 年考入中央美术学院油画系第一工作室，2005 年毕业，获硕士学位。2013 年毕业于中央美术学院造型艺术研究所，师从靳尚谊教授，获博士学位。毕业后任教于中国人民大学艺术学院绘画系油画专业。

1977 年 生 于 浙 江。2001—2004 年就读于中央美术学院油画系第一工作室，获硕士学位，同年留校任教于附中。2012 年获博士学位，导师为靳尚谊教授，同年调入油画系第一工作室任教。主要展览：2000 年 "APEC 青年艺术家邀请展"（文莱），2008 年 "五岳之行——两岸师生作品交流展"（台北），2013 年 "来自北京——中央美院油画系教师作品展"（纽约）。

1972 年生于四川蓬溪。2001—2004 年就读于中央美术学院油画系第一工作室，获硕士学位。现为中国人民大学艺术学院副教授、绘画系副主任。1994 年《灵光》入选第八届全国美展。1997 年《绿书包》入选中国油画百年肖像展。2010 年举办 "渐行渐远——刘明才书法、油画作品展"。2012 年参加中国国家画院美术馆 "大家之路——当代画坛最具艺术成就名家邀请展"。

张晨初

赵峥嵘

1973年生于浙江台州。1992年于中国美术学院美术教育系毕业，获学士学位。1998年于中国美术学院油画系结业。2001年毕业于中央美术学院油画系第一工作室，获硕士学位。现为上海师范大学美术学院教授、硕士生导师，文化部国韵文华书画院艺术委员会副秘书长。曾获首届中国美术教师艺术作品年度奖金奖、第十届全国美展优秀奖、日中友好会馆大奖及第三届上海青年美术大展一等奖。

1971年生于上海。1998年毕业于中国美术学院油画系。2002—2005年就读于中央美术学院油画系第一工作室，获硕士学位。现任教于广州美术学院造型艺术基础部。2012年在广州举办个展"再见！上海"。2013年在上海举办"微光——赵峥嵘作品展"。其作品现被收藏于广东美术馆、武汉美术馆、北京环铁美术馆。

胡建成（导师）

边涛

金敏

李亮

刘丹

1986 年生于山东淄博。2010 年毕业于首都师范大学美术学院油画系，获学士学位。2010 2013 年就读于中央美术学院油画系第一工作室，获硕士学位。2008 年油画作品被首都师范大学美术学院收藏。2011 年油画作品获中央美术学院二等奖，在校期间多次获年度奖学金。

1973 年生于内蒙古。1998 年毕业于内蒙古师范大学美术系，获学士学位。2008—2008 年油画作品被首都师范大学美术学院收藏。2011 年就读于中央美术学院油画系第一工作室，获硕士学位。现为中国美术家协会会员，任教于呼伦贝尔学院美术学院。作品 2008 年入选第三届全国青年美术作品展，并被中国美术馆收藏。2011 年油画作品入选第四届全国青年美术作品展。2012 年参加"浩瀚草原——中国美术作品展"。

1981 年生于陕西咸阳。2001 年毕业于西安美术学院附中。2006 年毕业于中央美术学院油画系第一工作室。2008-2011 年就读于中央美术学院油画系第一工作室，获硕士学位。2008 年获得第二届"时代精神"全国油画作品展优秀作品奖。2011 年参加"成都双年展 / 首届百人会英才获奖作品展"。同年获得首届百人会英才奖。代表作品《周末》系列。

1985 年生于辽宁省大连市。2004 年考入中央美术学院。2008 年毕业于中央美术学院油画系第一工作室，获学士学位。2008 年考入中央美术学院油画系第一工作室，2011 年毕业，获硕士学位。2011 年《第 115 封信系列之十》入选第二届油画新人展。2012 年《镜像系列之太阳雨》获第三届油画新人展优秀奖。2012 年《镜像系列·印迹》入选"时代风采——2012 中国百家金陵油画作品展"。

刘芳

刘钧

刘宇

刘尊海

1981 年生于辽宁省沈阳市。1999—2003 年就读于鲁迅美术学院油画系，获学士学位。2004—2007 年就读于中央美术学院油画系第一工作室，获硕士学位。

1977 年生于北京。1998年考入中央美术学院。2002 年毕业于油画系第一工作室，获学士学位。2004 年考入中央美术学院油画系第一工作室，2007 年毕业，获硕士学位。2006 至 2009 年，任教于中央美术学院城市设计学院。2010 至 2012 年，任教于中央美术学院继续教育学院。2012 年任教于北方工业大学艺术学院。2008 年作品《关于青春的记忆》入选"2008 青年美术家提名展"。

1982 年出生于北京。2001 年考入中央美术学院。2005 年毕业于油画系第一工作室，获学士学位。2005—2008年就读于中央美术学院油画系第一工作室，获硕士学位。2004 年作品被中央美术学院美术馆收藏。2005 年作品获得中央美术学院本科生毕业创作一等奖，私人收藏。2005 年作品获中央美术学院王嘉廉油画奖学金二等奖，私人收藏。作品多次刊登于书刊。

1979 年生于江西省南丰县。2004 年毕业于南京艺术学院油画专业，获学士学位。2006—2009 年就读于中央美术学院油画系第一工作室，获硕士学位。2009年作品《画墙——我们有一个强大的祖国》在炎黄艺术馆展出。2009年作品入选"第十一届全国美术作品展"。2011 年作品《京韵》（合作）参加"记忆传承创新——中国油画作品展"。

王珂

周础

1979 年 生 于 济 南。
2006—2009 年就读于
中央美术学院油画系第
一工作室，获硕士学位。
2009 年油画入选"第
十一届全国美术作品
展"。2009 年获研究
生毕业作品展优秀作品
奖，被中央美术学院美
术馆收藏。2011 年油画
作品入选"中国美协第
四届青年美展"。

1983 年生于吉林长
春。2004 年考入中央
美术学院。2008 年毕
业于油画系第一工作
室，获文学学士学位。
2008—2011 年就读于
中央美术学院油画系
第一工作室，获硕士
学位。2011 年至今任
教于中央戏剧学院。
曾参加全国十大美院
优秀作品展，作品入
选《中央美术学院素
描 60 年》。

杨飞云（导师）

徐斐

1980 生于北京。2000 毕业于中央美术学院附中，同年考入中央美术学院。2004 年毕业于油画系第一工作室，获文学学士学位。2004 年毕业创作《地铁印象》入选"第十届全国美术作品展"。2007 年作品《窗前·凝神》被今日美术馆收藏。2004—2008 年就读于中央美术学院油画系第一工作室，获硕士学位，导师杨飞云。2006 年至今，任教于中央美术学院附中。

靳尚谊　　　　　　　　　　孙为民　　　　　　　　　　胡建成

朝戈（导师）

崔成柱

胡昌茕

李雪满山

杨力

1981年生于吉林省延吉市。2004年毕业于吉林省艺术学院油画系。2004年先后在吉林艺术学院美术系和北京唐煌美术学校授课。2006—2009年就读于中央美术学院油画系第一工作室，获硕士学位。2009年至今，于北京唐煌美术学校授课。2012年9—11月，于延边大学美术学院授课。2012年，于延边大学美术学院展览馆举办个展《崔成柱绘画作品展》。

1980年生于湖南株洲。2000年考入中央美院油画系第一工作室。2004毕业于油画系第一工作室，获文学学士学位。毕业创作《生亦柔弱死亦坚强》被学院收藏，并作为优秀毕业作品代表赴澳门博物馆展出。2004年考入中央美术学院，研究文艺复兴前期绘画。2007年毕业于油画系第一工作室，获硕士学位。导师为朝戈，2013年著《一人之藏》一书。

原名李昊，1982年生于湖南浏阳。2004年，毕业于四川美术学院油画系，获学士学位。2004—2007年就读于中央美术学院油画系第一工作室，获硕士学位。2008—2012年，赴法国学习考察和创作。2010—2011年先后在法国巴黎和奥尔良举办个展。2010年，在法国入选"自由表达"沙龙，获"青年才子"奖。同年，受聘于湖北美术学院基础部。

1978年生于内蒙古包头市。1996年毕业于中央美术学院附中。1996年考入中央美术学院。2000年毕业于油画系第一工作室，获文学学士学位。2005—2008年就读于中央美术学院油画系第一工作室，获硕士学位，导师为朝戈。2008年至今任教于北京国际艺术学校。

章犇

1984 年生于安徽黄山。2006 年毕业于中央美术学院油画系第一工作室。2009 年研究生毕业，获硕士学位。2012 年至今为中央美术学院在读博士。2009 年到 2012 年曾任教于湖北美术学院油画系。2008 年曾获"2008 造型艺术新人展"新人提名奖。2010 年获"时代杯"中国青年写实艺术大展优秀奖。2012 年于广州举办"渐行渐远——章犇油画作品展"。

高天雄（导师）

鲍育伟

程竹

侯佩岑

胡冰

1984 年生于黑龙江。
2003 年考入中央美术
学院。2007 年毕业于
油画系第一工作室，获
文学学士学位。毕业创
作获本科生毕业作品
三等奖。2007—2010
年就读于中央美术学
院油画系第一工作室，
获硕士学位。现为哈
尔滨师范大学美术学
院讲师。2011 年获黑
龙江省首届绘画摄影
教学成果奖一等奖。
2012 年获黑龙江省青
年油画展优秀奖。

1983 年生于四川省。
2004 年考入中央美术
学院。2008 年毕业于
中央美术学院油画系第
一工作室，获学士学位。
2011 年研究生毕业，获
硕士学位。2012 年参加
"中国近现代高僧大德
人物油画肖像创作"活
动和展览，绘制《明学
法师肖像》，此作品永
久收藏于奉化溪口雪窦
山资圣禅寺弥勒大佛基
座艺术馆。多幅作品被
国内外个人及艺术机构
收藏。

1986 年生于台湾台中。
2009 年毕业于国立台
湾艺术大学美术系，获
学士学位。2009—2012
年就读于中央美术学院
油画系第一工作室，获
硕士学位。2012 年考
入中央美术学院造型研
究所攻读博士。曾多次
在台湾举办油画个展，
并有作品于 2011 年、
2013 年入选"台湾桃城
美展"。

1982 年 生 于 上 海。
2003 年毕业于中央美
术学院附中。2004 年考
入中央美术学院。2008
年毕业于油画系第一工
作室，获学士学位。
2008—2011 年就读于
中央美术学院油画系第
一工作室，获硕士学位。

李想

李学昌

袁媛

张溪

1986 年 生 于 北 京。
2006年毕业于中央美术
学院附中。2006 年 考
入中央美术学院。2010
年毕业于中央美术学院
油画系第一工作室，获
学士学位。2010 考入中
央美术学院油画系第一
工作室，2013 年毕业，
获硕士学位。硕士在读
期间，到挪威奥斯陆国
立美术学院交流学习。
2013 年毕业创作《冬
天——人物肖像系列》
（之二）被中央美术学
院美术馆永久收藏。

1975 年 生 于 河 南。
2002年考入中央美术
学院。2006 年毕业于
油画系，获学士学位。
2009年考入中央美术
学院油画系第一工作
室，获硕士学位，师从
高天雄。现为自由职业
者。

1983 年 生 于 北 京。
2003年考入中央美术
学院。2007 年毕业于
油画系第一工作室，获
学士学位。2007—2010
年就读于中央美院油画
系第一工作室，获硕士
学位。2010 年，于湖北
省美术学院美术馆举办
个展"焦躁的诗意"。
2011 年，于湖北省美术
学院美术馆举办"袁媛
油画作品展"。2012年，
于宋庄举办个展"记忆
的独白"。现生活、工
作于北京。

1979年生于北京。2000
年毕业于中央美术学院
附中。2001—2003年，
参加德国柏林艺术大学
与中国美术学院合作的
"夏季学院"。2005
年毕业于中国美术学院
油画系，获学士学位。
2009—2012年就读于中
央美术学院油画系第一
工作室，获硕士学位。
2007 年，为中央美术学
院课聘教员。2011 年，
参加"香港中大艺术
2011 中央美术学院油画
系一画室学生作品展"。

中央美术学院油画系第一工作室历任教师、历届毕业生、在校生名单
FIRST STUDIO PREVIOUS LIST OF TEACHERS AND STUDENTS

第一工作室历任教师名单（17 人）

吴作人	艾中信	靳尚谊
孙为民	胡建成	陈丹青
朝 戈	戴 泽	高天雄
梁玉龙	林笑初 女	潘世勋
孙 逊	吴小昌	韦启美
王征骅	杨飞云	

（前五位为历任工作室主任）

第一工作室历届毕业生、在校生名单（254 人）

60 届
邓家驹　潘世勋　乌勒格

61 届
曹达立　蒋仲兴　娄溥义
王征骅　谢培邦　张自申

62 届
史云漫　卫祖荫　吴燕生 女
向菌观　谢家模 女　詹鸿昌

63 届
曹德兆　郝 岚　唐惟藻
翁乃强

64 届
洪瑞生　马树培　倪绍舜
吴小昌

65 届
陆允铨

66 届
文国璋

67 届
汲 成

78 级
朝 戈　高天华 女　施本铭

杨飞云

82 级
阿不力米提·尼亚孜
恩 和　郭有明　金日龙
李 迪　刘永刚　晏 明

83 级
郭 力　热西丹·艾力 女
张 群

84 级
陈 明　李贵君　石 良
夏 星　杨明炀　赵半狄
赵 辉

85 级
陆 阳　张义波

88 级
郝重海　潘 钺　徐晓东
杨小平　朱春林

90 级
耿 琳 女　贺 羽　李 靖
孙 逊　袁 元　赵利军

92 级
李 昕 女　李 宇　李越峰
孟祥晖

94 级
孔繁程　刘伟平　孙 楠
田海鹏　汪楚雄　武小川
徐 莺 女　杨 澄

96 级
贾 鹏　林 茂　刘 欣
王光乐　王晓勃　杨 力

98 级
李 霞 女　李晓宇　林 晞
刘 钧　王 鑫　于 明
翟宏璐　张杰涛

00 级
胡昌茕　苏 楠 女　夏理斌
徐 斐 女　薛 堃　张 恒
朱 磊

01 级
蔡 晶　高 光　孔 亮
林大陆　刘 斌　刘 宇
彭天朗　隋 青　王晨光
王 瑾 女　王龙军

02 级
陈东阳　高思桦 女　郭 伟
李国栋　李 亮　刘 丰
刘 涛　刘忠凯　潘 川
乔晓勇　王 津 女　吴金河
章 犇　张 伟

03 级
鲍育伟 女　何 婷 女　侯妍妍 女
孟 韵　莫伟康　谢宜均
杨 帆　袁 媛 女　张 宇
朱九谕

04 级
程 竹　迟 明　胡 冰 女
黄启覃　刘 丹　年新琦
王 翔　谢 娜 女　周 础

05 级
范 晔 女　蒋大伟　姜子叶
李 冉 女　李 璇　刘喜娟
王红刚　王 钧　王诗坤
王彦博　张 超

06级

白冰洋　边　涛　邓　鑑
李　想　刘浩岩　潘志杰
孙　瑛_女_　王立朝　王　一
张今我　周　末_女_

07级

何鑫华_女_　欧阳石乾　司博闻
万　立_女_　汪细飞　许　翔
徐紫迪　殷嘉贺_女_　庄　元_女_

08级

陈文厦　杜　飞_女_　李玉川_女_
魏　颖_女_　温一沛　夏　婧_女_
徐　超　张　蒙

09级

蔡昊坤　陈雪飞　韩墨馨_女_
鞠煜林　宋若熙_女_　许载舟
姚　瑶_女_　郑巧思_女_

第一画室毕业研究生名单（34人）

靳尚谊

贺　羽　孙　逊

孙为民

高　鹏　薛　堃

靳尚谊与孙为民

陈　晔_女_　李晓宇　林笑初_女_
刘明才　张晨初　赵峥嵘

胡建成

边　涛　金　敏_女_　李　亮
刘　丹　刘　芳_女_　刘　钧
刘　宇　刘尊海　王　珂
周　础

杨飞云

徐　斐_女_

朝戈

崔成柱　胡昌茕　李雪满山
杨　力　章　犇

高天雄

鲍育伟_女_　程　竹　侯佩岑_女_
胡　冰_女_　李　想　李学昌
袁　媛_女_　张　溪

第一工作室在校生名单（36人）

本科生（三年级）

巩天舒_女_　李佳奇　刘拂尘
刘溪子_女_　牛　盾　唐　宁_女_
杨　胜　杨　婉_女_　张豪辰
张镭赋

本科生（四年级）

陈子芃_女_　金小尧　蓝梦乔_女_
陆　瑶_女_　李云鹤　王　勃
王晨旭_女_　杨文静_女_　张百川
赵良伟　郑露含_女_　周儒松

研究生

蔡昊坤　陈文厦　丁　钰_女_
高思桦_女_　韩墨馨_女_　李　罗
宋若熙_女_　万　立_女_　许载舟
徐紫迪　薛　莲_女_　姚　瑶
张　超　郑巧思_女_

第一工作室学生（共254人）

历届毕业生（共218人）

"文革"前：26人　"文革"后：
158人
研究生：34人

在校学生（共36人）

本科生：22人　　研究生：14人

后记
POSTSCRIPT

第一工作室原称吴作人画室，创立于 1959 年 9 月，至今已经 54 年了。

由于历经"文革"和多次教学体制的变动，教学资料并未完整地保存下来，包括历届毕业生名单都没有详实的记录。虽然油画系很早就实行了画室制教学，并曾一度由画室直接招生，但在学院教务处仍一直是按年级制进行入学注册、登记成绩和发放毕业证书，致使第一画室的很多情况，只是零碎地保存于一些任课教师的记忆之中。

如今胡建成老师接手主持第一画室的教学，深感搜集整理教学历史资料的极度重要与紧迫。他率领画室教师、部分研究生和本科生，用了半年多的时间，查阅大量文献资料，访问了很多老教师，甚至借助公安户籍部门的协助，居然完整不漏地查找到第一画室所有毕业生的下落和离校后的工作情况（已故者则找到家属子女），在此基础上编辑出版了这本第一工作室历史文献性质的画册，无疑对研究画室的历史经验和推动今后教学的拓展，都将起到重要的作用。

潘世勋

2013 年 9 月

致谢
ACKNOWLEDGEMENTS

我们诚挚地感谢在本书编辑工作中给予我们巨大支持的人们。靳尚谊先生、潘世勋先生、艾民有先生、王征骅先生、曹达立先生、詹洪昌先生、卫祖荫先生和翁乃强先生，他们由始至终的指教和耐心，除了帮助我们了解第一工作室发展的历史之外，更给予了我们强有力的精神支持。当我们遇到困难，感觉困惑的时候，这种支持弥足珍贵！

感谢中央美术学院教务处的杨力女士，学院档案室的祝捷先生，学院美术馆的唐斌和李垚辰先生，学院教育技术中心的史小音女士，设计学院的郑涛先生和高文谦女士，油画系办公室的李惠玲和李明女士。他们在画册所涉及的文档、历史资料、作品的验证和采集工作的方方面面，提供了极大的便利和支持。

感谢中央民族大学的张曙光先生，他有求必应，他的无私和认真令人印象深刻。感谢造型学院的苏新平先生，当我们的工作遇到困难的时候，他的热诚与勇于担当的奉献精神让我们感怀在心。感谢北京麒麟网文化股份有限公司的郭力先生，作为第一工作室毕业的校友，他对工作室的情重，对工作室发展的鼎力支持让我们倍感欣慰。感谢油画系的刘刚先生，在我们的工作遭遇窘境时，他的真挚与慷慨见证了情义无价。感谢吴作人国际美术基金会的商玉生先生与吴宁女士对第一工作室的关注，以及"吴作人档案"提供的文献档案支持。

我们还要由衷地感谢那些在我们艰难曲折、富于传奇性的工作室历届毕业生的查找过程中，支持或间接支持过我们的无数善良正直的人们。没有他们的理解和帮助，就没有如今这本文献集的翔实和生动。祝他们健康！生活和工作安顺！

我们诚恳地希望继续得到关心和爱护第一工作室成长的人们的帮助和支持！

学术顾问：靳尚谊　潘世勋

主编：胡建成

副主编：林笑初　金日龙

编委：蔡昊坤　韩墨馨　宋若熙　许载舟　姚瑶　郑巧思（按姓氏首字母排序）

封面题字：潘世勋

装帧设计：金日龙　王捷　薛萌

图书在版编目（CIP）数据

　　春华秋实：中央美术学院油画系第一工作室文献集 /
胡建成主编. -- 北京：人民美术出版社, 2013.12
　　ISBN 978-7-102-06642-4

　　Ⅰ.①春… Ⅱ.①胡… Ⅲ.①油画—画家—介绍—中国—
现代 Ⅳ.①K825.72

　　中国版本图书馆CIP数据核字(2013)第296617号

春华秋实

中央美术学院油画系第一工作室文献集

———————

编辑出版　人民美术出版社
　　　　　（北京北总布胡同32号 100735）
　　　　　http://www.renmei.com.cn
　　　　　编辑部：（010）56692083
　　　　　发行部：（010）56692181
责任编辑　吉　祥
责任印制　文燕军
制版印刷　浙江影天印业有限公司
经　　销　新华书店总店北京发行所

———————

版　次　2014年1月　第1版　第1次印刷
开　本　889mm×1194mm 1/16　印张：16.25
印　数　0001—3000
ISBN　978-7-102-06642-4
定　价　168.00元
如有印装质量问题影响阅读，请与我社联系调换。